新版

国内MBA受験のための
研究計画書
の書き方

鄭 龍権 編著

河合塾KALS 編集協力

晶文社

はじめに

　本書は、国内MBAに関心がある方や、すでに国内MBA入試に向けて対策に取り組んでいる方を対象に、研究計画書の書き方をまとめたものです。

　我が国の産業構造は、IT化やグローバル化の進展により大きく変化しています。そのような環境下において、社会人が知識をアップデートする機会を確保すべく、MBA取得のニーズが高まっています。

　MBAプログラムを提供するビジネススクールでは、出願時に研究計画書と呼ばれる書類を提出することが求められます。研究計画書では、なぜMBA取得を志望するのか、取得後どのようなキャリアを目指すのか、キャリアプラン実現に向けてどのような研究に取り組むのかなど、ビジネススクール進学の目的をまとめていきます。

　本書は、国内MBA入試を突破するために押さえるべき研究計画書のポイントを整理していきます。

　まず、概要編では研究計画書を書く前提として、そもそもMBAとは何かを理解できるよう、ビジネススクールが提供するプログラムの特徴や入試に求められる能力について整理し、研究計画書の重要性について理解していただきます。

　次に、理論編では研究計画書を書くためのプロセスを掘り下げ、研究計画書で押さえるべき4つのポイントを理解し、研究計画書の代表的なタイプに対応した文章構成の作り方を押さえていきます。

　最後に実践編では、実際にビジネススクールを受験し見事に合格を果たした方々が作成した研究計画書をサンプルとして提示するとともに、合格体験記として合格者が採った対策法を示していきます。研究計画書を作成

するプロセスを検討する参考となるよう、学習の進め方が詳しく整理されていますので、ぜひ活用してください。

　本書作成に当たり、研究計画書の提供や合格体験記の執筆にご協力いただきました方々には、貴重な時間を割いていただきましたこと、深く感謝申し上げます。また、本書執筆に当たり貴重なアドバイスをいただきました河合塾KALS・森靖義氏、石田康智氏、今回の書籍化実現を支え編集の労を執っていただきました株式会社晶文社・藤川明代様に御礼を申し上げたいと思います。

　本書の姉妹編である『国内MBA受験のための筆記試験の書き方』では、小論文など筆記試験を課すビジネススクールを受験する方に向けた筆記試験のポイントを解説しています。国内MBA入試対策としての相乗効果が得られるよう、ぜひ2冊あわせてご使用ください。

　本書がご購入いただいた皆様にとって、合格を勝ち取る礎になることを願ってやみません。

2020年6月　　鄭　龍権

目次

はじめに ………………………………………………… 2

| 概要編 | **MBAとビジネススクール** ……………………… 7 |

Ⅰ **MBAとは？** ……………………………………… 8
MBAの定義／日本版MBAの誕生と発展

Ⅱ **ビジネススクールとは？** ……………………… 10
ビジネススクールでの学びと研究／修了後のキャリアプラン

Ⅲ **ビジネススクールの選び方** …………………… 14
国内ビジネススクールの特徴／フルタイム型かパートタイム型か／
専門性重視の個性派スクール／試験までのスケジュール／
大切な費用の話

Ⅳ **MBA入試で求められる能力** ………………… 21
試験の基本パターン／試験で求められる力とは

Ⅴ **研究計画書の重要性** ………………………… 23
入試突破のためのポイント／研究計画書作成プロセスで合否が決まる

| 理論編 | **研究計画書の書き方** ……………………… 27 |

Ⅰ **ビジネススクールにおける研究** …………… 28
研究とは？／勉強と明確に区別する

Ⅱ **研究計画書作成の基本プロセス** ………… 29

Ⅲ **業務(現場)の棚卸** …………………………… 30
実績リストを作る／3つの観点で実績を整理する

Ⅳ　キャリアゴールの設定 ……………………………………… 32
　　キャリアゴールを設定する／志望動機を明らかにする

Ⅴ　研究テーマの設定 …………………………………………… 33
　　研究テーマの構成／文献に触れる―先行研究の調査

Ⅵ　執筆する ……………………………………………………37
　　研究計画書の3タイプ／研究計画書を書くためのライティングスキル／
　　タイプ別研究計画書の書き方

実践編　タイプ別 研究計画書合格実例＆合格体験記 …… 69

タイプ1：エッセイ型
　研究計画書合格実例 ………………………………………… 72
　合格体験記 …………………………………………………… 104
　　早稲田大学大学院経営管理研究科／慶應義塾大学大学院経営管理研究科／
　　青山学院大学大学院国際マネジメント研究科

タイプ2：(狭義の)研究計画書型
　研究計画書合格実例 ………………………………………… 134
　合格体験記 …………………………………………………… 158
　　東京都立大学大学院経営学研究科／神戸大学大学院経営学研究科

タイプ3：総合型
　研究計画書合格実例 ………………………………………… 180
　合格体験記 …………………………………………………… 206
　　一橋大学大学院経営管理研究科

Appendix **主要ビジネススクールの概要と特色** ············ 251

青山学院大学大学院国際マネジメント研究科／
慶應義塾大学大学院経営管理研究科／中央大学大学院戦略経営研究科／
筑波大学大学院人文社会ビジネス科学学術院／
東京都立大学大学院経営学研究科／一橋大学大学院経営管理研究科／
法政大学大学院イノベーション・マネジメント研究科／
法政大学大学院経営学研究科／
明治大学専門職大学院グローバル・ビジネス研究科／
立教大学大学院ビジネスデザイン研究科／早稲田大学大学院経営管理研究科／
京都大学大学院経営管理教育部／同志社大学大学院ビジネス研究科／
立命館大学大学院経営管理研究科／
関西学院大学専門職大学院経営戦略研究科／神戸大学大学院経営学研究科／
小樽商科大学大学院商学研究科／東京工業大学環境・社会理工学院／
横浜国立大学大学院国際社会科学府／
名古屋商科大学大学院マネジメント研究科／
県立広島大学大学院経営管理研究科／九州大学大学院経済学府

概要編

MBAと
ビジネススクール

I MBAとは？

1 MBAの定義

　MBAとは、Master of Business Administrationの略で、日本では「修士（経営学）」や「経営管理修士（専門職）」などと表記されます。MBAを授与するプログラムは、ビジネスに関する実務上の課題に対して、体系的、かつ、論理的な視点で解決策を導き実行できるビジネスリーダーを養成することを目的としています。専門性の高い実務家を育成する点で、研究者の養成を目的とする経営学研究科や商学研究科と区別されます。

　ビジネススクールは、1881年にアメリカの実業家、ジョセフ・ウォートンがペンシルベニア大学に設立したビジネス系学部（現在のウォートン・スクール）が始まりとされています。その後、1908年にハーバード・ビジネススクールがMBAプログラムをスタートしたのを皮切りに、アメリカやイギリスの有名大学でMBAプログラムが創設され、MBAホルダーがビジネスエリートの代名詞として定着するようになりました。

2 日本版MBAの誕生と発展

　日本ではじめてMBAプログラムが開設されたのは慶應義塾大学です。1962年に設立した慶應義塾大学ビジネススクールは、日本で初めてハーバード・ビジネススクールが開発したケースメソッドを導入し、協力企業の幹部候補生への教育を始めました。その後、1978年に大学院経営管理研究科修士課程を開設し、MBAプログラムをスタートさせています。ちなみに、慶應義塾は1890年に大学部が発足したときに、現在の経済学部・商学部の源流となる「理財科」が設置されています。慶應義塾が「実学の精神」にのっとり日本におけるMBAプログラムの先駆的役割を担ったと考えるのは、決して大げさではないでしょう。

　1989年には神戸大学と筑波大学がMBAプログラムを開始しました。両

校のプログラムでは、社会人が働きながら学べるよう、平日夜間や土曜日に講義を開講しています。これが、現在のMBAプログラムにおいて広く社会人に門戸を開くスタイルにつながったといえるでしょう。

　2003年には、文部科学省により高度専門職業人の養成に目的を特化した課程として専門職大学院制度が創設されました。これは、理論と実務の架け橋となる教育が行えるよう、実践的な教育方法の導入や研究指導や論文審査の緩和、および実務家教員の受入を柱とする制度です。これにより、さまざまな大学でビジネススクールが開設され、2019年5月現在、専門職大学院制度に基づくビジネススクールは30校[1]にのぼっています。

　MBAプログラムにおいて昨今話題に上るのが、国際認証です。国際認証とは、アメリカなど海外の評価機関からビジネス教育に関する品質が保持されているという認証を受けることをいいます。実務における国際化が進展する中で、ビジネススクールも海外からの人材受入や学生間の交流を促進することが求められていることから、国際認証の取得に積極的に取り組んでいます。著名な国際認証機関を表にまとめましたので、ご参照ください。

【図表1】主な国際認証機関

認証機関名	概　要	取得校（2020年3月現在）
AACSB	米国拠点の認証機関 2019年7月時点で、世界56カ国で845校が認証を取得している	慶應義塾大学 早稲田大学 国際大学 名古屋商科大学 立命館アジア太平洋大学
EFMD	1972年、ベルギーで設立 大学など組織・機関単位で認証するEQUISと、提供するプログラム単位で認証するEPASがある	慶應義塾大学（EQUIS） 早稲田大学（EQUIS） 明治大学（EPAS）
AMBA	1967年、イギリスで設立 実務経験を有する社会人プログラムに限定して認証している	名古屋商科大学

（各評価機関のウェブサイトより筆者作成）

1）慶應義塾大学や筑波大学は修士課程なので、この数には含まれません。

Ⅱ ビジネススクールとは？

① ビジネススクールでの学びと研究

　前章で述べたとおり、ビジネススクールではビジネスに関する実務上の課題に対応できる、ビジネスリーダーとして必要な能力を身につけることを目的としています。そのためビジネススクールでは、通常の経営学研究科や商学研究科とは異なるカリキュラムや研究方法が取り入れられています。

（1）実務に関する横断的な知識の習得

　通常の経営学研究科や商学研究科は、研究者のような特定の専門分野に精通した人材を育成することを目標としています。従って、大学院に入学する時点でその専門分野に関する基本的な知識が備わっているかを確かめるべく、筆記試験で知識の有無を直接問うことになります。そのかわり、大学院入学後は知識が備わっていることを前提に、専攻する分野を軸に科目履修を進めることになります。

　これに対して、ビジネススクールでは業種や職種、年代を問わず、ビジネスリーダーとしての役割を望む人々が集まります。そのため、各人が等しく学ぶ環境が得られるよう、ビジネススクールでは1年次を中心にビジネスに必要な領域に関する知識を必修科目として学ぶことになります。具体的には、経営理論（戦略論や組織論）やマーケティング、会計、ファイナンス、統計学、経済学などが課されます。さらには、論理的思考そのものを一つの科目として取り上げることもあります。いずれにしても、短期間に実務で求められる基本知識をまとめて習得すべく、相当な時間と労力を使うことになります。

（2）ディスカッションやグループワークの充実

　ビジネスリーダーは、チームを率いて目的達成に取り組むため、メンバーへの動機づけや管理などを効果的に行う必要があります。そのため、ビジネススクールでは教員や学生相互のコミュニケーションに軸足を置いた教育がなされています。

　まず、ビジネススクールの講義は基本的に教員と学生とが双方向に発言する形で進められます。通常、講義では事前にケース（実際の企業や組織が直面した経営課題を記述した教材）などが配布され、学生はそのケースで議論すべき問題（論点）が何かを特定し、問題解決に必要な情報をケースから読み取り、解決策を導き出します。この予習の成果をもとに教員と学生、ないしは学生相互のディスカッションを繰り返すことで、実務に不可欠な知識の修得に加え、ビジネスに関する洞察力やメンバーとの協働意識を高めることができます。また、講義ではグループワークとして、学生がチームで問題解決に向けた取り組みを行う機会を設けています。

　さらに、多くのビジネススクールでは、ゼミ形式による少人数教育の機会を確保しています。ゼミとは、学生自らが実務に関わるテーマを設定し、そのテーマに含まれる問題を学生相互、および教員との議論を通じて解決策を探る教育システムをいいます。少人数形式で議論を深めることは、ビジネス実務における問題を早期に発見し、イノベーティブな解決策を立案するのに必要な能力を養成する貴重な機会となります。ゼミは通常1年間、課程によって入学直後から2年間、同じメンバーで取り組みます。ゼミという長期的なグループワークを通じて、在学中に限らず修了後も互いの成長の刺激となる貴重な人脈を形成することもできます。

（3）論文による成果のとりまとめ

　ビジネススクールでは、学生自ら設定したテーマに基づき、ゼミでのディスカッションや最新の理論、技法を駆使して問題解決を図り、その成果を論文形式でまとめます。この論文は、ビジネススクールにより「修士論文」や「ワークショップレポート」、「専門職学位論文」などと称されます。

テーマの設定から問題解決の成果までを論文にまとめること、これがビジネススクールでいう研究となります。

この研究に対するスタンスはビジネススクールによって大きく異なり、これが後述するビジネススクール選択における重要なポイントとなります。例えば、筑波大学や神戸大学ではビジネスの実務に加え経営理論に対する貢献にも注力しています。これらのビジネススクールでは、経営理論などの知識をベースにした議論ができることが実務への貢献にもつながると考え、入学前から研究計画書において明確なテーマ設定が求められます。すなわち、出願前から論文執筆を想定した準備が必要となります。

他方、早稲田大学、特に夜間主総合プログラムでは、出願書類に研究テーマの記載を求めてはいるものの、卒業要件となるプロジェクト研究論文ではゼミ内で改めて研究テーマの設定を行えます。また、研究成果も研究論文に限らず、ビジネス・プランや事例研究などによる方法でまとめることが認められています。さらに、青山学院大学のように論文提出自体を卒業要件としてないビジネススクールもあります。

このように、修士論文などに対するスタンスはビジネススクールにより異なるため、必ず説明会や募集要項などで情報収集を行いましょう。

② 修了後のキャリアプラン

ビジネススクールでは業種や職種、年代を問わず、ビジネスリーダーとしての役割を望む人々が集まります。当然、目指すキャリアも人により異なります。ビジネススクール修了後も現在の勤務先に残りキャリアアップを実現させる人もいれば、別の勤務先への転職を通じてキャリアチェンジを図る人もいます。すでに経営の立場にある方は事業の成長を目指し、事業承継や起業を考える人は自ら経営者として顧客や社会への貢献を果たそうとしています。実際に、筆者の周囲でも多くの人たちが多種多様なキャリアプランを考え、実現に取り組んでいます。

ビジネススクールが公表している資料によると、慶應ビジネススクール（慶應義塾大学経営管理研究科、KBS）を2019年3月に修了した学生は、

サービス業が29％、製造業が25％、卸売・小売業と情報・通信業がそれぞれ11％、金融・保険業が9％の順になっています（「2020年度MBAプログラム案内」より）。サービス業が多いのは、コンサルティング業が含まれているからだと考えられますが、特定の業種に偏ることなく各々のキャリアプランに応じて選択していることがデータからも読み取れます。

　ところで、学生が多種多様なキャリアプランを持っているということは、裏返すと進学する時点で一定のキャリア目標を持つことが求められます。というのも、ビジネススクールでは多種多様なキャリアプランに応じたカリキュラムが作られていることから、目標に沿った学習プランを持つことが学習の成果に大きく関わるためです。従って、ビジネススクールが出願時に求める研究計画書では、必ずキャリアに関する目標や達成手段、すなわちキャリアプランを記載することが求められています。ビジネススクールに入学すればキャリアの道が自ずと開かれるだろうという受け身な姿勢では、そもそも入学すること自体が危ぶまれます。何の目的でビジネススクールに進学するのか、キャリアプランの策定は早めに取りかかりましょう。詳しくは理論編「研究計画書の書き方」で触れていきます。

Ⅲ ビジネススクールの選び方

1 国内ビジネススクールの特徴

これまで、ビジネススクールの目的や通常の経営学研究科や商学研究科との違いなど、全体的な特徴について説明してきました。続いて押さえてほしいのが、国内ビジネススクールを選ぶポイントです。どのビジネススクールで学ぶかは、キャリアプランやその達成手段としての進学目的、現在の仕事や家庭の状況などさまざまな要素から検討することになります。ここでは、ビジネススクールを選択するにあたり重要な視点を整理していきます。

> ### 国内ビジネススクール選択の３つの視点
>
> ① 開講する時間帯
> ② 専門分野の比重
> ③ 研究への比重

まず「①開講する時間帯」について、国内ビジネススクールは平日昼間を軸に開講するフルタイム型と、平日夜間および土曜日など休日を軸に開講するパートタイム型とに分けられます。詳細は次の項で説明しますが、自身のキャリアプランに応じて学修形態を選ぶ必要があります。

「②専門分野の比重」については、違和感を持つ方もいるかもしれません。ビジネススクールは、原則として経営に関する横断的な知識を学ぶことが前提になっているからです。しかし、最近ではファイナンスなど特定の専門分野を強化するプログラムや、ホスピタリティ産業（宿泊・旅行業を中心とする産業）やヘルスケア産業（医療や福祉などに関連する産業）に特化したプログラムも開設されています。より専門性を高めることを考える方には重要なポイントといえるでしょう。こちらも後の項で説明します。

　最後の「③研究への比重」は、先ほど「Ⅱ.1.(3)論文による成果のとりまとめ」(P.11)で説明した、研究に対するスタンスのことです。研究テーマを論文としてまとめるか否か、作成にどの程度の時間を割り当てているかは、ビジネススクールの選択に大きく関わってきます。

　もっとも、これらの視点で皆さんが自身に適したビジネススクールを選択するにあたっては、「なぜビジネススクールで学ぶか」という進学目的を持つことが前提となります。目的を持たないまま学校選びに取りかかると、知名度など表面的な要素に目が向きがちです。しかし、ビジネススクールごとに異なるカリキュラムを組んでいる以上、自分に合った学び方を見つけることが大切です。進学目的を固めつつ、各ビジネススクールが実施する説明会や体験授業に参加することをお勧めします。

❷ フルタイム型かパートタイム型か

(1) フルタイム型 ―― 学びに専念するスタイル

　フルタイム型は平日昼間に講義を開講するプログラムです。フルタイム型のメリットは、日々の仕事から解放された環境で講義や研究に深く取り組むことができることです。当然、これらに取り組むのに十分な予習が欠かせないので、時間的余裕はありません。しかし、学業に専念して同期の学友や教員と過ごすことで、密度の濃い人的ネットワークを築くことができます。

　他方、仕事から離れて学ぶ必要があるため、企業派遣制度を活用するか、現在勤務している会社を休職、ないしは退職する必要があります。そのためか、フルタイム型を選択する人の年齢層は、パートタイム型に比べて若い傾向があります。中には、大学卒業後すぐにビジネススクールに進学する人や、いわゆる第二新卒と呼ばれる人も一定数在学しています。

　日本では、キャリアを中断してビジネススクールで学ぶ環境が整っていないため、フルタイム型を開講するビジネススクールは多くありません【図表2】。従って、ビジネススクール進学を確実に実現するためにも、併願戦略は必須といえるでしょう。

【図表2】主なフルタイム型ビジネススクール

● 青山学院大学大学院国際マネジメント研究科　フルタイムコース
● 京都大学大学院経営管理教育部
● 慶應義塾大学大学院経営管理研究科　MBAプログラム
● 一橋大学大学院経営管理研究科　経営分析プログラム
● 立命館大学大学院経営管理研究科　キャリア形成プログラム
● 早稲田大学大学院経営管理研究科　全日制グローバルプログラム、1年制総合プログラム

(注)五十音順、海外ビジネススクールに準じた入試制度を採る学校を除く

（2）パートタイム型 —— 働きながら学ぶスタイル

パートタイム型は平日夜間と土曜日を中心に講義を開講するプログラムです。パートタイム型のメリットは、やはり仕事をしながら並行して学べることでしょう。ビジネススクールで学んだ知識を日々の仕事で検証できるため、キャリアプランを早期に実現する効果が期待できます。他方、就業時間外に多くの時間を通学や講義の準備に充てるため、仕事や家庭との両立が大きな課題となります。タイムマネジメントに相当な力を入れることはもちろん、家族や上司、同僚の理解を得ることも大切です。

とはいえ、国内ではキャリアを中断せずに通うことができるメリットは大きく、首都圏だけでなく全国のビジネススクールでパートタイム型プログラムが開講されています【図表3】。都心にサテライトキャンパスを設置する、土曜日ないしは日曜日に集中して通学するなど、多様なカリキュラムが組まれているので、情報収集は欠かさないようにしましょう。

【図表3】主なパートタイム型ビジネススクール

● 青山学院大学大学院国際マネジメント研究科　フレックスタイムコース
● 小樽商科大学大学院商学研究科　アントレプレナーシップ専攻
● 関西学院大学大学院経営戦略研究科　企業経営戦略コース
● 九州大学大学院経済学府　産業マネジメント専攻
● 県立広島大学大学院経営管理研究科　ビジネス・リーダーシップ専攻
● 中央大学専門職大学院戦略経営研究科
● 筑波大学大学院ビジネス科学研究科　経営システム科学専攻
● 東京工業大学環境・社会理工学院　技術経営専門職学位課程
● 東京都立大学大学院経営学研究科　経営学プログラム
● 同志社大学大学院　ビジネス研究科

| ● 名古屋商科大学大学院マネジメント研究科　MBAプログラム |
| ● 一橋大学大学院経営管理研究科　経営管理プログラム |
| ● 法政大学大学院イノベーション・マネジメント研究科 |
| ● 法政大学大学院経営学研究科　夜間コース |
| ● 明治大学大学院グローバル・ビジネス研究科 |
| ● 立教大学大学院ビジネスデザイン研究科 |
| ● 立命館大学大学院経営管理研究科　キャリア形成プログラム |
| ● 早稲田大学大学院経営管理研究科　夜間主総合プログラム、夜間主プロフェッショナルプログラム |

(注)五十音順

❸ 専門性重視の個性派スクール

　ビジネススクールには、分野を絞り高度な専門教育を提供するプログラムもあります。その例として、一橋大学や東京都立大学、早稲田大学にあるファイナンス専修プログラムがあります。M&Aや高度な金融工学の普及により高度な専門知識が求められる中、主として金融機関の実務家や事業会社の財務担当者を対象に、金融の深い知識と広い視野を深められるカリキュラムが提供されています。金融・ファイナンスの専門性を深めたい方には最適なプログラムといえるでしょう。

　また、体系的な経営理論を身につけ、特定の業界に焦点を当てるプログラムもあります。そのひとつが、ホスピタリティ産業特有の問題やトピックを掘り下げるプログラムです。一橋大学や京都大学は独立のプログラムとしてカリキュラムを編成していますし、立教大学では観光学部を擁する強みを生かして、ビジネスデザイン研究科のモジュールとして観光に関するプログラムを提供しています。もうひとつが、ヘルスケア産業向けのプログラムです。医療や社会福祉に関する課題が山積する中、主として医師をはじめ、医療・製薬業界に従事する人に経営の視点を養うことを目的としています。東京医科歯科大学では、医療管理政策学（MMA）コースを開設し、病院など医療機関のマネジメントに特化したプログラムを提供しています。ほかにも、慶應義塾大学や中央大学、神戸大学も科目としてヘルスケア産業におけるトピックを取り上げています。

　さらに、講義スタイルに特色を持たせているビジネススクールも増え

ています。慶應義塾大学が取り入れているケースメソッドは、その典型です。これは、ある企業事例（ケース）を用いて学習者同士の討議を繰り返すことで実践力を身につける教育手法です。ポイントは、ケースは事実が記述されているにとどまり、知識や理論など学ぶべき事項は与えられず、学習者自身が作り出していくことにあります。教員は議論をリードしつつも、学習者の成果を共有することに徹し、主体的な学びを促していきます。また、体験型学習を通じて経営理論と実践を結びつけるカリキュラムもあります。青山学院大学が提供する「青山アクション・ラーニング」は、経営の各機能がどのように関連しているか、経験を通じて深く学び、知識の統合を図ることを主眼に、グループワークを通じて各メンバーの個性と特徴を生かしつつ行動する訓練を行います。また中央大学では、企業が実際に現在抱える問題を受講生が見つけ出し、その解決策を提案する「フィールド・ラーニング」や、学んだ成果を実務に反映すべく学生相互が実務上の課題を持ち寄り議論し合う「アクション＆リフレクション」プログラムが導入されています。

　このように専門分野や業界、さらには科目のスタイルまで、多様な特徴を持ち合わせているのがビジネススクールです。大学名だけにとらわれず目的に応じて中身で判断することが、最適なビジネススクールを選択することにつながります。

④ 試験までのスケジュール

　国内ビジネススクールの入学試験は、主に９〜11月に行われる秋入試と、１〜２月に行われる春入試の２回実施されるのが一般的です。しかし、一橋大学や筑波大学など、主として国立大学は年１回のみの実施となるので注意が必要です。標準的な入試対策スケジュールは【図表４】のとおりです。

　まず、スケジュールを立てる際の留意点として、余裕を持たせることが挙げられます。特に、社会人受験生の場合、突発的な仕事で計画が崩れることがあります。そうした事態にも対応できるよう、最低でも半年は対策

に充てられるよう、期間を確保しておく必要があるでしょう。

【図表4】標準的な入試対策スケジュールの例

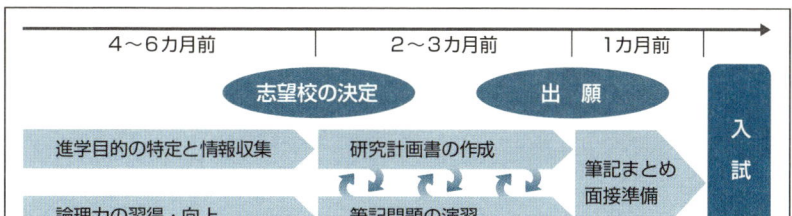

　また、期限から逆算してスケジュールを立てることで、直前期に準備不足になるリスクを軽減できます。すなわち、いつまでに何を仕上げるかという発想でスケジュールを立てるのが効果的といえます。

　ビジネススクールでは、筆記試験や面接試験の概ね1カ月前に出願期間を設けています。従って、研究計画書はその出願前に完成させる必要があります。出願手続きでは、研究計画書はもちろん、履歴書や大学の卒業証明書、就業証明書などの書類提出が求められます。提出漏れを防ぎ余裕を持った出願を行うためにも、研究計画書は遅くとも出願開始日の2週間前には仕上げたいところです。

　のちほど詳しく説明しますが、研究計画書は作成に時間がかかります。研究計画書には、①これまでの実績、②キャリアゴール、③ビジネススクールへの志望動機、④研究テーマ（学習計画を含む）の4つをまとめる必要があります。このうち、③を除く3つは、ビジネススクール選択にあたり基準になるものなので、志望校を決定する前から少しずつ整理するようにしましょう。

　もうひとつ意識してほしいのが、論理力です。ビジネススクール入試においては、筆記試験はもちろん研究計画書作成においても、論理力が求められます。ここでいう、論理力とは、文章やデータなどから得られた情報を分析し、それに基づき形成した自分の考えを筋道を立てて表現する力です。この力は身につけるのに非常に時間がかかります。特に社会人は、日ごろから長い文章に接する機会が減り、またメールやSNS、パワーポイン

トなどを多用することで短い表現に慣れてしまっていることから、この論理力が不足する傾向にあります。出願後にビジネススクールの過去問を解くだけでは、合格点に届くのは難しいといえます。従って、入試対策を始める時期から、ビジネス雑誌や新聞、また経営学の専門書などを読むことをお勧めします。さらに、ビジネス雑誌や新聞の記事を要約する練習を積むことも有効です。志望校を決めてからは、研究計画書作成とともに筆記対策も進めましょう。

⑤ 大切な費用のはなし

ビジネススクールに関して、よく相談を受けるのが費用です。ビジネススクールで学ぶにあたっては、学費（入学金や授業料など）や書籍代、フルタイム型に通う人は生活費も考慮する必要があります。学費の目安は、国公立大学で約150〜200万円、私立大学で約150〜400万円となります。

ここで、学費が払えないという理由だけで国公立大学に志望校を絞ることはお勧めしません。たしかに、学費を選択の要素に含めること自体は否定しません。しかし、あくまでビジネススクールは自身の進学目的に沿って選ぶのが適切であり、学費だけで私立大学を候補から外すのは考えものです。少なくとも出願するまでは、進学目的を軸に広く調べることをお勧めします。

また、学費面でのサポートが充実しているビジネススクールも多数あります。例えば、法政大学大学院経営学研究科は国公立大学なみの費用に抑えられています。また、ビジネススクールによっては専門実践教育訓練給付金の支給が受けられます。専門実践教育訓練給付金とは、厚生労働大臣が指定した講座を有するビジネススクールに在籍し、受給資格者としての条件を満たす人が、事前にハローワークに申請することにより、支払った学費の一部を支給されるものです（最大112万円）。専門実践教育訓練給付金に関する詳細や受給資格などについては、お住まいを管轄するハローワークに問い合わせてください。

Ⅳ MBA入試で求められる能力

1 試験の基本パターン

国内ビジネススクールで課せられる試験科目は、主として下記3つです。

> （1）研究計画書
> （2）筆記試験
> （3）面接試験

（1）研究計画書の目的

研究計画書では、出願までの背景（実務経験）や志望動機、キャリアゴール、今回の進学がキャリアゴールにどのように結びつくのかなどを整理して述べていきます。「Ⅱ.2.修了後のキャリアプラン」（P.12）で説明したとおり、ビジネススクールは出願者が進学する目的が何かに注目しているので、これらをいかに整理して伝えられるかが合格のポイントといえます。詳細は、理論編「研究計画書の書き方」で説明します。

（2）筆記試験の目的

筆記試験は、学習、および修了後の実務に対応できる思考力や表現力を確かめるのが目的となります。ここで論点となるのが、筆記試験において経営学の専門知識がどの程度必要になるかということです。これについては各校で大きくスタンスが異なるため、過去問の分析が必須となります。一部のビジネススクールでは、経営学の知識は必要ないと説明されています。だからといって、社会人として一定の実務経験を経ている以上、全く知識が必要ないと考えるのは短絡的です。少なくとも社会人として備えるべき知識レベルは理解する必要があります。加えて、普段から新聞や雑誌、書籍に目を通し、ビジネスへの理解を深めておきましょう。

(3) 面接試験の目的

　面接試験では、研究計画書や筆記試験では測れない、コミュニケーション能力や協調性などを確かめるのが目的です。具体的には、下記3点を中心に評価が行われます。

> **面接試験の主な評価項目**
>
> ● 事前に提出した書類（研究計画書など）や筆記試験で得た評価が
> 　妥当だったのか、直接対面することで確かめる
>
> ● 試験官との対話を通じてコミュニケーション能力を評価する
>
> ● 社会人としてふさわしい外面を備えているかをチェックする

❷ 試験で求められる力とは

　ビジネススクールが入学試験を通じて見極めたいのは、①受験者が明確な目的意識を持っているか、②入学後の科目履修やグループワーク等を通じて高い学習効果が得られる基礎能力が備わっているか、の2つです。このうち、皆さんが入学試験を通じて十分な目的意識や基礎能力を持っていることを的確に伝えられる力が、前章で取り上げた論理力です。思考を通じて得られたアイデアがどういう前提から、どういう理由でどのような結論が導けるのか。それ以外の結論をどうして導けそうにないのか。思考の結果をできる限り、一貫した、飛躍の少ない、理解しやすい形で表現するのが論理力です。つまり、論理力とはコミュニケーションのための技術、すなわち「読み書き」の力と定義づけることができます。

　また、自身の意見をまとめるべく、物事を深く考える思考力もビジネススクールで求められます。深く考えるという思考力にテクニックはなく、厳しいトレーニングの積み重ねでのみ身につくものです。従って、ビジネススクール入試に必要な論理力や思考力をうまずたゆまず鍛えることが、ビジネススクール入試突破はもちろん、実務能力を高めることにつながります。

Ⅴ 研究計画書の重要性

❶ 入試突破のためのポイント

前章で科目ごとの目的と求められる力について説明しました。これらを踏まえ入試突破のためにどこに意識を置くべきかを説明します。入試突破のために必要なポイントとして、以下の3点が挙げられます。

> **入試突破のためのポイント**
>
> （1）自己分析を徹底し確固たる目標意識を備えることができるか
> （2）自身の考えを論理的に表現する力を備えているか
> （3）志望校に対する柔軟な姿勢

（1）自己分析を徹底し確固たる目標意識を備えることができるか

ビジネススクール入試で気をつけていただきたいのが、皆さんの合否を判断する試験官は、皆さんのことを全く知らないということです。当たり前のことと思われるかもしれません。しかし、ここで強調したいのは、全く見ず知らずの方に皆さんのプロフィールや進学目的などを、研究計画書の限られた字数や、面接のわずかな時間で的確に伝えるのは決して簡単ではないということです。これまでの業務や評価を客観的な視点で説明できているか。さらに、キャリアゴールを持ち、その達成手段として「なぜビジネススクールに進学するか」を、明確に説明できているか。誰が研究計画書を読んでも分かるように整理することが重要になります。

（2）自身の考えを論理的に表現する力を備えているか

論理力については、これまで繰り返し説明したとおりです。特に、筆記試験や研究計画書指導に対応できるだけの書く力を備えているか、入念な準備が必要となります。また筆記試験では、限られた時間で情報を的確に

処理し、論理的で一貫性のある文章を書く能力が必須となります。

（3）志望校に対する柔軟な姿勢

　志望校選択にあたり第一志望を決めることは、モチベーションを保つ上で有効な手段といえます。しかし、そのビジネススクール以外は受験しないという、いわゆる一発勝負は戦略上極めて不利です。まず、自己分析やキャリアゴールを検証するときに、偏った考えに陥るリスクが挙げられます。とりわけ、ビジネススクールが求める人物像を勝手に想像し、現実味の乏しい研究計画書を作成することが最も危険です。くれぐれも特定のビジネススクールにのめり込まないよう、冷静に志望校を選択してください。

　さらにいえば、複数の志望校を持つことは、第一志望に合格する近道にもなり得ます。入試で課せられる筆記試験を俯瞰すると、過去にあるビジネススクールで取り上げられた論点が、別のビジネススクールで出題されることが見受けられます。これは現代の日本企業が抱える課題を筆記試験で取り上げることが多いからです。重要な論点ほど、複数のビジネススクールが注目していますから、なるべく広く過去問を見ることも志望校の対策につながるといえます。

② 研究計画書作成プロセスで合否が決まる

　入試突破に必要なポイントから、改めて研究計画書の重要性について整理しましょう。

　研究計画書は、試験官がポイント（1）にある自己分析の内容や目的意識を読み取るための唯一の情報源となります。繰り返しになりますが、試験官は皆さんのことを全く知らない状況から、研究計画書を足がかりに皆さんを評価します。また、面接にあたりどのような質問をすべきかについても、研究計画書に書かれた内容をもとに組み立てられます。従って、研究計画書の内容を整理することができれば、面接もスムーズに進めることができます。さらには、研究計画書を書き進めることで目的意識自体を明確にできます。なんとなくビジネススクールに進学したいという気持ちから、

キャリアゴールを達成するための計画に変わるに従い、ビジネススクールへの進学意欲も高まることでしょう。

　研究計画書は、論理的に表現する力を評価する役割も果たします。論理的な表現能力を測るため、多くのビジネススクールでは筆記試験が実施されます。筆記試験は受験者が共通の問題を制限時間内に解き、共通の尺度をもって評価します。他方、研究計画書は各人が持つ独自の目標意識について的確に伝えることができているかを評価します。その意味で、筆記試験は演目が規定された競技であり、研究計画書はフリースタイルで挑む競技といえるでしょう。いずれにしても、論理的な表現能力を備えているかを示すために、研究計画書に力を入れることになります。

　以上から、研究計画書を作成するプロセスに注力することはビジネススクールの合否を決めるといっても過言ではありません。理論編では、研究計画書の書き方に関する具体的な説明に入りますので、じっくり読み進めてください。

理論編

研究計画書の書き方

I ビジネススクールにおける研究

1 研究とは？

　研究計画書で求められる研究とは何でしょうか。同志社大学教授で、一橋大学ビジネススクールで教鞭を取っていた佐藤郁哉先生は、「新しい知識や情報を得ること」を研究の目的として挙げています[1]。研究の究極の目的は、何らかの意味での「ニュース」、すなわち新しい知見を提供することです。ビジネススクールにおいての研究とは、特に実務（ビジネス）と理論の両面で一定の時間や費用をかけて調査を行うに値する問いを設定し、それに対する答えを追究するものと定義づけられます。

2 勉強と明確に区別する

　ここで研究と勉強との違いを意識しましょう。勉強とは、「学問や技芸などを学ぶこと（大辞泉）」をいいます。ビジネススクールでも経営理論やスキルを習得する機会を設けており、ここに関心を持つ人が多いのも事実です。しかし、単に経営理論やスキルを勉強する（「体系的に学ぶ」）という考えに留まるのは、ビジネススクールへの志望動機として不十分です。その一番の理由は、経営理論やスキルはすでに分かっていることであり、研究ではないからです。

　経営理論やスキルを勉強することは、研究するための必要条件、平たく言えば当然に取り組むべきこと、と考えられます。従って、志望動機を書くとき、体系的に経営学を学ぶというレベルで終わらせず、研究に値する論点の設定に取り組みましょう。

1）「社会調査の考え方　上」東京大学出版会, 25ページより

Ⅱ 研究計画書作成の基本プロセス

　研究計画書の作成プロセスを図示すると、以下のようになります。

研究計画書の作成プロセス

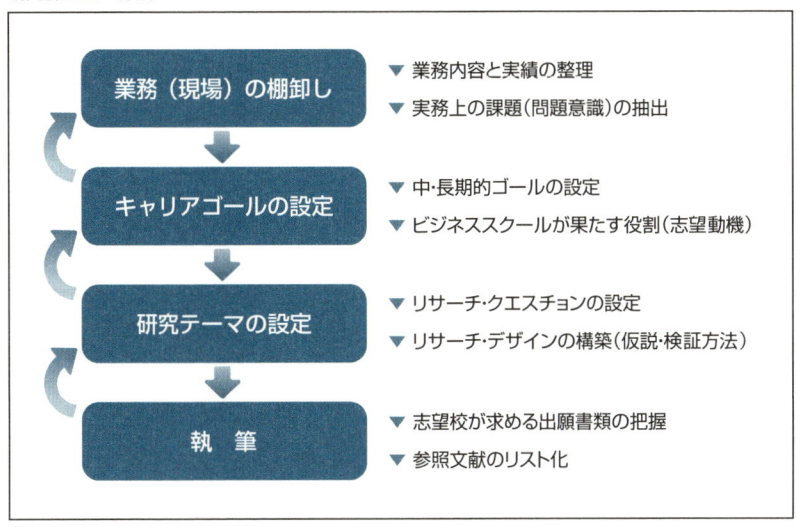

　この図で注目してほしいのは、作成プロセスは順調に一方向で進むのではなく、左側矢印のように何度も往復してブラッシュアップしていくことにあります。準備を進めているうちは問題なく整理できたはずでも、いざ執筆となると論理がつながっていなかったり、新たな疑問点が生じたりすることがよくあります。その場合は、ためらうことなく前に戻って見直すことが大切です。少しずつ完成に向かうという姿勢で、研究計画書作成に取り組みましょう。

Ⅲ 業務（現場）の棚卸

❶ 実績のリストを作る

　ビジネススクールでは、現場に根づいた研究テーマを設定することが求められます。研究テーマを決める第一歩は自身の現場での業務を棚卸することにあります。さらに、研究計画書では、ビジネススクールで学ぶ実力があることを確かめるべく、これまでの実績を示すことも求められます。

　これまでの実績を客観視するには、思い当たったことをとにかく書き出すこと、つまりブレーン・ストーミングを行うのが効果的です。過去を記憶にとどめたままで研究計画書を書こうとすると、あやふやな記述になりがちです。書き殴りで構わないので、どんどん記憶を呼び起こしていきましょう。

❷ 3つの観点で実績を整理する

　次に、書き出した実績を課題・行動・成果の視点で整理します。この3つは、ビジネススクールだけでなく就職や転職の場面でも活用できる視点でもあります。3つの視点を活用するために考えてほしい論点とポイントを下表で整理します。

項　目	論　点	整理のポイント
課　題	担当業務における状況や課題は何だったのか	・読み手は受験生の背景を全く知らないことを意識する ・専門用語は最低限に絞る
行　動	上記問題に対し、どのような行動をとり、自分はその中でどのような役割を果たしたのか	・イニシアティブを取る、アイデアを積極的に提言するなど、ビジネススクールのメンバーとして入学させたいと思わせる魅力を伝える
成　果	結果はどのようなものだったのか	・結果は可能な限り数値化する ・プラスの結果に加えて、新たな課題や改善点も意識しておく ・課題や改善点への気づきが、研究テーマに関する問題意識につながる

　実績をまとめるときに注意してほしいのが、読み手は受験生の背景を全く知らないということです。たしかに、ビジネススクールの教員は理論に詳しいものの、皆さんの実務を事細かに知っているわけではありません。特定の業界や職種では当たり前でも、他の業界の人は全く知らないということは多々あります。専門用語は最低限に絞り、使うとしても説明を加えるよう配慮しましょう。

　成果は可能な限り数値化して読み手に伝わるように配慮してください。数値を出すときは、過去の実績や目標など比較対象を添えると具体的なイメージを持たせることができます。また、くれぐれも自己満足で終わらせることは避けてください。うまくいかなかったけど今後の糧になったなど、実際は成果を出せていないものは、実績としての評価は難しいでしょう。

　最後に、3つの視点と読み手に伝わる背景を整理した例を下にまとめましたので、参考にしてください。

実績を整理した例

項　目	整理した内容
実績の要旨	・配属されたレストラン事業部で、業績不振にあった店舗の建て直しに取り組み、黒字化を実現した。
背　景	・当該店舗は○○県のリゾート地にあり、ビーチを眺めることを売りにXX年前に開業した。 ・開業以来赤字が継続したことから、部内でプロジェクトチームが組成され、その一員に加わった。
課　題	・調査したところ、利用者から接客対応にクレームが頻発し、その評判が域内に広く伝わっていた。 ・業務経験者が不足し、かつ、マニュアル整備も行き届かず、担当者が事実上放任されていた。
行　動	・近隣ホテルなどを通じて評判の聞き込みを行い、クレーム内容の分析と今後の運営に関する説明により、マイナスイメージの払拭に努めた。 ・マニュアル整備と並行して、店舗に行く頻度を増やし、店員との打ち合わせを重ねた。前向きな取り組みを行ったときは、積極的に取り上げることにより、やる気の維持向上に努めた。
成　果	・チーム組成後、1年で黒字化を達成した。 ・チームでの貢献から、店舗指導者への昇格を果たした。

Ⅳ キャリアゴールの設定

1 キャリアゴールを設定する

　研究計画書で求められるキャリアゴールを設定するため、下記4つの順に整理するとよいでしょう。このうち、(3)の「役割」がキャリアゴールに該当します。

> **キャリアゴール設定のためのプロセス**
>
> （1）あなたが所属する事業（ないしは勤務先や部署）が目指す目標はどのようなものか。
> （2）その目標を達成するのに、どのような課題があるか。
> （3）その課題を解決するにはどうすればよいか。解決策を実行するにあたり、あなたはどのような役割を果たしたいか。
> （4）（3）の役割を果たす上で、ビジネススクールで学ぶ意義はどこにあるか。

　研究計画書で求められるキャリアゴールは、短期的ゴールと中長期的ゴールの2つに分けられます。修了後1年内に達成したい短期的なゴールは、5〜10年程度を見据えた中長期的なキャリアゴールを達成する手段を兼ねています。転職や起業なども短期的なゴールに含まれます。また、中長期的なゴールはポジション（例えば、経営者や管理職など）の提示に留めず、当該ポジションから社内外に対してどのように貢献したいのかを明示しましょう。

2 志望動機を明らかにする

　キャリアゴールを達成する上で、なぜビジネススクールに進学することが最適といえるのかを説明するのが志望動機です。上のプロセス（4）に該当します。学校の特徴を挙げるだけに留まらず、キャリアゴールを達成するための課題を解決する方法として、なぜビジネススクールで学ぶ（研究する）ことがよいと考えたのかを論理的に説明しましょう。

Ⅴ 研究テーマの設定

❶ 研究テーマの構成

　これまで説明したプロセスは、研究の大枠にあたる主題、すなわち研究テーマを固めていくための作業です。研究テーマは、皆さんが実務の中で生じた疑問や課題のうち、企業内や文献だけでは解決できないものが候補となります。研究に取り組むことがよいと考える理由を合理的に説明するためにも研究テーマは欠かせない存在となります。研究テーマはいわば、志望動機を裏づけるための具体的な計画と位置づけることができます。

　研究として実際に取り組むには、研究を通じて解決したい問題（リサーチ・クエスチョン：RQ）と解決策にあたる仮説を決める必要があります。

研究テーマの体系図

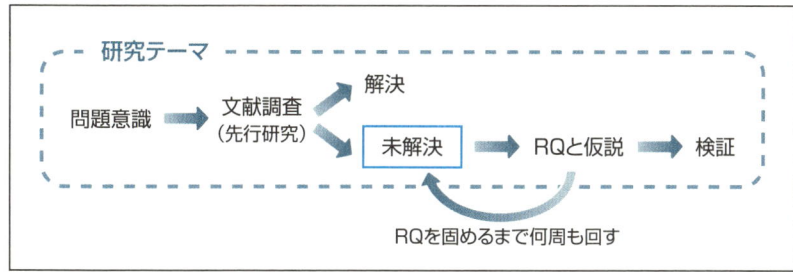

（1）研究テーマ

　研究テーマの設定では、①サイズ、②関連する分野、③関心の3点を意識しましょう。

　①サイズとは、研究対象の広さをいいます。具体的には、国全体や世界など、サイズがあまり大きいと経済学や社会学など他の学問で扱うべき話になってしまいます。かといって、個人レベルだと身の上相談になります。業界や企業、組織内のメンバーなど経営で扱うサイズを選択しましょう。

　②関連する分野は、リサーチ・クエスチョンの設定と相まって固まると

考えてよいでしょう。戦略（企業の方向性）やマーケティング（顧客・消費者との関わり）、組織（メンバーへの働きかけ）など、話の軸になる分野を決めておくと研究テーマの設定が比較的容易になります。

　③関心とは、自分だけでなく、ビジネススクールの教員や同僚にとって関心があるかということです。研究の成果は、自分だけに留まらず、同僚や教員など周囲にも役立つものであることが期待されます。

（2）リサーチ・クエスチョン

　リサーチ・クエスチョンの設定は、優れた研究を行う最重要ポイントであり、進学目的の根幹にあたります。

　ここでリサーチ・クエスチョンと問題意識との違いを押さえておきましょう。問題意識は業界や企業などで起こっている不都合な事象を意味し、業務の棚卸から見出すことができます。例えば、コールセンターにおいてオペレーターのモチベーションが低いという状況がこれにあたります。ここで、モチベーションの原理を学ぶことで解決できるならば、それは研究には該当しません。なぜなら、原理そのものは文献を通じて習得することができるからです。

　リサーチ・クエスチョンを特定するには、この問題意識をさらに掘り下げる必要があります。先ほどの例に戻ると、調査によりオペレーターの中でも、同じ作業を行っているのにモチベーションの差があることが分かったとします。両者の差を生じさせている原因は何か。人間関係によるものか、あるいは経験の差なのか。このように現象を説明する原因やメカニズムなど、現時点で解明できていない問いこそ、リサーチ・クエスチョンとしての価値を持つといえます。

（3）リサーチ・デザイン

　問題意識からリサーチ・クエスチョンの設定、それに対する仮説と検証方法までを組み立てることを、リサーチ・デザインと呼びます。リサーチ・デザインが果たす役割は、下記2つの疑問に答えることにあります。

リサーチ・デザインの目的

（1）リサーチ・クエスチョンの意味
　　なぜリサーチ・クエスチョンに取り組む必要があるのか
（2）方法の納得性
　　採用した研究方法がなぜリサーチ・クエスチョンを解決できるのか

　このうち、研究計画書で重要となるのが、リサーチ・クエスチョンの意味です。これはビジネススクールへの志望動機と重なるので、明確に説明できるよう検討しましょう。一方、方法の納得性をどこまで示すかについては、ビジネススクールにより異なります。詳細は、後述の「Ⅵ.3.タイプ別研究計画書の書き方」で説明します。

２　文献に触れる ―― 先行研究の調査

（1）文献の役割

　研究計画書作成において、文献が果たす役割は極めて大きいといえます。主な役割として整理すると、以下の２つとなります。

文献の役割

・リサーチ・クエスチョンの特定
・研究方法の参照

　このうち、重要なのがリサーチ・クエスチョンを特定することです。先ほど定義で説明したとおり、研究は新しい知見を提供することを目的としています。従って、文献を調べるだけでは分からない論点を特定する必要があります。自身のテーマに関連する知見を提供する文献を先行研究といいます。その意味では、リサーチ・クエスチョンは先行研究だけでは解決しきれない論点となります。先行研究を整理するときには、単に内容をまとめるだけに留まらず、リサーチ・クエスチョンを特定することを心掛けてください。

（2）文献の種類と探し方

　文献選定にあたり留意すべき点として、文献のレベルが挙げられます。

　研究書や原著論文など専門レベルの文献は、アカデミックな側面で研究に取り組んだ成果をまとめたものです。専門レベルの文献は研究の事例として活用しやすいメリットがあります。研究計画書作成において、リサーチ・デザイン全体を整理する必要がある場合は、このレベルまで目を通す必要があります。

　入門書や概説書など入門レベルの書籍は、経営学を体系的に整理する役割を果たします。研究テーマの軸となる分野を把握すべく、このレベルの書籍にある内容は押さえておくことが必要です。

　最後に、一般書や実用書などは、学術書に当てはまらないため先行研究としては適切ではありません。特に啓蒙や自己啓発を目的とする書籍は、一般性のある論理展開を行うには極めて不向きです。雑誌に掲載されるエッセイやコラムも同様といえます。ビジネススクールの教員が書いたからといって、理論的枠組みが提示されるものでなければ、先行研究として利用するのは控えた方がよいでしょう。

　最後に、文献を入手する方法を整理しましたので、参照してください。

文献の調査・入手方法

（1）書籍
　図書館や書店で調査します。図書館は、国会図書館や都道府県が管理する中央図書館、大学図書館など蔵書数が多いところがお勧めです。国会図書館では、遠隔複写サービスなども活用できますので、国立国会図書館ホームページをご参照ください。

（2）論文
　NII学術情報ナビゲータ（CiNii）やGoogle Scholarなど検索エンジンを活用しましょう。CiNiiは、全国の大学図書館等が所蔵する本（図書・雑誌）の情報も検索できます。

（3）新聞記事・統計資料
　ビジネススクールで取り上げる研究テーマは、実務に即した背景説明が求められます。その意味で新聞記事や総務省統計局などが公表しているデータは、客観的事実を説明するのに有効な方法といえます。

（4）社内資料
　社内資料を利用するときは、外部持ち出しが可能か必ず確かめましょう。外部持ち出しができなければ、研究方法として社内資料を活用することができないので、事前に確認することが必要です。

VI 執筆する

① 研究計画書の３タイプ

研究計画書のスタイルは、以下のとおり分類できます。

（1）エッセイ型

主として海外ビジネススクールで採用され、指定された質問に沿って整理する形式をいいます。これまでの実務上の実績をもとに、志望動機やキャリアプランを回答することが求められます。

（2）（狭義の）研究計画書型

国内の商学研究科や経営学研究科で採用され、取り上げた研究テーマについて、選択理由や独自性、ならびに解明する方法をまとめる形式です。ビジネススクールにより、構成の枠組みが指定されているケースと自由に決められるケースに分けられます。

　２つあるスタイルの大きな違いとして、研究計画書の中心となる論点が挙げられます。エッセイ型が志望動機やキャリアプランに関する説明に比重を置いているのに対し、（狭義の）研究計画書型は研究テーマに関する説明が多く求められます。

　もちろんこれらの分類は目安であり、両方の特徴を備えた形式もあります。具体的には、明治大学や一橋大学、京都大学がこれにあてはまります。これらは総合型として別途整理していきます。

研究計画書タイプ別の特徴

	エッセイ型	（狭義の）研究計画書型
中心となる論点	キャリアプラン	研究テーマ
設問の内容	個別具体的	包括的
一問あたりの字数	少なめ〜中程度	中程度〜多め
図表・グラフの使用	不可	指示による
文献の引用	原則不要	必要

② 研究計画書を書くためのライティングスキル

　研究計画書を書くために、必ず意識すべきことは、問いに答えられているかということです。まず問題と主張の2つを押さえ、両者が対応した形で読めるかを確認してください。

　ここで問題とは、疑問や課題などある場面で問われている論点をいい、主張とはその問題に対する答えをいいます。例を言えば、「あなたが当大学院を志望する理由は何か」がビジネススクールからの疑問、すなわち問題であれば、「私は○○のために志望する」が問題に対する回答、すなわち主張という関係になります。

　論理的な文章を書くためには、まず何について問われているかを的確にとらえる必要があります。例えば、筆記試験で「A社の人事制度に対する解決策を示しなさい」という問題で、「A社は海外に進出すべきである」と主張したとします。海外進出の適否はさておき、人事制度と全く異なる主張が書かれていると、読み手はただ戸惑うだけです。このような事態を避けるためには、設問を正しく読み解くことが必要となります。

　問題を的確に読み取り主張したとします。読み手はその主張から2つの新たな問いが生まれます。まず、なぜその主張を考えたのかという問いです。この「なぜ?」という問いに対応するのが根拠です。もうひとつは、その主張自体の意味が分からない場合、「どういうこと?」という新たな問いが生じます。この問いに対応するのが解説です。

　研究計画書を書く上で、問題に対する主張（結論）が何らかの根拠に基づいて成立していること、すなわち論理構成を意識することが必要となります。先に説明した論理力は、まさに論理構成を作る力になります。

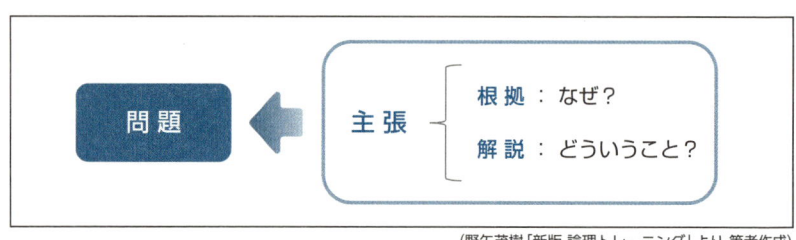

（野矢茂樹「新版 論理トレーニング」より 筆者作成）

❸ タイプ別研究計画書の書き方

(1) タイプ1　エッセイ型

　エッセイ型では、ビジネススクールが設定した問いに従い、自身の志望動機やキャリアプランなどを回答します。問いが明確で、かつ、字数制限があることから、要所を押さえ文章を構成する必要があります。

　重要なのは、「Ⅱ.研究計画書作成の基本プロセス」（P.29）に従い、実績やキャリアゴール、志望動機、研究テーマの4要素を明らかにしてから書くということです。手っ取り早く志望校の質問に沿って答えてしまうと、全体としてのつながりが薄くなります。先に4要素が一つにつながった形でまとめられれば、どの質問にも対応できます。さらに、面接試験では当然書類に書かれていないことも聞かれます。下図を例に、ビジネススクール進学のイメージを固めましょう。

エッセイ型で整理しておくべき4要素

過去～現在	将来(5～10年)	進学後
● これまでの実績 　課題・行動・成果 ● 実績を踏まえた 　実務上の課題 　＝問題意識	● キャリアゴールと 　達成手段 ● 課題解決において 　果たしたい役割	● 志望動機 　キャリアゴールとの 　整合性 ● 研究テーマ 　リサーチ・クエスチョン 　解決の方向性(仮説)

　では実際に、エッセイ型の研究計画書について学校別に説明していきます。本書では、慶應義塾大学の出題例をもとに整理の手順を明らかにし、主な出題校に関する説明を行います。従って、まずは慶應義塾大学の項で手順を押さえてから、皆さんの志望校に関する説明を読んでください。

① 慶應義塾大学大学院経営管理研究科経営管理専攻（KBS）

　KBSが入学志願者調書（研究計画書の名称）で求める質問は下記のとおりです（2020年度のもの、以下他校について同じ）。

入学志願者調書（MBAプログラム）

設問1

あなたは本研究科修士課程での勉強を通じて何を身につけたいと考えていますか。また、それを卒業後のキャリアにどのように生かしたいと考えていますか。次の2点を必ず含め出来るだけ具体的に述べてください。
（800字〜1000字程度）
　　a. 本研究科修士課程への志望動機
　　b. 本研究科修士課程卒業後のキャリア計画

設問2

あなたはどのような地域活動、ボランティア活動、課外活動・サークル活動（大学・大学院時代）などをしてきましたか。（350字程度）

設問3

以上の項目以外に、学業や仕事上、あるいは資格（英語以外の語学、公認会計士等）で、あなた自身について特筆しておきたい点がありましたら、それを記述してください。資格についてはそれを客観的に証明する書類（コピー可）を出願書類とともに提出してください。（350字以内）

　まずは、設問1を確認しましょう。ここで問われているのは、①KBSで何を身につけたいのかと、②卒業後のキャリアで、学んだことをどのように生かしたいのかについてです。志望動機やキャリア計画を内容に含めるという指示は、2つの問いを答えるために求めている要件です。各段落の書き出しが設問に対応しているか、構成を組むときに意識しましょう。

　設問に答える形で主張を述べるとすれば、①はKBSで学ぶことで得られる能力、あるいは解決したい論点などが該当します。となると、なぜその能力が必要か、その能力を身につけるのになぜKBSが最適かといった

根拠説明が求められるでしょう。前者が現状の問題意識となり、後者が志望動機に該当します。このような質問の体系から文章構成を検討すると、例えば下図のような構成が考えられます。もちろん、この構成はあくまで例であり、テンプレートとは異なります。内容に応じて調整しましょう。

　ここで、KBSで学ぶメリット、すなわち志望動機の根拠としてケースメソッドや海外留学の機会など、ビジネススクールが備える特徴を褒めるだけで終わらせないよう気をつけてください。あくまで、キャリアプランを実現するのになぜビジネススクールで学ぶのが適切といえるかを説明することを意識してください。

　②は「キャリア」という表現が盛り込まれているので、キャリアプランを盛り込むことになります。これまで説明したとおり、キャリアゴールを転職や起業で留まらないように気をつけてください。これらは短期的なゴールですから、自身が果たしたい役割を実現する手段として整理します。

　設問2と3は、これまでの経験を踏まえた自己PRとなります。実績の整理は「Ⅲ.業務(現場)の棚卸」(P.30)で取り上げた、課題・行動・成果の3つの観点で整理するとよいでしょう。

設問1・質問①の構成例

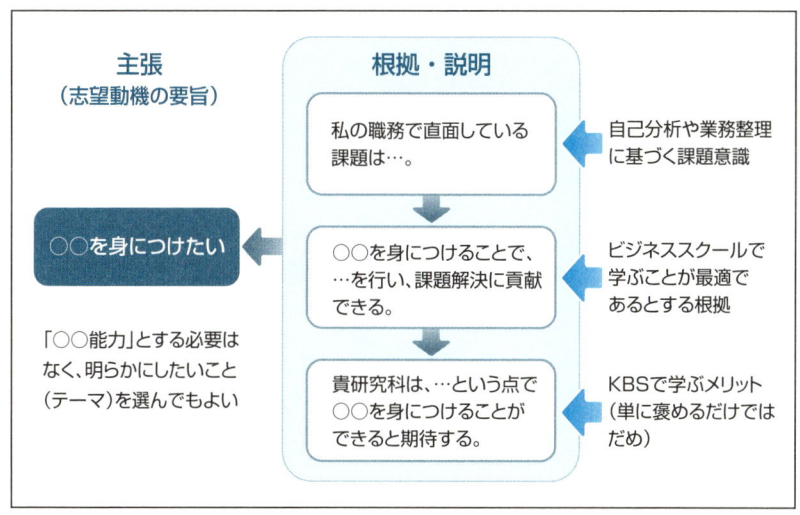

② 早稲田大学大学院経営管理研究科経営管理専攻（WBS）

エッセイ

課題1

これまでの実務経験（または実務に相当する経験）のなかで成し遂げたこと、および現在（離職中の方は直近）の担当業務に関する詳細（職務、職責、業績など）について説明してください。

なお、常勤者としての実務経験が3年未満で全日制グローバルに出願する場合、実務経験3年に相当すると考えるご自身の経験があれば記載してください。また、実務経験3年未満の現時点で本研究科にて学ぶ必要性についても記載して下さい。（日本語1,000字以内）

課題2

あなたのキャリアゴールを具体的に設定してください。それをどのように達成しますか。当研究科における学習・研究がその中でどのような意味を持ちますか。（日本語500字以内）

課題3

当研究科におけるあなたの志望プログラム（夜間主プロフェッショナルへの志願者は、志望モジュール）への期待と入学後に予定している研究テーマについて、以下の項目に言及した上で具体的に述べてください。（日本語1,000字以内）

◆ テーマ
◆ 当該テーマに取り組もうと考えた理由（課題・仮説）

　WBSのエッセイは、エッセイ型の基本的な形式といえる構成になっています。まず課題1で実績の整理を行い、課題2で今後のキャリアゴールを見据えてWBSの志望動機を説明し、課題3で具体的な研究テーマを提示します。その意味で、キャリアプランの全体像を固めることが、WBSのエッセイを順序立てて書く第一歩となります。

　他方、説明で最も苦心するのが制限字数です。皆さんの経歴や現状を知り得ない読み手を意識しつつ、質問に沿った回答や理由づけをコンパク

トにまとめるのは、決して簡単ではありません。なるべく早めにエッセイの4要素を整理し、何度も推敲を重ねることが重要です。また、「リーダーシップ」や「問題解決能力」などの経営用語や、「体系的に学ぶ」といった漠然とした目標設定で済ませないよう気をつけてください。

　課題3で求められる研究テーマは、「Ⅴ.研究テーマの設定」（P.33）で示した手順に沿って、課題（リサーチ・クエスチョン）と仮説（解決策）を定めましょう。研究テーマを決める際に、問題意識を持って現場の状況を精査することはもちろん、文献を読むことも有効な対策となります。ただし、WBSではあまり経営理論に深入りすることは求められていません。従って、自身の課題を特定するに足る基本的な知識があれば十分です。

　なお、エッセイ型では原則、参考文献をリストにまとめることを求めていません。従って、エッセイ型で文献を引用するときは、文中に著者名やタイトルなど文献の情報を盛り込むことになります。しかし、WBSのエッセイは字数制限が厳しいため、字数を節約する観点から引用は極力避けた方がよいでしょう。

③ 青山学院大学大学院国際マネジメント研究科国際マネジメント専攻 （ABS）

> **課題レポート1**
> 【フルタイムコース、フレックスタイムコース共通】
> 　本学ビジネススクールへの入学志望理由について記述し、とくにMBAの取得を自分のキャリアにどのように生かそうと考えているか述べなさい。
>
> **課題レポート2**
> 【フルタイム】
> 　過去に経験した仕事または生活において直面した最も大きな試練は何であったか、それをどのように克服してきたか、また現在ならそれをどのように解決しようと考えるか述べなさい。（職業経験のない方は、これまでの勉強やサークル活動、趣味、ボランティア活動などでの経験を対象に考えてください。）
>
> 【フレックスタイム】
> 　過去に仕事において直面した最も大きな試練は何であったか、それをどのように克服してきたか、また現在ならそれをどのように解決しようと考えるか述べなさい。

　ABS出願で注目すべき特徴は、求められている字数の多さです。具体的には、1問あたりA4用紙2枚以内、市販のワープロソフトだと、標準的なレイアウトで1問2,000～2,400字程度で回答するのが目安となります（図表の使用は不可）。KBSやWBSと比較すると、冗長な流れにならないようメリハリをつけた構成を作り上げることがポイントとなります。

　もっとも、書くべき内容はエッセイ型で求められる4要素が軸になることに変わりありません。課題レポート1ではABSへの志望動機と今後のキャリアプラン、課題レポート2ではこれまでの実績を整理すれば対処できるでしょう。また、ABSでは研究テーマが直接問われていないことから、経営理論に深入りする必要はありません。

　課題レポート2で求められている「試練」は、「Ⅲ.業務（現場）の棚卸」（P.30）で説明した課題・行動・成果の3つの観点が役立ちます。なお、フルタイムコースは実務経験のない方も志願できるので、職業生活以外に関する「試練」を取り上げ、同じ要領で整理することもできます。

　他方、「現在ならそれをどのように解決しようと考えるか」、実務に対する問題意識が深く求められているのが、ABS特有の質問項目です。試練が克服できたとして完璧だと評価できるとは限りませんし、当時は最良の結果だったとしても、今振り返ればさらに結果が出せることも考えられます。自身の実績にあえて批判的検証を加え、ビジネススクールで学ぶ上での問題の発見や解決に取り組めるかという真摯な姿勢が求められます。その意味で、この質問は研究テーマに代わる実務への問題意識を問うものと考えてよいでしょう。

④ 立教大学大学院ビジネスデザイン研究科ビジネスデザイン専攻

課題エッセイ

一般入試にて出願の方は〈一般入試課題〉については、全員必ず解答してください。〈共通課題〉については、1題を選択してください。

社会人入試にて出願の方は〈社会人入試課題〉については、全員必ず解答してください。〈共通課題〉については、1題を選択してください。

課題エッセイの字数は、各テーマ 2,000 字以内とします。

一般入試課題

あなたのさまざまな経験のなかで直面した課題をとりあげ、その課題への取り組みとその結果について、本研究科への志望動機や修得したい専門知識などと関連づけて述べなさい。

社会人入試課題

あなたは大学院で修得する知識やスキルを、ご自身の現在の業務やこれからのキャリアデザインにどのように活かしていきたいと考えていますか。実務経験のなかでの具体的な課題を取り上げ、本研究科への志望動機と関連づけて述べなさい。

共通課題 ＊抜粋

1. 経営者の高齢化に伴い、後継者を確保できないまま廃業を選択する中小企業の事例が報告されています。そこで、親族ではない第三者による事業承継の促進が議論されています。このような第三者による中小企業の事業承継への課題や解決策について、あなたの考えを述べなさい。

(以下略)

　立教大学では、非営利組織（NPO・NGO、ボランティア活動など）の活動やCSRなどを中心に取り組む21世紀社会デザイン研究科や、人材開発や組織開発を企業・組織で推進する高度専門人材の養成を目的とした経営学研究科リーダーシップ開発コースが開設されています。ここでは、従前よりビジネススクールとして展開しているビジネスデザイン研究科に関して

説明します。

立教大学の出願エッセイにおける大きな特徴として、共通課題として筆記課題の提出が求められていることが挙げられます。これは他のビジネススクールで行われている筆記試験の代替であり、ビジネススクールで学ぶに足る論理的思考力や文章表現力を評価することを目的としています。

その意味で共通課題の対策は、概要編で説明したとおり、社会人として備えるべき知識や普段から時事に関する理解を深めつつ、問いに答える論理力を養うことにつきます。実際共通課題として取り上げられているテーマは、上の例で挙げた事業承継のほか、有名観光地での環境問題や働き方改革、AI（人工知能）といった、昨今注目されるものがほとんどです。

解答を作成するにあたり、書籍や論文を調査することは問題ないので、分からない事項があれば積極的に調べましょう。ただし、文献に記述した意見をそのまま写すのはやめてください。引用するだけでは独自の意見になりませんし、無断引用と判断された場合は窃用行為として即不合格となります。あくまで、設問に対する主張はご自身で考え抜き、補助として文献を活用するとよいでしょう。

一般入試課題と社会人入試課題に関する基本的な枠組みは、エッセイ型で整理すべき4要素をそろえることができれば対処できます。一般入試課題では、まず自分の実績を述べ、実績から生じた問題意識からキャリアプランや志望動機につなげると書きやすくなります。社会人入試課題では、キャリアゴール、特に自身が果たしたい役割を明示し、その役割を志すきっかけになった問題意識と、キャリアプラン実現におけるビジネススクールの志望動機をまとめていくとよいでしょう。いずれも、問いに沿って構成を入念に組み立てることが、立教大学攻略のポイントです。

⑤ 中央大学大学院戦略経営研究科戦略経営専攻
（中央大学ビジネススクール）

> **志望理由書**
>
> **1. これまでの実務での経験および業務実績**
>
> 勤務先での現在の業務内容や、以前の勤務先を含めたこれまでの業務経験（担当した仕事やプロジェクトなど）を具体的にお書きください。また、これまでの実務経験の中から得られた気づきやノウハウ、さらに自分が具体的に直面した課題やその解決策など実例をあげて具体的に記述してください。
>
> **2. 志願理由**
>
> （1）中央大学ビジネススクールを志願する理由をお書きください。
> （2）実務におけるあなたの現在の関心事項、問題意識などをできるだけ詳しく具体的に記述してください。
> （3）本研究科修了後のキャリアプランを記述してください。
>
> **3. 本研究科で学びたいこと**
>
> （1）中心的に学びたい分野について、以下より1つ選択しその分野名を記入してください。
>   ①戦略　②マーケティング　③人的資源管理　④ファイナンス　⑤経営法務
> （2）その理由を説明してください。
>
> （注）説明の都合上、記述の一部を加筆しています。

　中央大学の志望理由書は、エッセイ型で押さえてほしい4要素が網羅的に問われている点では、基本型ととらえてよいでしょう。その意味では、冒頭で説明した4要素の全体像を作ることが、対策の第1歩となります。

　中央大学で特徴的な点として、まず字数が設問全体で指定されていることです。募集要項では、A4（タテ40字×ヨコ40字）3枚を限度としてその字数以内に収めることとされています。単純計算すれば4,800字となりますが、実際はタイトルや氏名を添えることが書式で指定されているので、概ね4,000字と考えればよいでしょう。ただし、設問ごとの字数制限はな

いので、執筆に取り組む前に各設問にどの程度字数を割り当てればよいか
を見積もることが攻略のポイントになります。成り行きで書いてしまう
と、特に、「1.これまでの実務での経験および業務実績」で「具体的」と
いう指示が重ねて強調されていることから、前半に字数を費やしてしまい
がちです。背景を知らないビジネススクールの教員に理解してもらえるよ
う、過不足なく説明する意識を持ちましょう。

　もうひとつの特徴が、「3.本研究科で学びたいこと」、すなわち研究テー
マで中心的に学びたい分野を出願時に指定することが求められていること
です。ここで、問われているのは学びたい分野であって、その分野の知識
ではないことを確認しましょう。言葉だけに目を奪われ、経営理論を説
明するだけで終わってしまうことがないように心掛けてください。ここは
WBSと同様、「Ⅴ.研究テーマの設定」(P.33)で示した手順に沿って課題(リ
サーチ・クエスチョン)と仮説(解決策)を定めれば大丈夫です。課題や仮説
を整理するときに現場の分析や文献の調査を進めることで、自分がどの分
野に関心を持っているかが自然に分かるようになります。各々の分野が何
を取り扱っているかは、経営学の教科書などで調べておきましょう。

⑥ まとめ

　ここまで、KBS、WBSなど5校の研究計画書について説明しました。各校で異なる特徴は持っているものの、基本的に問われている論点は共通していることが理解できたと思います。それはエッセイ型で求められる4要素に関する問い、すなわちこれまでの実績とキャリアゴール、志望動機、研究テーマです。冒頭で説明したとおり、いきなり各校の質問に飛び込まず、4要素を一つの形に整えてから執筆に取り組んでください。また執筆にあたっては、問いの把握と主張や根拠の組立を意識してください。

　最後に本書で紹介した5校以外でエッセイ型の提出を求めるビジネススクールを掲載しますので、ご参照ください。

エッセイ型研究計画書を求めるビジネススクール
● 小樽商科大学大学院商学研究科　アントレプレナーシップ専攻
● 関西学院大学大学院経営戦略研究科
● 県立広島大学大学院経営管理研究科
● 九州大学大学院経済学府　産業マネジメント専攻
● 東京工業大学環境・社会理工学院　技術経営専門職学位課程
● 同志社大学大学院ビジネス研究科
● 名古屋商科大学大学院マネジメント研究科
● 法政大学大学院イノベーション・マネジメント研究科
● 立命館大学大学院経営管理研究科
(五十音順)

（2）タイプ2　（狭義の）研究計画書型

　狭義の研究計画書型では、自身が設定した研究テーマについて、なぜそのテーマを選択したのか、また研究への具体的な取り組み方針についてまとめることが求められます。

　キャリアプランを中心に整理するエッセイ型と比較すると、研究テーマに軸足を置いて作成することが狭義の研究計画書の大きな特徴です。もちろん、「Ⅱ.研究計画書作成の基本プロセス」（P.29）で説明したとおり、業務（現場）の棚卸やキャリアプランの設計を疎かにしてはいけません。研究テーマの選択理由や研究結果の実務への生かし方に大きく関わるからです。

　設問の形式はビジネススクールにより違いが大きく、エッセイ型とほぼ同様に質問が設定されている場合もあれば、指定枚数のみ指示されていることもあります。最も簡潔な形で問われているのが、法政大学大学院経営学研究科です。

> **狭義の研究計画書型における出題例**
>
> 2,000字程度で研究テーマ、研究目的、研究計画を詳しく記入してください。（法政大学大学院経営学研究科）。

　このように狭義の研究計画書型での提出を求めるビジネススクールでは、書くべき内容が指定されるのみで体裁や順序に関しては自由です。また、指示で認められれば図表やグラフの利用も可能です。裏を返せば、どのように説明すれば読み手に伝わるか、構成を整える力も問われるということになります。

　では、狭義の研究計画書で中心的に問われる研究テーマをどのように整理すればよいか。主な論点は以下のとおりです。「Ⅴ.研究テーマの設定」（P.33）で研究テーマの構成と文献の役割について説明しているので、合わせて確認しておきましょう。

> **研究テーマで整理しておくポイント**
>
> ① タイトル　② 問題意識　③ 研究目的　④ 研究方法　⑤ 参考文献

①タイトルは研究テーマの要点をつかむきっかけとして重要な役割を果たします。経営理論の用語を並べるだけ、あるいは「○○化」など無理に名詞で表現するとかえって意味が伝わらなくなります。シンプルにまとめましょう。

②問題意識では、主に2つの事項について整理します。1つ目は研究テーマを選んだ理由です。研究を始めるに至った動機、すなわち実務における疑問と、疑問が解決したときに期待される成果について整理します。このうち実務における疑問は、業務（現場）の棚卸を通じて得られた課題や改善点への気づきが下敷きとなります。他方、期待される成果はキャリアゴール達成に向けて果たすべき役割にどのように貢献するかを説明します。先ほど業務（現場）の棚卸やキャリアプランの設計を疎かにしてはいけないと説明したのは、研究テーマを選んだ理由に密接に関わるからなのです。

2つ目は、先行研究の内容です。ここでは、関連する先行研究の内容を整理し、1つ目で取り上げた疑問と照らし合わせ、先行研究では解決できなかった、あるいは説明が不足している論点を特定することです。この論点がリサーチ・クエスチョンであることは、「Ⅴ.研究テーマの設定」（P.33）で説明したとおりであり、このリサーチ・クエスチョンを③研究目的で取り上げることになります。

文中で先行研究を引用するときの書き方にも一定のルールがあります。ここでは、組織学会（経営学分野で国内最大規模の学会）の規程を抜粋しますのでご参照ください。ビジネススクールで指示がある場合は、その指示に従いましょう。

本文中での引用表記

A）本文中で参考文献を引用する場合には、「野中（1976）」、「野中・加護野・小松・奥村・坂下（1978）」、「Imai, Nonaka, and Takeuchi（1985）」のように、著者の姓に続けた括弧内に年号をアラビア数字で記入することとする。

B）著者が2名の場合は、2回目以降の引用も、「竹内・野中（1986）」、「Nonaka and Takeuchi（1995）」のように連記することとする。

C）著者が3名以上の場合には、2回目以降の引用には「野中ほか（1978）」、「Imai et al.（1985）」のように、第一著者に続けて「ほか」（日本語の場合）、「et al.」（外国語の場合）を用いることとする。

D）括弧内の記述については、「……については既に論じられている（Imai, Nonaka, and Takeuchi, 1985；竹内・野中, 1986 ）」のように、著者名と年号を読点で区切ってまとめ、第一著者のアルファベット順にセミコロンで区切って記載することとする。

（組織学会「『組織科学』執筆・投稿規程」より抜粋）

④研究方法は、2年間を通じて研究目的を果たすために何に取り組むか、すなわちリサーチ・デザインを説明します。

　研究方法の整理にあたっては、2つの点を意識してください。まず、調査対象とする事例やデータが入手し得るものかどうか、実現可能性を確かめてください。研究に必要な資源、例えばインタビューする人物や統計分析を行うデータなどは、ビジネススクールではなく皆さんが準備します。従って、自分一人では到底できないことを書くと実現できない計画として評価されてしまいます。仮に、皆さんが自社の競争戦略構築に関わる研究に取り組むとします。いくら研究でも、自社の競合となる企業にインタビューを申し込むことは難しいでしょう。インタビューの心得を理解しつつ相手の協力が得られるかどうかは、なるべく事前確認することが望まれます。

　次に、研究技法の選択はあまり深入りしない方がよいでしょう。研究の手順には、分野により一定の流儀があります。経営学に関する研究経験がある方を除けば、守るべきことをすべて理解するのは困難です。先行研究で記載されている手順が一つの指針にはなるものの、理解半ばで書くことはお勧めしません。その意味では、仮説の精緻化や検証にあたっての方向性が説明できれば問題ないといえるでしょう。

　⑤参考文献は、先行研究などで取り上げた文献をリスト化することです。リストアップにあたり、文中で引用した文献は網羅していること、逆に読んだものの引用しなかった文献は記載しないことを心掛けてください。リストの作成方法は、ビジネススクールで指示がある場合はその指示に従い、指示がない場合は先行研究にあるリストを参照して作成しましょう。

　以上が、狭義の研究計画書型における要となる研究テーマのまとめ方になります。これらは、どのビジネススクールにも共通するポイントとなるので、執筆にあたり漏れがないか必ずチェックしてください。

　ここからは、狭義の研究計画書型を採用するビジネススクールについて、個別に対策を整理していきます。

① 筑波大学大学院人文社会ビジネス科学学術院
ビジネス科学研究群経営学学位プログラム

研究計画書

- ワープロ等で作成し、Ａ４用紙全６ページ以内（図・表・参考文献などを含む）
- 研究計画書の見やすさ、わかりやすさも評価の対象となる。
- 研究計画書の構成は以下のとおり。

（1）問題意識・研究テーマ

研究の背景や問題意識、具体的な研究テーマについて述べてください。

（2）関連研究

あなたの研究に関連する既存の研究成果やビジネス上の知見を、なるべく文献を取り上げながら整理してください。直接関連する文献がない場合は、周辺テーマの文献でも構いません。

（3）研究の手順・方法

- 研究を実現するための具体的な手順を示してください。
- 予定している研究方法をなるべく具体的に説明してください（例えば、調査を行う場合は調査対象や件数など、データ分析を行う場合はデータの収集方法や分析手法などがわかるように）。

（4）期待される成果

この研究で期待される結論や成果、および実務への示唆について、現時点で予想できる範囲で述べてください。

（5）参考文献

（2）関連研究で取り上げた文献を中心に、研究計画に関連する参考文献を挙げてください。（10件以内）
― 書籍の場合：著者名、タイトル、出版社、出版年
― 論文の場合：著者名、タイトル、雑誌名、出版年
― その他（報告書、記事、Webページなど）：出典についての情報

　筑波大学が研究計画書の記載で求めている構成は、狭義の研究計画書型の基本形といえます。国内ビジネススクールの中で、最も研究テーマに対する記述を求めているのが最大の特徴です。志望者の方は、現状分析や文献調査を通じてリサーチ・クエスチョンの設定から仮説の構築、研究方法の組立てまで丁寧に行う必要があります。

　といっても、特別な対策が必要というわけではなく、先ほど説明した研究テーマのまとめ方に沿って整理していけば十分に対応できます。「（4）期待される成果」は、研究テーマのまとめ方で取り上げた②問題意識の1つ目に含まれているので、「（1）問題意識・研究テーマ」と分けて記載できるよう構成を整えてください。

　筑波大学では、主担当となる教員のほか、2名の副担当による研究指導が行われます。従って、研究テーマとの関わりがある所属教員の論文・書籍にも目を通すことも重要になります。ただし、筑波大学では指導教員への事前接触は禁止されているのでご注意ください。

　なお、志望者の中には、情報・システム分野に偏った研究テーマを選ぶケースが見受けられます。しかし、筑波大学はあくまでビジネススクールとしての側面を持ち合わせている以上、経営学に関連する研究テーマを設定するよう意識しましょう。

② 東京都立大学経営学研究科経営学専攻経営学プログラム

> **研究計画書**
>
> **（1）志望理由　Ａ４用紙１枚**
>
> なぜ経営学を学びたいか、なぜ本学経営学プログラムを志望するのか
>
> **（2）研究計画　Ａ４用紙４枚以内**
>
> ① 研究テーマ
>
> 　　修士論文もしくは課題研究のテーマとして考えていること。
> 　　リサーチ・クエスチョンの形になっていることが望ましい。
>
> ② 研究の意義
>
> 　　その研究テーマにどのような学術上、あるいは実務上の意義があるの
> 　　か。
>
> ③ 研究テーマに関連してこれまでに論文や専門書等で学んだこと、自分
> 　で調べたこと（これまでに読んだ主な文献やアクセスした情報のリス
> 　トを付すこと）、関連した職務経験など。
>
> ④ 今後の研究計画
>
> 　　研究を進めていくにあたって今後どのような取り組みが必要か。履修
> 　すべき科目、読むべき文献、習得すべき研究手法、アクセスすべきも
> 　しくはアクセス可能な情報源など。
>
> ※ 文献の表記にあたっては、論文の場合は「著者名、発行年、表題、誌名」
> 　を、書籍の場合は「著者名、発行年、表題、出版社名」を明記すること。

　東京都立大学は、これまでＡ４用紙２枚以内という枚数制限以外に指示がありませんでした。しかし、2019年度入試から記載すべき内容が明示されましたので、何が求められているかが分かりやすくなったといえます。

　研究計画として記載が求められている項目は、先ほど説明したポイントに合致しているので、手順に沿って研究テーマを組み立てていきましょう。留意点として、募集要項はあくまで「以下の内容について記述してください」と求めているということです。言い換えると、この順序で書け、とは指示しているわけではないので、説明しやすい順序に編集して差し支

えないということです。まして、記載された項目をそのままタイトルにするのは控えましょう。例えば、③は先行研究と実務経験は分けてタイトルを付すほうが読みやすくなります。

　もうひとつ、余白や行間を極端に広げる、あるいは狭めるのはかえって読みにくくなりがちです。レイアウトは特に指定がないものの、読みやすいレイアウトを心掛けてください。図表やグラフの使用も認められているので、本文との対応関係を意識しつつ読み手の理解を促すのも一手です。

　東京都立大学では研究計画に加えて、志望理由の記載が求められています。これは、質問にあるとおり東京都立大学への志望動機が問われていて、この点でエッセイ型での対策も必要となります。実務上の課題を踏まえてご自身がどのようなキャリアプランを描いているか、そのプランを実現すべく東京都立大学で研究するのがなぜ望ましいかについてまとめましょう。

③ 神戸大学大学院経営学研究科
   専門職学位課程 現代経営学専攻（MBA プログラム）

研究計画書

（1）研究テーマのタイトル（50字以内）

（2）研究テーマの概要（500字程度）

当該研究テーマに取り組もうと思うに至った理由と目的を述べてください。

（3）研究の背景となる経験・資源（500字程度）

これまでの体験、職務経歴などに触れながら、それらが上記の研究テーマに対してどのように関連しているかを述べてください。なお、研究において利用可能な情報源などにも言及してください。

（4）研究の進め方（500字程度）

当該研究テーマを追求するにあたって、どのような方法で研究を実施しようとしていますか。

（5）志望動機（500字程度）

特に本研究科を志望した理由を説明してください。

（6）研究に関連する資格・技能・特技（300字程度）

特に記述することがあれば、その概要を説明してください。なお、英語能力試験に言及する場合には、受験年度も明記してください。

（7）就学環境（300字程度）

学費援助、業務負担の軽減など職場のサポートの有無、個人研究時間、通学時間について、概要を説明してください。

（8）将来のキャリア設計（300字程度）

MBA取得後のキャリア設計を示し、本研究科での研究成果を今後の仕事の上でどのように活用するか、その期待や希望を述べてください。

　神戸大学は、狭義の研究計画書型とエッセイ型の特徴を両方持ち合わせた形式になっています。（1）から（4）で研究テーマに関する記述が網羅的に問われているのに加え、（5）から（8）は、これまでの実績やキャリアゴール、ビジネススクールへの志望動機といったエッセイ型で求められる設問もあります。これは、「研究に基礎をおく教育」と「働きながら学ぶ」という2つをコンセプトに掲げる神戸大学ならではの形式といえます。求めているポイントが明記されつつも字数制限が細かく指定されているので、ライティングスキルで述べた「問いに答える」スタンスを維持することが重要になります。

　（7）にある就学環境は、他校では面接試験で問われることが多いのに対して、神戸大学では研究計画書にあらかじめ記載することを求めています。神戸大学では、土曜中心、1年半という集中プログラムが組まれていることから、地元の関西地区だけでなく、関東や九州など遠隔地から通う方もいるからです。集中的に学ぶカリキュラムの中で、「働きながら学ぶ」コンセプトに耐え得る人材かを見定めたい趣旨がこの設問に込められています。早いうちから上司や人事担当などに状況を伝え、就学環境を整えることが重要となります。すなわち、集中的に研究に取り組みキャリアプランを実現させたい方に適した環境を、神戸大学が持ち合わせているといえるでしょう。

④ まとめ

　以上、狭義の研究計画書型を採用する代表的なビジネススクールを取り上げました。狭義の研究計画書型とはいえ、純粋に研究テーマだけを求めることはほとんどなく、むしろ志望動機やキャリアプランも合わせて問うケースが増えています。その意味でも、「Ⅱ.研究計画書作成の基本プロセス」(P.29) で提示したプロセスに沿って、実績やキャリアプランに基づいた研究テーマを組み立てていきましょう。

　最後に本書で紹介した３校以外で狭義の研究計画書型の提出を求めるビジネススクールを掲載しますので、ご参照ください。

> **狭義の研究計画書を求めるビジネススクール**
>
> ● 一橋大学大学院経営管理研究科　金融戦略・経営財務プログラム
> ● 法政大学大学院経営学研究科
> ● 横浜国立大学大学院国際社会科学府　経営学専攻社会人専修コース
>
> (五十音順)

（3）タイプ3　総合型

　ここからは、総合型の研究計画書として、一橋大学と明治大学、京都大学について取り上げます。総合型の研究計画書が持つ特徴について、前に取り上げた神戸大学と比較すると、キャリアプランと、研究テーマの双方をまとめる必要がある点で共通しています。他方、研究テーマを書く字数が神戸大学に比べて多くないことが、総合型の研究計画書の大きな特徴といえます。例えば、一橋大学ではエッセイ型と同様のレイアウトを採用しているため、参考文献リストを書く字数を確保するのが困難となります。また、明治大学や京都大学も研究テーマに関する質問が狭義の研究計画書型ほど表立っていません。

　従って、エッセイ型や狭義の研究計画書型の形式と比べながら読み進めると、総合型の研究計画書を書くポイントが理解しやすくなります。

① 一橋大学大学院経営管理研究科経営管理専攻
経営分析・経営管理プログラム

> **学習と職務に関する経歴書**
> ・ これまで従事した職務と学習歴を具体的に記したものを、2,000字程度で作成し、複写して2部提出する。必ず、ステープラー等で左横の上下2箇所を綴じる。
> ・ これまでに経験してきた職務・学習の内容とその成果・実績等を年代順に記述する。
>
> **将来計画書**
> ・ これまで行ってきたこと、本研究科で学びたいこと、その進め方、方法、及び修了後の計画等を2,000字程度で作成し、複写して2部作成する。必ず、ステープラー等で左横の上下2箇所を綴じる。
> ・ 将来計画書の構成は以下のとおり。
> ① 志望動機
> ② 入学後の計画
> ③ 修了後の計画

　エッセイ型で求められる4要素が問われているものの、概括的な質問形式になっているのが一橋大学大学院経営管理研究科の特徴です。経歴書、将来計画書とも限られた字数でまとめる必要があるため、ポイントを絞って端的に伝えられるかが合否の分かれ目となります。

　経歴書は業務内容の説明に一定の字数を割きつつ、「Ⅲ.業務（現場）の棚卸」（P.30）で触れた3つの視点も書き忘れないよう心掛けてください。また、読み手への配慮として見出しを付して整理すると効果的です。次頁にレイアウト例を掲載しましたのでご参照ください。現役大学生や第二新卒の方で職務だけでは十分に自己アピールができないときは、学習歴、すなわち大学・学部の概要や卒業論文のテーマをまとめましょう。

「学習と職務に関する経歴書」のレイアウト例

Ⅰ. 経歴の概要
　・・・・・・（3～5行程度）

Ⅱ. 経歴の詳細
　1. ○○株式会社○○部○○課(XX年XX月～XX年XX月)
　　(1)業務の概要
　　　・・・・・・
　　(2)主な実績
　　　・・・・・・

　2. ◇◇株式会社◇◇部◇◇課(XX年XX月～XX年XX月)
　　(1)業務の概要
　　　・・・・・・
　　(2)主な実績
　　　・・・・・・

　将来計画書は、3つの問いをバランスよく答えられるよう、文章化する前にかならず構成を整えましょう。「志望動機」は、「Ⅳ.キャリアゴールの設定」(P.32)で説明したキャリアゴール設定のためのプロセスが構成の基礎として活用できます。「入学後の計画」では、研究活動にあまり重きを置かず、履修計画なども踏まえて研究テーマの概要が説明できるとよいでしょう。

　なお、同研究科でも金融戦略・経営財務プログラムは別の様式になっています。詳細は当該プログラムのホームページをご覧ください。

② 明治大学専門職大学院グローバル・ビジネス研究科 グローバル・ビジネス専攻

> **研究計画書**
>
> **A方式（一般入試（社会人選抜））**
> 自身の職務経験や社会的活動から生じた問題意識や課題を叙述し、それに基づく本研究科での学習計画と研究テーマをそれぞれ作成してください。
>
> **B方式（一般入試）**
> 志望理由を含めて、入学後の学習計画と研究テーマをそれぞれ作成してください。

　明治大学は、エッセイ型で求められる4要素を備えている点で、一橋大学と共通しています。明治大学の研究計画書における最大の特徴は、要求される分量の多さです。具体的には、横書きA4判・片面印刷、表紙を除いて5〜8ページ以内、フォントは12ポイントとし、各ページ上下左右に3cm程度の余白を設けるものと定められています。字数・行数、図表等の利用は自由ですが、読みやすい行間を保ち文章主体で説明するよう心掛けてください。

　分量が多いことから勝負のポイントとなるのが、構成の良否です。エッセイ型で求められる4要素が読み手に的確に伝わるよう、目次立てを丁寧に行うようにしましょう。次頁はエッセイ型で説明した4要素の関係を踏まえた目次の例です。

明治大学・研究計画書の目次例

Ⅰ. 経歴の概要
　（1）業務の概要
　（2）主な実績
　（3）実務上の問題意識

Ⅱ. 貴研究科への志望動機

Ⅲ. 学習計画と研究テーマ
　（1）学習計画
　（2）研究計画の概要

Ⅳ. キャリアゴールと達成手段

Ⅴ. 参考文献

③ 京都大学大学院経営管理教育部経営管理専攻

　京都大学では、一般選抜のほか、社会人としての職務経験を重視する特別選抜が実施されています。この選抜方法の違いにより、志望動機やキャリアプランなどの説明方法が大きく異なるのが、京都大学の特徴です。

● 一般選抜

　一般選抜では、事前に研究計画書の提出が求められない代わりに、筆記試験の小論文科目で志望動機やキャリアプランをまとめることが要求されます。小論文試験はこのほかに文章読解に関わる設問と合わせて、60分で解くことになります。従って、一般選抜志望者は他校と同様、事前に志望動機やキャリアプランをまとめておくことが必須となります。対策にあたっては、他校との併願によりエッセイ型で求められる4要素を整える機会を作ることも効果的です。

● 特別選抜

学修計画書

（1）今まで関わってきた社会人としての経験等について特筆すべきものを具体的に記述しなさい。どのような仕事等に関わり、なにを学んだか、といった点について書いてください（中略）（A 4 用紙 2 枚）。
（2）本教育部の志望動機について記述しなさい（A 4 用紙 1 枚）。
（3）修了後の進路希望、学んだことを生かしてどのように社会的に活躍しようという意思を持っているか、について記述しなさい（A 4 用紙 1 枚）。
（4）現代のマネジメントの課題は何か、自分がもっとも重要な課題であると考え、その解決のために関わっていきたいと考えている課題について説明しなさい（A 4 用紙 2 枚）。
（5）自己アピールについて自由に記述しなさい（A 4 用紙 1 枚）。

　特別選抜の出願書類は、エッセイ型で求められる4要素、すなわちこれまでの実績やキャリアゴール、ビジネススクールへの志望動機、研究テー

マが網羅的に問われています。このうち、研究テーマは出題形式から直接
聞かれていないように読めるかもしれません。しかし、（3）で学んだこと
をどのように生かすかについて、具体的な学習計画を関連づけて説明する
必要があることから、研究テーマをまとめる必要があると考えてよいで
しょう。もっとも、テーマの概要が説明されていればよく、先行研究の整
理や具体的な研究方法まで触れる必要はないでしょう。これまで述べた研
究計画書対策を進めることができれば、十分に対応できるはずです。

　（4）は筆記試験の代替であり、論理的思考力や文章表現力を評価される
ため、筆記試験がないからといって油断は禁物です。

　出願にあたり気をつけてほしいのが、指定された用紙（PDF形式で入手
可）にすべて自筆（ワープロ不可）で記述することが求められています。社
会人受験生は手書きで書くことが慣れていないため、誤字脱字や段落構成
には注意を払いましょう。

《 参考文献 》

・ウォーレン J. デバリエ（2010）『日本人のためのMBA エッセイ インタビュー キャリア対策』
　（第2版）（株式会社インターフェイス訳）翔泳社
・野矢茂樹（2006）『論理トレーニング』（新版）（哲学教科書シリーズ）産業図書
・佐藤郁哉（2015）『社会調査の考え方 上・下』東京大学出版会
・細川英雄（2015）『研究計画書デザイン―大学院入試から修士論文完成まで』（増補改訂）東京
　図書
・晶文社学校案内編集部、河合塾KALS編（2016）『国内MBA受験のための研究計画書の書き
　方』晶文社
・文部科学省ホームページ ― 令和元年度専門職大学院一覧
　https://www.mext.go.jp/a_menu/koutou/senmonshoku/__icsFiles/afieldfile/2019/08/06/
　1418138_2.pdf
・文部科学省ホームページ ― 専門職大学院制度の概要
　https://www.mext.go.jp/content/20200326-mxt_senmon02-100001400_1.pdf
・文部科学省ホームページ ― 経営系大学院を取り巻く現状・課題について
　http://www.mext.go.jp/b_menu/shingi/chousa/koutou/085/gijiroku/__icsFiles/afieldfile/
　2018/01/29/1400609_04.pdf
・慶應義塾大学経営管理研究科ホームページ ― MBAプログラム案内2020
　http://www.kbs.keio.ac.jp/

実践編

タイプ別
研究計画書合格実例
&合格体験記

タイプ 1
エッセイ型

早稲田大学大学院 経営管理研究科

研究計画書合格実例①

中央大学大学院理工学研究科博士前期課程土木工学専攻を修了後、鉄道会社に入社。2020年3月に退職。2020年度早稲田大学大学院経営管理研究科経営管理専攻全日制グローバルおよび慶應義塾大学大学院経営管理研究科経営管理専攻に合格。

課題 1

これまでの実務経験（または実務に相当する経験）のなかで成し遂げたこと、および現在（離職中の方は直近）の担当業務に関する詳細（職務、職責、業績など）について説明してください。（1,000字以内）

　私は、2014年より○○○○○○株式会社の保線技術者として業務に務めている。保線とは、列車が走行する線路の保守管理業務を行う部署である。入社当初より、○○○○ ○○○○○○センターと呼ばれる現場機関において、レールや分岐器の交換計画の策定、及び施工会社への工事発注業務を行なってきた。さらに、軌道の管理業務の他に、軌道に関する技術開発や業務研究といった当社最新技術を用いた研究開発業務も兼任していた。以下に、現場機関において成し遂げた2つを挙げる。

　1つ目は、施工会社に対して検査プロセスの見直しを図り、検査業務の精度及びスピードを向上させた事である。国や会社（本社）、支社が取り決めるルールには、列挙した順にルールの詳細化がされているものの、最終的には現場機関に判断を委ねる書き方が多い。これは、現場によって現場の特性が異なるため、一定のルール水準を遵守していれば、やり方は現場単位に委ねる方針である。しかし、発注者側の各業務担当者が変更になる度に発注側と受注側の仕事区分が変わることによって、施工会社を混乱に招くことがある。そこで、所属現場の特徴を踏まえつつ検査の流れを整理し、発注側と受注側の仕事区分を明確に定めた。その後、双方意見を述べる場を設け、議事録及び覚書を取り交わすことで細部に渡りルールを確定することが可能となった。これによって、お互いの役割が明確化され、精度及びスピードの向上に繋がった。

　2つ目は、電車の位置把握システムを適切に運用できるよう、付着物等を除去する仕組みを組み上げたことである。そもそもレールには列車の位置を捕捉するために、微弱な電流が流れており、レールに絶縁物を配置することによって詳細な位置を把握すること出来るようになっている。し

かし、絶縁物になにかしらの通電物質が付着することによって列車の位置取りがわからなくなり、それが運行の障害になっていた。そこで、その解決をするために付着物を磁石で吸い取る方式を小学校などで親しんだ砂鉄取りをヒントに考案し、実用化に至った。その結果、特許を取得し、輸送障害をゼロにすることで、平成28年度社長表彰を受賞することが出来た。現在も弊社管轄エリア全体に上記取り組みが普及している。

　以上、2つの成し遂げたことを持って、2019年12月より主幹課である○○○○○○に異動となり、現在は現場マネジメント業務に取り組んでいる。

課題2

あなたのキャリアゴールを具体的に設定してください。それをどのように達成しますか。当研究科における学習・研究がその中でどのような意味を持ちますか。（500字以内）

　私のキャリアゴールは、父が経営する瓦製造メーカーを承継し、自主的な営業活動により中国への輸出量を増加させ、販路として確立させることである。斜陽化が進む瓦産業では、国内市場が縮小傾向にある一方で、中国においては日本企業が作製する質の高い瓦を求める傾向にある。現在弊社では、商社を通じて中国へ輸出しているのみであり、自ら率先して営業活動が行える体制を構築することで輸出量を増加及び安定を図りたいと考えている。このような発展を遂げるためには、生産販売体制の見直しや人員の増強も考える必要がある。また、それに伴う市場の動向や把握も必要となる。そこで、貴研究科において改めて経営について包括的に学び、事業継承後の中国への生産販売に備えるため、経営理論に基づいた施作を打ち出していきたいと考えている。さらに、多様な経験を持つ教授陣に加えて、経営者から学生まで様々な立場や業種の方々が集まるため、多様な価値観に触れることが出来る。これらの環境によって、貴研究科では、グローバルな経営者に必要な物事を多角的に見ることや柔軟な発想を養うことが出来るという意味で非常に有意義であると考える。

> **課題 3**
>
> 当研究科におけるあなたの志望プログラム（夜間主プロフェッショナルへの
> 志願者は、志望モジュール）への期待と入学後に予定している研究テーマに
> ついて、以下の項目に言及した上で具体的に述べて下さい。(1,000字以内)
> ◆ テーマ
> ◆ 当該テーマに取り組もうと考えた理由（課題・仮説）

▶志望プログラムへの期待

　私が志望する全日制グローバルでは、各国からの留学生が在籍し日常か
ら世界に触れる事が可能である。海外での販路拡大を目指す身としては、
経営学を学びながら各国の文化の特徴を掴める機会となる。また、授業や
ゼミの活動を通じて、それら多様な価値観や思考を持った生徒や教員と
ディスカッションする事で多角的に見る能力と多様性を理解する柔軟性、
コミュニケーション能力を身に付け、グローバルな人材として活躍できる
ように自らを再形成するための機会として期待する。

　予定している研究テーマは、「中小企業の中国への販路拡大における組織
体制構築」である。私が継承する予定の瓦産業は、斜陽化が著しい。2015
年に公表した「経済産業省工業統計」によれば、業界全体の粘土瓦の総出
荷数は、ピーク時である昭和48年の約21億3千万枚に対して、平成27年
は僅か約3億7千万枚と全盛期の約6分の1程度になる。しかし、国内市
場が縮小する一方で、海外市場の中でも特に中国においては、質の高さか
ら神社仏閣の修繕に日本企業が作製する瓦が使用されるケースが多くなっ
ている。弊社においても商社を通じて中国へ販売はしているものの、自
主的な営業活動で販売するには至っていないのが現状である。そこで、今
後国内と並べる事業へと発展させるには、自主的な営業活動によって海外
への出荷比率を増加させるための組織体制を組み上げる必要があると考え
た。

　弊社が特に力を入れようと考えている中国では、商社によると、見積り
や納期の回答を即座に求められるケースが非常に多く、情報提供のスピー

ドを重要視しているときく。そのため、その点に対して貢献できるかが今後の瓦メーカーとしての課題の1つであると考えている。

　これらから、中国での販路拡大において、情報提供や意思決定を迅速に実行可能な組織体制を構築することが成功要因として最も重要であると仮説を立てた。リソース不足の中、国内事業を維持しつつ、中国へは迅速に情報提供を可能とするための製造部門や管理部門、営業部門の連携体制や社員の配置を詳細に突き詰めるために、今回このテーマを選定した。

　日本文化に根強い産業において中国への販路拡大の成功事例を元に、情報提供のスピードを重視した組織体制をどのように構築するか、経営学の観点から調査、分析、考察することによって明確にしていき、自分の中の基準となるものを模索していきたいと考えている。

> **コメント**
>
> 　事業承継をキャリアプランとして掲げる場合、最も意識すべきは承継先の経営環境がどのような状況にあるかを的確に把握することです。概要編「入試突破のためのポイント」で説明したとおり、読み手となる試験官は書き手である受験者のことを事前に知り得ないため、研究計画書を通じて正しく理解してもらう必要があります。しかし、社会人受験生によっては、現在の勤務先が承継先と異なることから、承継先の業務内容や現状をつかめていないことが想定されます。従って、研究計画書執筆にあたっては、経営者などへのインタビューを通じて、承継先に関する説明や研究テーマの特定を進められるよう、力を入れましょう。
>
> 　神谷さんのエッセイは、実績を通じて現在の勤務先についての整理ができたことに加え、承継先の業務内容や課題が丁寧に説明できています。課題を挙げるとすれば、瓦産業が衰退しつつあると解釈できることから、その状況下でもなぜ承継すると考えたのか、ご自身の思いも書き加えると実感の深まるエッセイに仕上がったといえます。とはいえ、字数が限られていることから、まずは瓦産業や承継先の説明を優先させることが必須となるため、合格レベルのエッセイに仕上がったといえるでしょう。

塩澤 美百咲 (27歳)

早稲田大学大学院 経営管理研究科
研究計画書合格実例②

関西学院大学総合政策学部国際政策学科を卒業後、新卒採用支援のベンチャー企業に入社。2019年度早稲田大学大学院経営管理研究科経営管理専攻夜間主総合に合格。

課題 1

これまでの実務経験（または実務に相当する経験）のなかで成し遂げたこと、および現在（離職中の方は直近）の担当業務に関する詳細（職務、職責、業績など）について説明してください。(1,000字以内)

　私は、採用支援会社の株式会社リアライブに新卒入社し、３年半で営業や総務、人事など様々な業務を兼任してきた。その中で成し遂げたことの１つとして、インターン生の管理体制を変更し、退職を防いだことを挙げる。

　弊社では、2017年まで毎年９ヶ月間の長期インターンシップを行っており、約40名の学生がほぼ無償で勤務をしていた。私はその中でも新卒採用支援事業部の新規顧客開拓チーム12名を受け持ち、シフト管理や業務指導など全てを一任されていた。しかし、着任から僅か３ヶ月で12名中８名が退職してしまった。

　管理体制や指導法は前年度を踏襲したものであったため、モチベーションが保たれにくい状況となっていた。原因は２つあると考えた。まず、研修を行わずに業務を行っていたため、成果が出ず成長を実感できない環境であった。また、アポイントメント獲得数のみを重視し、その業務が会社に与えている影響は不明瞭となっていたため、やりがいを感じることが難しい環境となっていた。

　私は成長を実感しやすくするために、業務報告書を提出させる制度を導入した。前回の出勤時よりも成長している点を明示し、より成長するために行ってほしいことをフィードバックとして記入してから返却した。また、やりがいを感じやすくするために、週次会議の内容を変更した。獲得したアポイントメントの訪問結果を報告する時間を設けることで、業務の貢献度を可視化した。その他にも、成績上位者に創意工夫点を発表させる時間を設け、周りと切磋琢磨できる機会も作った。これらの施策を継続することによって、その後受け入れた８名を合わせた12名の退職率は０％となった。

　現在は、新設部署であるリクルーティングコンサルタントグループの立ち上げを行っている。弊社は2020年に上場することを目標としており、顧客のリピート率を60％から80％に上げ、経営基盤の安定を図ろうとしている。そのために私は、新卒採用のマッチングイベントを中心とした弊社サービスを、より有効的に活用してもらうためのコンサルティングを行っている。具体的には、学生向けプレゼンテーションの内容をアドバイスしたり、学生に送るメール文や電話をかける際のスクリプトを添削したり、選考フローの構築をしたりしている。その中で、リピート率に最も影響を与える要素が何であるかを分析しながら業務フローを構築中である。

課題2

あなたのキャリアゴールを具体的に設定してください。それをどのように達成しますか。当研究科における学習・研究がその中でどのような意味を持ちますか。（500字以内）

　キャリアゴールとして、1人で立ち上げたリクルーティングコンサルタントグループで行っているサービスを事業化し、会社の業績に貢献することを挙げる。

　私は今まで50社以上の採用コンサルティングを行い、各社の採用テクニックを学んできた。しかし、感覚的に自分の尺度に落とし込んでいるため、企業にとって最適なコンサルティングができているとは言えない。事業化するにあたっては、各社の魅力を多角的に引き出し、それを如何に学生に伝えるかを理論的な見地で顧客にアドバイスできるようになる必要がある。また、それを事業として成立させるためには経営の知識も必要となる。

　そのため、設置科目数が多く、経営のあらゆる分野を網羅されている貴研究科で学ぶことで、幅広い経営の知識を身につけたいと考えている。これは部署を事業化することと、顧客へのコンサルティングを体系化することの2点を目的とする私にとって最適な環境だと考える。また、理論と実践の融合を掲げる貴校で、多彩なバックグラウンドを持つ教員から学ぶこ

とで、より自身の視野を広げたい。これは、企業をより多角的に分析する力を身につけるにあたって、非常に有意義だと考える。

> **課題3**
>
> 当研究科におけるあなたの志望プログラム（夜間主プロフェッショナルへの志願者は、志望モジュール）への期待と入学後に予定している研究テーマについて、以下の項目に言及した上で具体的に述べてください。（1,000字以内）
> ◆ テーマ
> ◆ 当該テーマに取り組もうと考えた理由（課題・仮説）

▶ 1. 志望プログラムへの期待

　私が志望する夜間主総合プログラムでは、1年次に全ゼミ担当教授の理論をオムニバス形式で学び、2年次にゼミを選択できる。入学時に理論と実践の両側面から学びを深められる環境では、網羅的な経営知識だけでなく、顧客をコンサルティングする際に自分の軸となる知見を形成できると期待する。また、MBA取得の目的が二つある私にとって、1年間幅広い知識を学んだ後に、どの専門性を深めるかを選択できることは、自身の可能性をより広げるのに最適な環境だと考える。

▶ 2. 研究テーマ

　私は、企業ブランディングと新卒採用の関係性をテーマに研究を行いたい。その理由と仮説を下記に述べる。

　新卒採用市場は、現在売り手市場であり、大手企業や広報に力を入れている有名企業でも採用に苦戦している。それに加えて、日本経済団体連合会の定める採用選考に関する指針は、2021年卒採用から廃止の予定となり、採用の難化が進む見込みである。採用活動が早期化する中で、学生へのアプローチの時期と手法が重要となる。

　弊社では、新卒採用のマッチングイベントを行っている。私の所属する部署では、参加企業に対して、イベント内で学生に自社をどのように魅せていくのかのアドバイスや改善提案をしている。その中で、消費者が社

名も認知し、商品に対して明確なイメージを持っていたとしても、採用が上手くいかない企業もあれば、逆も然りであることが分かった。私はこのメカニズムを研究し、経営学の見地から解明することで、各社が採用ターゲットを惹きつけるために最適なブランディングができるようにコンサルティングしていきたい。

　仮説として、消費者へのブランディングと採用上のブランディングは、全く別物として取り扱う必要があると考える。消費者に優しいサービスを展開していても、業務が泥臭いことは数多くある。こうした企業が採用を成功させるには、すでに確立させた消費者への企業イメージを潰さずに、新たに採用ブランディングを確立させる必要があると考える。また、ブランディングが確立されていない企業に関しては、選考過程を通してどのように企業イメージを醸成していくかを考える必要があると考える。このように、消費者ブランディングと採用ブランディングを別個に確立させることで、仕事内容の誤解がなくなり、採用成功だけでなく、入社後の離職減少にも繋がると考える。

コメント

　エッセイ型の研究計画書は、字数制限が厳しいことから問いに対応した回答を準備する必要があります。塩澤さんのエッセイで評価できるのは、回答のポイントが明確に読み取れることです。「成し遂げたこと」でいえば、インターン生を管理するにあたり、どのような課題を抱え、それをどのような行動で解決し、どのような成果を獲得したかが特定しやすい文章構成になっています。キャリアゴールや研究テーマでも同じようなスタンスを保つことで、読み手の理解が進んだと考えられます。

　一方、塩澤さんが関わるビジネスを知り得ない読み手が、いかに理解を深められるかを意識することも重要です。例えば、研究テーマの説明で多く使われる「ブランディング」は、識別、すなわち誰に対し競合他社とどのような点で差があると訴えることを意味します。「ブランディング」の中身を十分に文章化することで、読み手（面接官）の理解を深めることができる研究計画書に仕上がったといえるでしょう。

早稲田大学大学院 経営管理研究科

研究計画書合格実例③

昭和女子大学家政学部卒業後、住宅設備メーカーに入社。ショウルーム勤務を経て、現在はマンションデベロッパーやゼネコンへの法人営業に従事。2019年度早稲田大学大学院経営管理研究科経営管理専攻夜間主総合に合格。

課題 1

> これまでの実務経験（または実務に相当する経験）のなかで成し遂げたこと、および現在（離職中の方は直近）の担当業務に関する詳細（職務、職責、業績など）について説明してください。（1,000字以内）

　私は大学で住居学を学び、卒業後は一貫して住宅設備メーカーのグループに属している。これまでに在籍した2社の経験について述べる。

　1社目では、ショウルームでシステムキッチンのプランナーとして従事した。在籍した11年間で延べ5,200組の顧客に対応した。また、セクションリーダーとしてメンバーをまとめた。その中で私は社内の「新商品提案プロジェクト」で、マルチメディアコンセントを設置しPCが使える家事コーナーを提案し、事業部賞を獲得した。そしてアイデアは商品化された。提案の背景には、顧客と接する中でキッチンスペースは料理だけでなく他の作業も行う家事ステーションとしてのニーズがあると気づいたこと、また当時PCが家庭に入り始め、レシピの検索や家計簿をつけるといった作業が行われていたことがある。しかし当時はそのニーズに合う商品がなかった。賞を獲得し商品化されたことで、顧客のニーズを製造側に届け、商品として顧客に提供するという役割を果たすことができた。さらに二級建築士とインテリアコーディネーターの資格を取得し専門知識を深めた。

　現在在籍している2社目では、住宅設備と内装工事の法人営業部門で初の女性営業職となった。3年前、当社は内装工事を受注した352戸の大型マンションにて、入居予定者に対し家具、照明等のインテリア商品を販売することになり、私はそのリーダーとなった。BtoB営業の当社にとって、一人ひとりの顧客のニーズに対応するという初のBtoCの試みであった。会社からは自社単独で行うよう指示があったが、私はその道のプロと組むことで顧客満足を高めたいと考え、それを提案し理解を得た。そしてインテリアコーディネーターを募集、さらにインテリア販売の実績を持つ会社と契約し、約25人からなるチームを作った。まずは「顧客の理想の住空

間を実現することで販売に繋げる」という目的の共有によりチームの結束を高めた。また各社の役割を明確にし任せることで、私はデベロッパーやゼネコンとの調整という重要な役割に注力した。結果2億円の売上目標を達成、さらにこの物件のゼネコンから信頼を得たことにより、次物件で28億円の内装工事を受注し部署に貢献した。

これまでに新築マンションに加え、リノベーションや高齢者施設など様々な物件を担当した。また大手デベロッパーを得意先とするなど新規開発でも実績を作り、現在に至る。

課題 2

あなたのキャリアゴールを具体的に設定してください。それをどのように達成しますか。当研究科における学習・研究がその中でどのような意味を持ちますか。（500字以内）

私のキャリアゴールは既成概念にとらわれない住環境をつくることである。時代の変化に対応し、さらに住環境に「住まう」以外の新たな価値を生み出すことで、新しいビジネスモデルを創造したい。

家族形態や個人の価値観は大きく変化している。それにも関わらずマンション等の住環境は画一的なままであり、その変化に追いついていない。例えば、ワークスタイルの変化に合わせマンションとシェアオフィスを組み合わせることで、職住近接やテレワークへの対応、さらにコミュニティが生まれ新しいビジネスの発信の場となる可能性もある。このような融合をスピードを上げて行いビジネスチャンスに繋げたい。

しかしそれには建築の知識だけでは不十分であり、アイデアに留まってしまう。ビジネスのレベルまで高めるには、事業戦略、市場創造、マーケティング等の理論を体系的に身につける必要がある。それを自社の経験や知識と組み合わせ、市場として価値があるのか、収益性や持続性はあるのかを検証し、実践したいと考えている。

貴研究科は実務と学識両面に実績を持つ教授陣が多数在籍されている。多角的な理論を習得し、実務と融合できる点に意義を感じている。

> **課題 3**
>
> 当研究科におけるあなたの志望プログラム（夜間主プロフェッショナルへの志願者は、志望モジュール）への期待と入学後に予定している研究テーマについて、以下の項目に言及した上で具体的に述べてください。(1,000字以内)
>
> ◆ テーマ
> ◆ 当該テーマに取り組もうと考えた理由（課題・仮説）

▶ 1. 志望プログラムへの期待

　志望する夜間主総合プログラムは充実した科目から経営全般を横断的に学び、さらにゼミで専門を深めることで広さと濃密さ両方の知見を得られることが魅力である。様々な業界から集まる学生と共に議論を交わすことで新たな視点を養い、実務を続けながら理論をより早く実践に結び付けることを期待している。

◆ 研究テーマ：新しい企画と創造を生む多様性チームの研究
▶ 2. 当該テーマに取り組もうと考えた理由

　当社は主にマンションに対し間取りや設備による新しい住まい方の提案を行い、内装工事で具現化するまでを行っている。しかし現状は新しく独創的な提案ができていない。その理由として組織が40代前後の男性に偏っており、女性や若い層などの多様な意見を反映出来ていないことが挙げられる。新しい企画を生み出すには男女共創、及び幅広い年齢層による多様性のあるチームが必要である。そのような考えに至った経緯を述べる。

　まず、女性が自由に発言できる機会が少なく意欲の低下が見られたことである。私自身、営業職では男性と同じであることを求められ、強みを発揮できないストレスから適応障害となり休職に至った経験を持つ。同質性を求めることで女性の意欲が低下し本来のスキルを発揮できないことは、人的資源を活かしきれていないと感じた。

　そこで私は女性の視点を活かす為、社内の女性数名とプロジェクトを立ち上げ、ペルソナや生活シーンを設定して商品を提案するという手法を推進した。業界で女性目線がキーワードとなっていたこともあり当初は新鮮

に受け止められた。しかし次第にメンバーからアイデアが出なくなり活動を休止した。女性のみという同質のチームによる知の枯渇と創造の限界を身を持って体験し、男女共創の必要性を感じるようになった。

　以上のことから、多様性のあるチームの方が新しい企画を生む力が強いと考えている。なぜなら男女それぞれの視点による相乗効果が期待でき、幅広い年齢層の様々な経験により多角的な意見を抽出できるからである。意見集約までのプロセスに時間が掛かることが想像されるが、そのプロセスにこそ独創的な企画に至る秘訣があるという仮説を持っている。多様性チームが市場に与える効果、またヒット商品はどのようなチームから生まれてきたのかを研究、調査し、導き出した理論と実践とを繰り返し、成果を上げるまでを行いたい。

コメント

　早稲田大学が求めるエッセイの分量はすべて合わせても2,500字、この範囲でご自身の実績やキャリアゴール、そして実務に関わる研究テーマを説明する必要があります。松永さんのエッセイは、限られた字数で読み手の関心を引きつける要素が多く含まれていて、非常に参考になる仕上がりになったといえます。

　まず課題1では、顧客数や売り上げなど客観的に把握しやすい情報や当時ご自身が取り組んだ行動に対する趣旨が盛り込まれ、松永さんを知らない方にとっても状況がつかみやすくなっています。また、課題2で、実績から得た問題意識がビジネスへの関心を持った契機となったことを示し、課題3でその問題意識が研究テーマとして自身の問題提起につなげています。この流れこそ、読み手（面接官）の関心を引きつけることに成功したものといえるでしょう。テーマに対する関心度の高さについて、単に「女性の視点を活かす」という言葉にとどめず、これまで松永さんが取り組んだ苦い経験、すなわち女性だけのチームを編成しても成果が出なかったことを根拠づけることで説明できたことも素晴らしいといえます（余計かもしれませんが、ビジネススクール入試では性別や年齢などの差別はありませんので、念のため）。

もちろん指摘する事項はあります。たとえば、課題3でいえば、何をもって「独創的」といえるか、同業他社との比較で何がポイントとなるかは説明があると分かりやすいでしょう。しかし、字数が限られているとすれば、優先して書くべき事項を決め、あとは面接で掘り下げていこうとする姿勢も必要です。その意味で、今回は「独創的」が意味するものを面接で質問を受けたときに答える準備があれば問題ありません。

早稲田大学大学院 経営管理研究科
研究計画書合格実例④

法政大学工学部を卒業後、不動産会社に入社。その後、夫が経営する不動会社に入社し、現在は同会社役員。2020年度早稲田大学大学院経営管理研究科経営管理専攻夜間主総合に合格。

> ### 課題 1
> これまでの実務経験（または実務に相当する経験）のなかで成し遂げたこと、および現在（離職中の方は直近）の担当業務に関する詳細（職務、職責、業績など）について説明してください。（1,000字以内）

▶実務経験

これまでの実務経験で成し遂げたことは、業績悪化により会社の方針転換をした際、そのサポートを行い立て直しに貢献したことである。

私は賃貸不動産の管理・仲介、資産運用コンサルタント、アパート経営を行う会社の役員である。神奈川県内で仲介店4店舗を運営していたが、2013年には5千万円あった経常利益が2016年には3千万円の赤字となり、収益性の悪い仲介店3店舗を閉鎖した。業績悪化の原因は仲介業の競合増加、集客のための広告費の増大（4割増）が大きなものであった。業績改善のためには、フロービジネスである仲介業から、ストックビジネスである管理業へと方針転換する必要があった。

当社立て直しのために私が行ったことを実績として挙げる。

まずは仲介店舗閉鎖に伴う人員整理を行うことと、当社に残る社員のモチベーションを保つことに尽力した。3店舗閉鎖に動揺していた社員が多く、当社の状況と方針転換を理解してもらうために何度も話し合いを行った。当社への不安や方向性の不一致や退職者が続出し、合計60名在籍していた社員・アルバイトは30名となったが、残留した社員からは立て直しに協力を得られた。

次に、営業社員からの提案を積極的に取り入れて、新しいサービスを創出する体制を整えた。以前はトップダウンでの意思決定であったため、自主的に考えて行動する社員は少なかった。しかし顧客のニーズに沿ったサービスを創出するためには、直接顧客と接する営業社員が主体となることが不可欠である。この改善策として、営業社員からのアイデアや顧客から受けた依頼は、些細であっても各上席に相談することを徹底させ、それ

を元にしたサービスの実用化に向けて各部署長が一緒にブラッシュアップする流れを作った。考案したサービスはオーナーだけではなくアパート建築会社からも好評であり、数社と提携を結ぶことができた。その結果、既存オーナーや建築会社から定期的に新規オーナーを紹介されるようになり、安定して管理戸数を増やせるようになった。この成功体験が社員のモチベーション向上につながったと考えている。

この結果として、2018年の決算時には1,200万円の経常利益となり、今年の決算においても同等の業績となる見込みである。さらに、ストックビジネスの根幹である管理戸数を3年間で1400戸から3500戸へと増加することができた。

> **課題 2**
>
> あなたのキャリアゴールを具体的に設定してください。それをどのように達成しますか。当研究科における学習・研究がその中でどのような意味を持ちますか。(500字以内)

▶キャリアゴール

経営者として、社員の能力向上と定着率向上により、オーナーにとってより良い提案ができる不動産会社として当社を安定成長させることが目標である。そのためには人材育成戦略と社員のモチベーション向上が必要であると考えている。

なぜならば、賃貸不動産の資産価値を高める提案をすることがオーナーへの最大の貢献であり、社員が高い提案力を持つことと、オーナーと社員が信頼関係を築くことが重要となる。どちらも達成には年月を要するため、社員が辞めないことが必須である。当社が安定成長することで、人材育成に投資ができるようになり、社員のモチベーションと定着率の向上につながると考えている。

貴研究科は様々な業界で活躍する多くの学生が集まる環境にあるため、多様な視点を習得できると考えている。様々なバックグラウンドを持つ学生との議論を通じて、定着率向上のためのヒントを見つけられると考えて

いる。また、俯瞰的な視点を持つことにより、当社の強みと弱みを生かし、環境に適応して成長できる組織を構築できると考えている。オーナー・社員の生活を守るためにも、当社の安定成長に必要な知識と新たな視点を習得したい。

> **課題 3**
>
> 当研究科におけるあなたの志望プログラム（夜間主プロフェッショナルへの志願者は、志望モジュール）への期待と入学後に予定している研究テーマについて、以下の項目に言及した上で具体的に述べてください。（1,000字以内）
> ◆ テーマ
> ◆ 当該テーマに取り組もうと考えた理由（課題・仮説）

▶志望モジュールへの期待

　私が志望する夜間主総合プログラムへの期待は2つある。第1に、意欲が高く様々なバックグラウンドを持つ学生と共に学ぶことにより、多角的な視点を身につけ、これからの問題解決に役立てることができると考えている。第2に、平日夜間と週末を有効活用し、現在の実務を継続しながら学ぶことにより、理論と実務を融合させる環境を得られると考えている。

▶研究テーマ：年功制と成果主義の融合による社員のモチベーションを向上させる仕組みの研究

　同テーマを選択するに至った理由としては、当社が目標を達成するためには、社員の能力向上によりモチベーションを上げ、定着率を向上させることが必要であると考えたからである。その理由は以下の通りである。

　当社は大幅な減益を乗り越え、賃貸不動産の管理収入と付随する売上により、安定した収益を得られる体制へと変化することができた。しかしここ数年は、賃貸仲介から賃貸管理へと参入する競合企業が増加して業界内の競争が激化している。当社がさらに成長するためには、入居率を向上させて物件の資産価値を高めるための提案を行い、オーナーとの信頼関係を築く必要がある。賃貸不動産の空室率は全国平均18％の買い手市場であ

り、入居率を高めるためには入居者のニーズに沿った物件の提案を行うことが不可欠である。このような提案をするためには、社員の能力の向上と、オーナーとの信頼関係を築くことが大切である。信頼関係を築くためには長い時間がかかるため、社員のモチベーションを上げ、定着率を向上させる仕組みを作る必要があると考える。

　この課題の解決のためには、年功制と成果主義を融合させた評価制度を取り入れることが効果的であると仮説をたてている。不動産業の離職率は16%を超え、宿泊業・飲食業・サービス業・娯楽業に次ぎ離職率が高い業界である（厚生労働省、2018年）。この要因として、成果主義の評価制度をとる会社が多いからであると考える。中小の不動産会社は基本給が低く、その分成果に応じた歩合を支給する会社が多いため、給料や歩合率がより良い会社を求めて業界内で転職を繰り返す社員が多いと考える。この対策として、短期的な成果への評価に加えて、年と功による熟練度に対する評価も加算することで、社員が長期的な視点を持てるようになり、目標が達成されると仮定している。

　以上が私の研究テーマである。

> **コメント**
>
> 　早稲田が求める「成し遂げたこと」について、非常に実感が伴う内容に仕上がったことで、読み手の関心を高める書類と評価できます。関心が高まるということは、この後に続く志望動機やキャリアゴール、そして研究テーマに対する共感が生まれ、面接でもスムーズなやり取りにつながることが期待できます。過度に理屈っぽい表現を使うよりは、シンプルで伝わりやすい表現を用いることが相手に意思が伝わりやすいという好例といえるでしょう。
>
> 　ここでは、研究テーマにある年功制と成果主義の関係について言及しておきます。日本企業では年功制に基づく人事考課制度から変わりつつあること、並行して成果主義の導入が検討されていることが新聞や雑誌等で取り上げられています。ここで、年功制は従業員の熟練度に注目した人事考課制度であるのに対し、成果主義は短期的、顕在的な成果を出せる行動に

注目した人事考課制度といえます。従って、両者は原則的な相容れない考え方であることから、研究テーマで掲げた仮説に反論が伴うことが予想されます。もっとも、これらの議論は本来ビジネススクールに入学してから行われるため、たとえ面接で反論を受けたとしても、あくまで議論の一環と受け止めれば問題ないでしょう。いずれにしても、研究テーマで扱う知識は正確に理解しておきましょう。

慶應義塾大学大学院 経営管理研究科
研究計画書合格実例⑤

京都大学経済学部卒業。2020年度慶應義塾大学大学院経営管理研究科経営管理専攻に合格。

> **設問1**
>
> あなたは本研究科修士課程での勉強を通じて何を身につけたいと考えていますか。また、それを卒業後のキャリアにどのように生かしたいと考えていますか。次の2点を必ず含め出来るだけ具体的に述べてください。(800字〜1000字程度)
> a. 本研究科修士課程への志望動機
> b. 本研究科修士課程卒業後のキャリア計画

　私は将来、経営コンサルタントになりたいと考えている。そのため、私は貴研究科での学びを通じて、経営コンサルタントに必要だと考える2つのスキルを身につけたい。

　経営コンサルタントを目指す理由は、多くの企業や機関の問題を解決することで、様々な方面から社会に貢献できるのを魅力的だと感じるからである。このため、学部生のときにコンサルティングファームの短期インターンシップに参加した。この経験を通じて、経営コンサルタントにおける成功とは、正しい戦略を導出し、それをクライアントに採用してもらうことだと考えた。この成功のために必要なスキルは以下の2点である。

　1つ目は、企業を外部から客観的に判断し、限られた時間内で最良の戦略を提示できる論理的思考力である。このスキルを習得するうえで、貴研究科のケースメソッドは極めて有効だと考える。なぜなら、具体的なケースを想定して意思決定を行う練習を何度も繰り返すことで、問題発見・解決や仮説構築・検証などという一連の思考動作をより素早く正確に洗練された形で行えるようになるからである。また、議論の場で自分の意思決定をアウトプットするとともに、他の学生の方々の意見をインプットしたり、教員の先生方からフィードバックを頂いたりすることで、自分の意思決定を見つめ直し、より論理的で説得力のあるものに改善していくこともできる。

　2つ目は、企業内部の様々な人々の立場を洞察しながら、組織にフィッ

トするように戦略を提示し納得させる調整力である。このスキルを習得するうえで、貴研究科の学習環境は理想的だと感じる。なぜなら、貴研究科はグループ討論やクラス討論、ゼミナールや合宿など、緊密な人的ネットワークの構築に力を入れているからだ。また、実務経験のない学生だけでなく、多様な業種や職位のバックグラウンドを持つ社会人の方々も多数在籍している。このような人々の実地に基づいた意見・アイデアや仕事での経験談を聞くことで、企業内部の経営者や従業員の視点と外部のコンサルタントの視点との違いを実感し、コンサルタントとして企業内の人々が実行しやすい戦略を立案したり、彼らと協働する際の反発を防いだりできると考える。

　貴研究科修了後は、戦略コンサルティングファームに就職したいと考えている。全社戦略に関わることで、より大きなインパクトのある問題解決に携われるからだ。入社後は、三年ほどなるべく幅広い業界のプロジェクトに参加して知見を広めたい。そののち専門性を深め、十年目までにプロジェクトマネージャーに昇格し、様々な企業や機関に対して適切な提言を行いたい。

> **設問 2**
>
> あなたはどのような地域活動、ボランティア活動、課外活動・サークル活動（大学・大学院時代）などをしてきましたか。（350字程度）

　私は大学の4年間、体育会少林寺拳法部に所属していた。私の部活における課題は、1年目の大会で最下位を取るなど、大会成績が非常に悪かったことである。

　この問題を解決するため、私は以下のように自主練習を行い技術の向上に取り組んだ。まず、少林寺拳法の動きをいくつかの要素に分け段階的に体系化する。次に、自分の練習動画や試合動画を見て、その要素ごとに動きをチェックし、自分の弱みを特定する。そして、歴代の入賞者や上手な上級生の動画を参考にしながら、その動きを分割したり反復したりして身に付ける。最後に、自分の動画を撮って上達に結びついたかどうか判断し

た。上達しなかった場合は注目点や練習方法を見直し、練習のサイクルを洗練させていった。

このようにして効率良く練習した結果、関西学生新人大会で３位を獲得し、練習リーダーにも就任できた。

> **設問3**
>
> 以上の項目以外に、学業や仕事上、あるいは資格（英語以外の語学、公認会計士等）で、あなた自身について特筆しておきたい点がありましたら、それを記述してください。資格についてはそれを客観的に証明する書類（コピー可）を出願書類とともに提出してください。（350字以内）

私自身について特筆しておきたいこととして、リーダーシップを挙げたい。私は部活動において練習リーダーを務め、部の戦績を向上させた。まず、自主練での経験に基づいて動きを体系的に教え、数をこなすだけの練習メニューや不要な体力・筋力トレーニングを除外した。また、私が集めた700本以上の試合動画のうち、後輩の成長段階に合わせて有用なものを厳選し配布した。そして自分に何の要素が足りないのか、どのような練習で改善できるのか一緒に考えた。すると大会の際は後輩達も自分で動画を撮るようになり、情報を集めて比較検討し研究するという姿勢が浸透した。その結果、私が育成した代の後輩は９人中４人が関西学生大会で入賞し、運用法という部門でも団体で関西２位を獲得した。さらに、七大戦でも三年ぶりに総合入賞を果たした。

> **コメント**
>
> 現役大学生がビジネススクールを受験するにあたり意識すべき点は、社会人に比べ実務に対する理解が不足していることです。致し方ないとはいえ、ビジネススクールの志望理由は実務を基軸に考える必要があるため、書類作成にあたり入念な準備が必要となります。
>
> まず、志望する職業を入念に調べ、目標となるキャリア像を描く必要があります。Ｙ・Ｕさんは戦略コンサルティングファームへの就職を目標に

掲げ、インターンシップでの経験と照らし合わせ必要な能力を分かりやすく定義づけています。多少粗削りな面は否めないものの、目標と達成手段としての志望動機が説明できたことが評価につながったといえます。

　もうひとつは、学生にとって本業となる成績（GPA）や部活動などの取り組みをアピールすることです。これは社会人と交じってビジネススクールの勉学を努めることができるかを見極める指標となります。Ｙ・Ｕさんのケースは少林寺拳法部での取り組みを通じて高い実績を挙げたこと、それを課題、行動、成果の視点で整理できていることが評価できます。

神谷 宗 (30歳)

慶應義塾大学大学院 経営管理研究科

研究計画書合格実例⑥

中央大学大学院理工学研究科博士
前期課程土木工学専攻を修了後、鉄
道会社に入社。2020年3月に退職。
2020年度慶應義塾大学大学院経営
管理研究科経営管理専攻および早稲
田大学大学院経営管理研究科経営
管理専攻全日制グローバルに合格。

設問1

あなたは本研究科修士課程での勉強を通じて何を身につけたいと考えていますか。また、それを卒業後のキャリアにどのように生かしたいと考えていますか。次の2点を必ず含め出来るだけ具体的に述べてください。(800字〜1000字程度)

a. 本研究科修士課程への志望動機

b. 本研究科修士課程卒業後のキャリア計画

　私は、父が経営する創業100年以上続く瓦製造メーカーを承継する予定である。瓦産業の現状として、少子高齢化に伴って新築着工件数が減少することにより斜陽化が著しい。国内市場が縮小する一方で、中国や台湾においては神社仏閣の修繕に日本企業が作製する質の高い瓦を求める傾向にある。弊社においても商社を通じて中国へ販売はしているものの、自主的な営業活動で販売するには至っていないのが現状である。今後の課題として、国内と並べる事業へと発展させるには、自主的な営業活動によって海外への出荷比率を増加させるための組織体制を組み上げる必要があると考えた。このような課題を解決するには、生産販売体制の見直しや人員の増強も考える必要がある。また、それに伴う市場動向の把握も必要となる。そのため、経営について包括的に学び、事業継承後の主に中国への生産販売に備えるため、経営理論に基づいた施作を打ち出せる能力を身につけていきたいと考えている。その中で、私が貴研究科を志望する理由は以下の2点である。

　1点目は、ケースメソッドを採用し、将来を見通す洞察力や、それに伴って迅速かつ柔軟に対応するための意思決定能力や判断能力の醸成に重点を置いている点である。社会情勢が目まぐるしく変化する中、事業を承継する上では、情勢に合わせて臨機応変に対応する必要がある。実際に企業や組織が直面する経営課題に対して討論を繰り返す事で、模擬体験を通じて経営者として必要な、限られた情報内で最適解を模索する能力や意思

決定する力を身につけたい考えている。

　2点目は、グローバルな環境で学べる点である。父の会社は将来的に、中国を中心に海外への展開を考えている。そのため、協定校からの留学生受け入れや国際単位交換プログラムを通じて、多様な価値観や思考を持った方々とディスカッションする事で多角的に物事を見る能力と多様性を理解する柔軟性、コミュニケーション能力を身につけ、国内だけでなくグローバルな人材として活躍できるようになると考えている。

　貴研究科修了後は、中国への輸出を見込んだ情報提供のスピードを重視した組織体制の構築を目指したいと考えている。商社によると、中国では、見積りや納期の回答を即座に求めらるケースが非常に多く、情報提供のスピードを重要視しているときく。そのため、その点に対して貢献できるかが今後の瓦メーカーとしての課題の1つであると考えている。リソース不足の中、国内事業を維持しつつ、中国へは迅速に情報提供を可能とするための製造部門や管理部門、営業部門の連携体制や社員の配置を詳細に突き詰め、海外への輸出を安定的に可能とするため尽力する所存である。

> **設問2**
>
> あなたはどのような地域活動、ボランティア活動、課外活動・サークル活動（大学・大学院時代）などをしてきましたか。（350字程度）

　私は、学生時代に薬局のアルバイトをしている中で2つの目標を掲げ行動してきた。

　1つ目は、早期に大学院進学を決意したため、大学院の全学費をアルバイトで稼いだお金で賄うことである。学業との両立を図るために、優先順位を定め計画的に物事を進めるように努めていた。

　2つ目は、お客様に満足頂けるような接客を常に心掛けることである。具体的に行ったことは、購入して頂いた重い商品をお客様の車まで運ぶことである。店でのルールではなかったが、地方でお年寄りのお客様が多い事から、お客様の手助けになるようにと思い、自ら率先して実施していた。その結果、私目当てに来て頂けるお客様が増え、さらに、運ぶことが

店のルールに追加されて、リピーターが増えるきっかけとなった。

　これらのことから、目標を設定し計画的に進め、継続して努力をすることや、お客様目線になって課題や解決策を模索していく能力が向上出来た。

設問 3

以上の項目以外に、学業や仕事上、あるいは資格（英語以外の語学、公認会計士等）で、あなた自身について特筆しておきたい点がありましたら、それを記述してください。資格についてはそれを客観的に証明する書類（コピー可）を出願書類とともに提出してください。（350字以内）

　私の強みは、課題に対する解決能力が高い点である。私は保線技術者として、弊社において問題となっていた、線路設備に起因する輸送障害を減少させる仕組みを組み上げた。レールには列車の位置を捕捉するために、微弱な電流が流れており、レールに絶縁物を配置することによって詳細な位置を把握することが出来るようになっている。しかし、絶縁物になにかしらの通電物質が付着することによって列車の位置取りがわからなくなり、それが運行の障害になっていた。そこで、その解決をするために付着物を磁石で吸い取る方式を小学校などで親しんだ砂鉄取りをヒントに考案し、実用化に至った。その結果、特許を取得し、輸送障害をゼロにすることで、平成28年度社長表彰を受賞することが出来た。現在も弊社管轄エリア全体に上記取り組みが普及している。

コメント

　神谷さんはWBSのエッセイも合わせて掲載していますので、KBSの入学志願者調書と読み比べると、両校のスタンスの違いがつかめるでしょう。
　WBSで説明したとおり、事業承継をキャリアプランとして掲げる場合、最も意識すべきは承継先の経営環境がどのような状況にあるかを的確に把握することです。概要編「入試突破のためのポイント」で説明したとおり、読み手となる試験官は書き手である受験者のことを事前に知り得ない

ため、研究計画書を通じて正しく理解してもらう必要があります。しかし、社会人受験生によっては、現在の勤務先が承継先と異なることから、承継先の業務内容や現状をつかめていないことが想定されます。従って、研究計画書執筆にあたっては、経営者などへのインタビューを通じて、承継先に関する説明や研究テーマの特定に力を入れましょう。

　KBSでは、研究テーマが直接問われていないため、研究テーマの整理を疎かにしがちです。しかし、ビジネススクールにおける研究テーマは進学する目的にほかなりません。KBSでもその概要を志望動機として盛り込むよう心掛けてください。WBSの課題3で整理された研究テーマが、KBSの設問1でどのように説明されているかに注目しましょう。

青山学院大学大学院 国際マネジメント研究科

研究計画書合格実例⑦

工学部を卒業後、原子力関連企業に入社。その後自動車関連企業へ転職。2019年度青山学院大学大学院国際マネジメント研究科国際マネジメント専攻に合格。

課題レポート1

> 本学ビジネススクールへの入学志望理由について記述し、とくにMBAの取得を自分のキャリアにどのように生かそうと考えているのか述べなさい。

　私が貴研究科への入学を志望する理由は3点ある。

　1点目は、マネジメントを様々な観点から学べる点である。私は、将来海外子会社への異動が既定路線となっており、社会的背景や政治的背景、文化も風習も異なる環境下で育ってきた人達と共通のビジョンをもって企業活動を進めていく必要がある。組織としての目標を定め、目標を達成するために組織の経営資源を効率的に活用していく上で、マネジメントの本質を知る必要があると考えている。貴研究科のカリキュラムはグローバルスタンダードに沿ったもので、目指すゴールに向けてフレキシブルなカリキュラム編成が可能であり、且つマネジメント関連の科目が非常に充実している。今後のキャリアを見据え、グローバル人材として成長していきたい私としては、グローバルマネジメントや異文化マネジメントといった授業を通じて異なる文化圏で暮らす人達とビジネスを進めていく上で必要な多くのヒントが得られると考えている。

　2点目は、ケースメソッドを中心とした授業が充実している点である。これまでのキャリアを構築する際にも数えきれないほどの選択と判断が必要となったが、今後経営層の一員として経営戦略を立案し運用していく際には、より難しい選択や判断が求められることが想定される。会社としての選択と判断を下す上では経営視点から論理的な見解を示さなければならないと考える。貴研究科の特徴である自らを経営者と仮定して問題の発見・解決をしていく多様なケースメソッドに加え、青山アクションラーニングを通じ繰り返し実践を積むことで、これまでの経験では身につけることの叶わなかった経営者レベルでの論理的思考力を養えると考えている。

　3点目は、外部組織との幅広い連携である。ビジネスの世界は劇的にグローバル化が進んでおり、市場におけるトレンドや勢力図はめまぐるしく

変化し、顧客も絶えず多様化している。こうした企業の外側の変化に対応するには企業自体が多様な経営資源を以て対処する必要があると考えている。経営資源としては、人、金、物に加えて情報が挙げられるが、多様化する顧客ニーズを満たすためには、特に情報が重要だと考えている。貴研究科は国際的なビジネススクールを始め、ビジネスの最前線で活動している企業や実務家と広く連携しており、多様な学びのコネクションと機会が設けられている。このような組織や実務家の方々とプログラムを通じて接することで、情報に対し敏感となり、多様化するニーズへの対応力や収集力を得ることができると考えている。

　以上のことより、MBA取得を通じて得られる多くの経験は、役員就任を目指す自身のキャリアに大いに生かせると考えている。

　先ず、3年後に予定されている海外子会社への異動の際に役立てることができる。当社は現在海外に11の子会社を抱えており、現在も新たに1社を設立中である。異動の候補は設立の古い会社から新しい会社まで3拠点あり、それぞれが品質不安という共通の課題を抱えている。なぜなら、グループとしてのビジョン、「品質優先に徹し、顧客の信頼に応える」という品質方針、及び企業運営のコアとなる品質マネジメントシステムを共有はしていても、目標に向かってのアプローチやプロセスがそれぞれ異なっており、作り出される製品の品質が安定せず顧客の信頼に応える事が出来ていない実情にあるからである。結果として、利益を上げて社会貢献に繋げるという企業としての目的も達成出来ていない状況である。その為、海外子会社就任後には、現在の実務で習得してきた品質に関する専門知識に加え、ケースメソッドや青山アクションラーニングを通じて養った経営者レベルでの論理的思考力を融合させることで、問題解決を図ることができると考えている。さらに、私が帰国した後も海外子会社で高い品質が維持出来る体制を構築する必要がある。現在の問題は、日本人の経営トップが国籍の違いからくるステレオタイプやワークスタイル、及び文化の違いを十分認識せず、現地の経営幹部を上手くマネジメント出来ていない点にあると考えている。貴研究科のグローバルマネジメントや異文化マネジメン

トを通じて多様な人材、組織を求心するリーダーとしてのスキルを磨くことで、高い品質を維持し利益に繋げることが可能な体制を構築する。貴研究科で得た経験と自身の積み上げた経験を織り交ぜることで、これらの成果を挙げることが可能となり、帰国後の役員就任を実現する大きな駆動力になり得ると考えている。

　以上が、貴研究科への志望動機、及びMBA取得後のキャリアの活かし方である。

> **課題レポート2**
>
> 過去に仕事において直面した最も大きな試練は何であったか、それをどのように克服してきたか、また現在ならそれをどのように解決しようと考えるか述べなさい。

　私は現在、自動車エンジン部品製造会社に勤務しており、入社後一貫して品質保証業務に従事している。ISO9001のような国際認証システムの取得に関する事務局、グループ内で発生した品質問題の原因究明・対策及び顧客との折衝、認証機関や顧客による監査の対応、新規生産拠点立上げの業務を経験した。

　3年前よりマネージャーとして10名の部下をマネジメントしており、現在は中国に建設中の新規生産拠点の立上げ、及びグループ会社を跨いでのグローバル品質マネジメントシステムの構築を中心に業務を行っている。

　私が仕事で直面した最も大きな試練は、ヨーロッパにおけるグループ初の生産拠点立上げである。

　新生産拠点の立上げは、顧客である国内大手自動車メーカーによる部品の現地調達化の依頼に応じる形でスタートした。私の主な業務は、プロジェクト全体の進捗管理及び窓口としての顧客との折衝であった。約2年に及ぶプロジェクトは工場或いは製造ラインと現地調達部品の立上げという2つの要素で構成されていた。特に部品の立上げに関しては一定期間毎に顧客が設定したイベントと呼ばれる、開発途上で予め設定された部品

機能試験に合格する必要があった。顧客は当社部品のみならずエンジン部品全体の現地調達化を進めており、全ての現地調達部品を用いての最終試験がイベントの最後に計画されていた為、この最終試験に現地で生産した部品を納入するのは各社に課された必達事項であった。これに対応するべく、私は計画の遅れや何らかの問題が発生した際にはプロジェクトメンバーと連携して最適解を導き出し、時には経営層の判断を仰ぎつつ軌道修正しながらイベントをクリアしていった。そんな折、顧客から当社部品の不具合が発見されたという連絡が入った。この時、既に最終試験用部品の納入まで2ヵ月を切っていた。

　これらの問題を解決すべく、私は次の2点の対応をとった。

　1点目は、グループ内資源の活用である。顧客の最終試験には完全な良品を納入する必要があり、その為には先ず不具合の原因を究明することが最優先事項であった。当時、顧客の試験は○○○で実施されていたが、一刻も早い原因究明が必要であり、その為には日本の当社研究施設まで部品を発送する時間も惜しい状況であった。そこで、当社の筆頭株主であり、技術提携も結んでいる会社の欧州技術センターで調査をすることを提案した。この際、経営層へも協力を呼び掛け、技術提携先の会社に本案件を最優先で対応してもらうこと、及び迅速な原因究明を後押しするために当社からも技術者を現地へ送り込む段取りをつけた。これらの結果、問題の原因が当社の製造工程にあることが判明した。これは、過去に別の製造拠点でも経験した問題だったため、過去の事例に学び改善を施した事で良品を最終試験に納入し、無事に合格することが出来た。

　2点目は、コミュニケーションのかけ橋を買って出たことである。当時、私は顧客における日本と△△△の研究施設、及び製造拠点となる○○○の工場の方達と協業していた。自動車メーカー等の巨大企業に良くある事例ではあるが、この問題が発生した際もこれら3拠点間でのコミュニケーションが上手くいっておらず、○○○でどのような問題が発生しているのかを、日本と△△△の研究施設の方達が正確に把握出来ていなかった。プロジェクトを計画通り進める為には、発生した問題に対する原因と

対策内容について顧客の了承を得る必要があり、関係者全員で状況を正しく理解することは必須であった。その為、私は顧客の日本の研究施設に赴き、3拠点を繋いでのテレビ会議を実施することを提案した。会議に先立っては、私がそれぞれの拠点の要望を吸上げ、それらに対する回答及び当社の原因究明と対策の進捗状況をまとめた会議資料を作成した。資料は関係者全員が内容を理解し得るよう日本語と英語で準備した。一週間に2回のペースで1ヵ月ほど会議の開催を続けたため負担は大きかったが、この取組のお陰で顧客との間で信頼関係を構築することが出来た。この時の担当の方々は皆それぞれ異動し仕事で直接かかわる機会は無くなっているが、お陰で今でも時折連絡を頂ける信頼関係を保っている。

　この課題を現在解決するのであれば、グループ内で発生した品質や設備に関連する不具合情報をノウハウとして共有するシステムを構築し、この情報を製品と設備開発時における必須のインプット情報とすることで未然防止を図り解決する。上述した試練を経験して驚いたことは、グループ内で対策を含む不具合情報を共有する仕組みが存在しておらず、製品開発時に過去の不具合情報が活用されていなかった事である。不具合情報共有に向けて、先ず、何らかの問題が発生した際には当社への迅速な打ち上げを義務化する。その後、当社よりグループ全社に同様の不具合が発生し得る可能性がないか確認させる指示を出すと共に、その結果と対策についての意見を広く集める。各拠点から吸い上げた情報は、問題を発生させた拠点へフィードバックして原因究明と対策の一助とする。一連の取組で明らかとなった問題の原因と対策については全てクラウド上のデータベースに登録し、各拠点から随時アクセス出来るようにする。これらの取り組みにより、ルールとデータベースシステムを構築することで不具合情報の共有を図り、新製品や新設備立上げ時に必ず全ての対策が講じられている事を確実にして問題を解決させる。

　以上が、私が過去に仕事において直面した最も大きな試練と克服方法、また、現在考える解決方法である。

> **コメント**

　青山学院大学の出願書類は、要求されるボリューム、すなわち字数や枚数が、同じエッセイ型である早稲田大学や慶應義塾大学に比べて多めに設定されていることに特徴があります。そのため、執筆する前に問いに対応した段落構成を整えることが要求されます。長谷川さんの課題レポートは、段落ごとのトピック・センテンスに何を説明するかを意識して整理していることが読み取れます。「最も大きな試練」についても、概況を丁寧に整理しつつ、要点をまとめて取り組みを説明できたことが読み手の理解を促すことができたといえるでしょう。

　改善できるポイントとして、よりオリジナリティある志望理由を説明することが挙げられます。マネジメントに関する分野を網羅的に学ぶことを踏まえつつ、ご自身の問題意識を踏まえてどこに強い関心があるかを示すことで、独自の志望動機として強調され、読み手の共感を生みやすくなります。

塩澤 美百咲 (27歳)

関西学院大学総合政策学部国際政策学科を卒業後、新卒採用支援のベンチャー企業に入社。2019年度早稲田大学大学院経営管理研究科経営管理専攻夜間主総合に合格。

早稲田大学大学院 経営管理研究科

合格体験記①

■ ビジネススクールへの進学を目指した2つの理由

　私がビジネススクールを目指したいと思った理由は2つあります。1つは、就業していた企業がベンチャーだったため、社員の平均年齢が若く、自分より知識や経験が豊富の方から何かを学んだり、一緒に何かを成し遂げたりする機会が少ないことに不安があったからです。そのような経験を得るための選択肢は、社外勉強会への参加など多くありましたが、体系的な学びを得ながら仲間からの刺激も受けられる環境に魅力を感じ、夜間大学院に身を置くことを決心しました。もう1つは、仕事上で自分の知識の希薄さを感じていたことです。当時私は、新卒採用支援会社でカスタマーサクセスグループの新規立ち上げに携わっていました。その中で、クライアントである企業に対して採用コンサルティングを行っていましたが、それぞれの企業にとって本当に最適なコンサルティングができているとはいえない状態でした。入社してから4年間で見てきたクライアントの事例をもととしたアドバイスが中心になってしまっていたのです。経営の知識を身につけることは、自身の提案の幅を広げるためにプラスになると感じ、ビジネススクールへの進学を決めました。

　ビジネススクールの中でも早稲田大学経営管理研究科経営管理専攻（以下、WBS）を選んだのは、WBSが目指している「理論と実践の融合」に非常に魅力を感じたからです。WBSでは、ミッションの1つとして「actionable management knowledge」を掲げており、実践に生かせる学びを提供するプログラムが充実しています。また、教授陣も多彩で、研究畑の先生もいらっしゃれば、数年前まで日本のトップ経営者としてビジネスの最前線に立たれていた先生もいらっしゃいます。さらに、大きな特徴として、その規模も挙げることができます。私が志願していた夜間主総合コースだけでも、1学年100名を超える学生が在籍しています。このような環境に身を置くことで、今まで自分になかったような体系的な知識を身につけながら、素早く仕事に生かすことができると感じました。

■ 予備校の活用で勉強効率とモチベーションをアップ

　ビジネススクールの受験を決めたのは、入学時期の1年少し前と早めだったのですが、全く何をすればいいのか分からない状況でした。3月頃からどのビジネススクールに行くべきなのか、入学のためには何を準備しなければならないのかなど、インターネットでの情報収集を始め、ビジネススクール受験のための予備校があることを知りました。早速、4月に行われた予備校主催の国内MBA受験者向けの説明会に参加しました。各校の特色やMBA受験に必要な準備について知ることができました。その説明会を通じて予備校に入学したのは、そういった情報をタイムリーに得ることができることはもちろん、モチベーション管理の目的も大きかったです。

　実際に予備校を活用して、その2つの目的はしっかり果たすことができました。試験や入学説明会の情報が開示されると授業の前に必ずアナウンスがあり、自分で情報収集に時間を費やさなくても各スクールの情報が知れることは非常に便利でした。また、そういった情報を持っている予備校だからこそ、研究テーマに基づいてどのビジネススクールのどの教授に学ぶのが相応しいのかアドバイスも受けることができます。これは併願校選びにとても役立ちました。また、試験日程に合わせてどの時期から何を準備するべきか教えてもらえるため、効率的に勉強することもできました。さらに、毎週予備校に通う習慣ができることや、クラスメイトと一緒に勉強することがモチベーション管理にも繋がり、受験まで走りぬくことができたと感じています。

■ 研究計画書は限られた字数の中に「要点を詰める」！

　研究計画書の作成においては、予備校の先生に添削やアドバイスをいただいたり、クラスメイトとお互い添削し合ったりすることで、最終的に納得のいくものを完成させられたと感じています。WBSの研究計画書は毎回3つのエッセイで、字数が少ないのが特徴です。気をつけたことは、エッセイ1〜3に一貫性を持たせることと、如何に要点を詰め込むかという2

点です。WBSの入学説明会では、求める人物像（どの試験で何を評価しているか）の説明があります。「要点を詰める」というのは、この人物像に合わせた自分なりのエピソードをしっかり字数内で伝えられるように文章を構成するということです。

　例えば、私が受験した2019年度の説明会では、求める人物像として下記5点の提示がありました。

・論理的分析ができる「分析力」（筆記試験）
・実務経験からくる「問題意識」（エッセイ）
・勉強したいという強い「学習意欲」（エッセイと面接）
・ビジネスを通じて社会に貢献したいという「使命感」（エッセイと面接）
・ビジネスパーソンとして成功するための「人間力」（面接）

　これに応じて研究計画書では、日々の仕事から常にアンテナを張り、しっかり問題意識を持って取り組んでいることや、仕事への想いもしっかりと記載するようにしました。エッセイ1の「仕事で成し遂げたこと」では、一見偉業を成し遂げたように見せるべきだと感じてしまいがちですが、何をしたかよりも、どれだけ問題意識を持って過ごしているか、そしてそれがエッセイ2、3への回答と一貫性が保てているかを重視して書くのが大事だと考えます。

　また、一貫性の観点では、自分のキャリアプランを実現するために「なぜWBSなのか」「なぜそのプログラムなのか」、納得感を持たせる必要があります。特に、「なぜそのプログラムなのか」の部分で、なぜ夜間主プロフェッショナルではなく夜間主総合である必要があるのかは、研究計画書ではもちろん、面接でも問われる部分です。自分の中でしっかり言語化し、面接でも伝えられるように準備する必要があると思います。

■ WBSの筆記試験は論理的分析力がポイント

　WBSの筆記試験（小論文）では、経営学に関する知識は一切不要であり、それは評価の対象にはならないと入学説明会でも言われていました。そのため、対策で重視したのは文章をしっかり読み込み、論理的に説明する練

習です。

　過去問を利用して、最初は制限時間を気にせず、課題文や設問をしっかり読み込んで解くことを行いました。設問では「何が問いなのか」を読み解くことが、小論文の第一歩になります。例えば、私が受験をした2019年度秋学期入試の小論文試験は、課題文「キリンの長い首のミステリー：有力説はダーウィンの性淘汰」を読み、問いに答えるという内容でした。問題1は「筆者の論理展開を図示せよ」という問いでした。当然、筆者が「有力説はダーウィンの性淘汰」という結論に至るまでの筆者の論理展開を図示する必要があります。しかし、問題文を深く読み込まず、「論理を図示せよ」と勘違いし、課題文に出てくる性淘汰そのものの内容をキリンの絵で描写した受験者も少なくなかったようです。このように焦って勘違いしてしまわないよう、冷静に問いを読み解くことが重要になります。

　これに慣れてきたら、過去問を制限時間内で解く練習を繰り返しました。解く前には必ず、制限時間内に解くための時間配分を行うように心掛けました。自分の中で決めた時間内に終わらなくても、優先して解く問題か、一旦飛ばす問題かも考えておくとやりやすいと思います。当日は下書き用紙が配布されますので、まず別紙に論理構成を図示してみることを推奨します。下書きに完璧な原稿を書いてから書き写すのでは時間が足りなくなるので注意してください。前述のとおり、筆記試験で見られるポイントは論理的分析ができる「分析力」です。そのため、書いた内容が正しいかよりも根拠と主張の関係が成立しているか、それが論理的に伝わるように記載できているかを重視しました。問題自体は年々易化している傾向で、小手先のテクニック以上に地頭を見られているように思います。そのため、何かテクニック的なものを習得するのではなく、ロジカルシンキングなどのトレーニングを優先することを推奨します。

■ 研究計画書と面接の内容には一貫性を持たせよう

　面接では、受験者1人に対して教授3人が面接官となりさまざまな質問をされました。面接官との距離が結構ありますので、大きな声で話すこと

や、必要に応じてジェスチャーや身振り手振りを使うのも大事だと考えました。また、面接官の手もとには、研究計画書と筆記試験の結果があると考えられます。研究計画書の内容と面接で話す内容に差異がでないよう、ここでも一貫性はかなり気にして話すように心掛けました。面接に関しては、あまり多くの対策はしていませんでしたが、何を聞かれてもしっかり伝えられるように、自分の中で志望動機や入学後のイメージを言語化するように努めました。また、勤めていたのがベンチャー企業だったこともあり、自分の仕事内容を、その分野に詳しくない方にどう説明すれば伝わりやすいかは考えておいてよかったと思いました。

　反対に、もっと考えておけばよかったと思ったのは、どのような授業に興味があるか、どの先生の授業を受講してみたいかということです。これについてはじっくりと考えていなかったため、当日聞かれて、教授の名前を間違えて伝えてしまう失態を犯しました。合格したということは、そこまで固める必要はなかったのかもしれませんが、やはり学習意欲が評価項目にある以上、シラバスなども確認しておくといいかもしれません。また、教授陣が興味本位で聞いているような質問も結構あり、そのあたりは対策していませんでしたし、必要もないかと思いますが、普段から自己発信をされない方は練習しておいてもいいかもしれません。私の場合は「新卒でベンチャー企業なんて、親は反対しなかったの？」「東京に出てくることを心配されなかったの？」など、試験とは一見関係ない質問をされました。正解は分かりませんが、私はすべてポジティブな回答をするように心掛けました。

■ 受験では WBS で学びたい気持ちを伝え続けた

　すべての試験において、何か特別な対策をしていた訳ではありませんが、受験を通じてさまざまなビジネススクールについて調べ、自分が何に興味を持っているのか再確認をしたことで、志望理由を自分の中にしっかりと落とし込めていたのは大きかったように思います。私は、秋は WBS 一本受験で、もし不合格だったら併願校も受験しようと考えていました。

そういった意味で、WBSじゃないといけない理由を明瞭にできていたので、その気持ちが研究計画書や面接でしっかり伝えられたのかと思います。

　実際今WBSに通学し、年齢も業種も多種多様な方々に囲まれ日々切磋琢磨することができています。また教授陣も豪華で、さまざまなバックグラウンドを持ち、多様な分野の研究をされていらっしゃるため、それぞれの先生から学ぶことが多くあります。これは受験の際に志望理由としていたところであり、それを実感しながら学びを深められている環境にとても満足しています。

　WBSに入学するまでの社会人生活は、ほぼ仕事漬けでしたが、新しい知識を日々取り入れる生活はとても刺激的です。また、今までと違った視点を多く吸収したことで、学びたい分野や志向も徐々に変わってきたように思います。学びたい分野が変わっても問題なく、さまざまなことを学べるのは、多くの科目を設置している夜間主総合のいいところだと思います。

　受験を考えている皆さんも、受験期間は大変かと思いますが、頑張りぬいて是非この楽しい日々を味わってください！

〈 **受験のための推薦図書** 〉
・野矢茂樹 (2006)『論理トレーニング』(新版)(哲学教科書シリーズ)産業図書
・照屋華子・岡田恵子 (2001)『ロジカル・シンキング—論理的な思考と構成のスキル』東洋経済新報社

早稲田大学大学院 経営管理研究科

合格体験記②

■ WBSの魅力は多様な人々との学びとゼミ指導

私が大学院進学を決めたきっかけは、先輩社員からの勧めでした。当時、企業の研究員として基礎研究に取り組む中で、なぜ自分自身の研究テーマも含め、基礎研究での成果がなかなか事業化へ結びつかないのだろうかと疑問を持つことが多くなっていました。MOT（技術経営を専門とする専門職課程）で勉強してこられた先輩社員と話すうちに、その疑問を解決したいという思いと、学問としての経営学に純粋に興味が和沸き、受験を決意しました。

研究員という職種もあり技術経営に興味はあったものの、経営学全般を広く学びたいという思いもあり、技術経営分野に特化せず、ゼロベースでビジネススクールを調査しました。その中で早稲田大学大学院経営管理研究科経営管理専攻夜間主プロフェッショナルマネジメント専修（以下、WBS）を志望した理由は2つです。

1つ目は、さまざまなバックグラウンドを持つ学生、教員からの学びです。ビジネススクールでの講義の多くは、座学中心というよりは学生や教員とのディスカッションが中心です。バックグラウンドの異なる人との議論を通じて、自分自身にはない考えに触れて刺激を受けることで、自分の中で新たな着眼点を得る、自己に不足している能力を把握できるのではないかと考えました。WBSは学生数、教授陣の規模数に関して国内でも有数の規模を誇っており、このような多様性のある学習環境下で学びたいと思いました。

2つ目は、1年次からゼミに所属し、指導教官からご指導してもらえるという環境です。これは、マネジメント専修課程の特徴でもあります。今まで学んでこなかった領域をより深く学ぶためにも、2年間ゼミに所属して学びたいと考えました。入学試験の制度上、願書提出時に指導教官を選択するようになっており、学校説明会への参加、外部講演会での聴講などを踏まえて、指導教官を選択しました。

■ 効率よく確実に合格するために予備校を活用

　私は企業で研究員として働くことを目指して大学生活を送ってきたため、経営学の基礎知識はもちろんのこと、入学試験の科目である小論文の書き方も全く分からない状況でした。しかも、業務の傍ら受験勉強を進めなければなりません。効率よく、そして確実に合格するためには独学よりも予備校に通う方が最善の策ではないかと考え、6月からビジネススクール受験のための予備校に通い始めました。予備校のコース自体はすでに5月から開講しており、周りの受講生よりも約1カ月ビハインドの状態からのスタートとなりました。

　予備校の小論文対策講座では、毎週経営学の基礎知識をオンデマンド講義で勉強するとともに、その週の課題として小論文を1本書き上げます。そして書き上げた小論文は、翌週に先生からの添削が入った状態で返却されます。これまで過去に小論文の書き方を勉強してこなかったため、問に対して、数百文字、ときには数千字程度で自分の意見を簡潔に端的に述べるのにはどのようにしたらよいか分からない状況でした。案の定、先生から返却された答案は評価が低く、このままでは合格できないと危機感を持ちました。周囲より1カ月遅れているという状況と小論文の採点結果を受けて焦りを感じました。しかし、「まだ取り戻せる。小論文は一朝一夕で書けるようになるものではないので、コンスタントに書き続けることが一番重要だ。」という先生からのコメントを励みに、1カ月の遅れを何とか取り返そうと、業務を終えて帰宅後は経営学の勉強をしながらこつこつと課題の小論文を書いていました。さらに、毎週の課題とは別に、『大学院・大学編入学社会人入試の小論文－思考のメソッドとまとめ方［改訂版］』（実務教育出版）を使って、問に対して何が求められているのか、それに対して自分の考えをどのようにまとめるのかという小論文の書き方についての自習もしました。人よりも遅れているという焦りが原動力となり、課題としての小論文作成と書籍による自学自習を頑張っていたと思います。

　さて、私が受講した小論文対策講座では同一課題に対して3回まで答案を提出することが可能でした。そこで、まずは全部の課題を1回提出した

のち、採点結果がよくなかったものから順に２回目、３回目と再提出していきました。その際、２回目では１回目で指摘された項目、表現方法を修正する、また自分の考えをブラッシュアップしていくということに重きを置きました。３回目では入試本番を意識して時間内に書き上げることができるよう、時間制限を設けて答案を作成するという練習にあてました。受験勉強を始めた頃は小論文の書き方を理解しておらず採点結果はあまりよくありませんでしたが、書く練習を重ねるにつれて問が求めていることに対して自分自身の考えを簡潔に分かりやすく表現することができるようになりました。

■ 独りよがりの研究計画書になっていないか？

研究計画書には、現在の自身が抱える経営に関する問題意識、それに基づく課題設定、そして設定した課題に対する現時点での仮説を記載します。記載にあたって注意したことは下記の２点です。

１点目は、設定した課題が独りよがりのものになっていないかどうかです。問題意識は日々の業務を通じて湧き出る疑問が発端となるものの、研究対象となる課題設定は個人の問題意識を超えて、産業界における貢献や学術領域への貢献も求められます。個人の問題意識から抽象度を上げて、産業界、学術領域へ貢献可能な課題にすることが難しく、私は、会社の同僚と議論をするなどし、自分の興味関心から拡張させ、少なくとも産業界が抱える課題となるよう努めました。

２点目は、初見の人にも分かるような文章構成です。自身の業務経験に基づいて課題を設定するため、自分が働いている業界で課題として考えられることにフォーカスするあまり、その業界における常識や業界特有の言葉を使ってしまいがちになります。大切なことは、業界関係者でない人でも読みやすい、分かりやすい文章を書くことです。研究計画書を書き始めたときは、木を見て森を見ずのように全体像を描かずに細部の話を書いていました。業界の全体像から徐々に自身の課題へフォーカスしていくような構成に修正するとともに、予備校の先生や友人、家族に読んでもらい、分

かりにくい部分は指摘してもらいながらブラッシュアップしていきました。

　面接対策は、研究計画書を準備する過程で、『なぜこの学校を志望するのか』、『2年間を通じて何を学び、その後のキャリアにどのように生かしたいのか』を考えていきますので、内容に困ることはありませんでした。ただ、緊張から声が小さくなる、早口になることに気づきましたので、私は面接までの間、志望動機や研究計画をゆっくりと大きな声で自信を持って話せるよう、自宅で毎朝練習してから会社に向かうようにしていました。

■ 予想外の小論文テーマに一瞬手が止まった！

　前述のように願書を提出するまでに研究計画書をブラッシュアップし、当日の試験までに小論文、面接対策などできることはすべてやりきるとの思いで準備してきました。では実際の試験ではどのようなことが起きたかを振り返ってみたいと思います。

　まず、小論文試験です。小論文対策は経営学に関するテーマを中心に行っていたため、当日の試験で全く予想していなかったテーマに直面し、一瞬鉛筆を走らせる手が止まったことを覚えています。経営学の知識や過去問とは一切関係のないテーマだったのです。試験に向けて制限時間内で書く訓練はしてきたので、時間があるから落ち着いて考えようと気持ちを切り替えました。その際に思い出したことは、これまで頑張ってきた小論文対策でのことです。何回も書き直す時間はないことが分かっていたので、これまで通り下書きに要点をまとめた後は、大きな字で記述するようにしました。あとから振り返ると、自分自身の気持ちを奮い立たせるためにも、自信を持って解答するためにも、大きな字で記述したことは効果が大きかったと思います。

　つづいて、面接試験です。面接は、私が志望するゼミの指導教官、その他2名、計3名の教授陣とで行われました。厳しい質問に耐えられるのかと不安を抱えつつも、会話のキャッチボールをして私という人を知ってもらえたらよいと考え、本番は会話を楽しむように心掛けました。質問自体は、研究計画書の内容というよりは、現在の業務や学生生活を送ること

になってからの生活に関する内容が多く、面接をされている立場ではあるものの、私自身も改めてこのような教授陣に囲まれて勉強したいと思えるかどうかを最終確認するような場として客観視しながら面接を受けていました。1つ反省する項目としては、答えにくい質問に対して、相手の意図を推測する時間を使って、逆に面接官に対して質問を投げかけるようにして、丁寧な回答をできたらよかったかなと思います。

■ できる準備・対策はすべてすることが大切

　私の受験勉強期間から当日の試験まで振り返りながら、合格体験記を執筆しました。小論文、面接試験いずれも合否が分かるまでは『何かもっとできることがあったのではないか』、『やっぱり本番では何が起こるか分からないな』と振り返ることもありました。この受験を通じて、改めて実感したことは、本番何が起こるか分からないからこそ、それまでにできる準備・対策をすべてすることが大切だということです。練習では本番の気持ちで臨み、本番では練習と同じ平常心で臨めることができれば、その先に合格が待っているのではないかと思います。

　最後に、入学して8カ月ほどが経過し現時点での思いを述べて、合格体験記を締めくくりたいと思います。業務と学業の二足の草鞋を履いての生活は決して楽ではないものの、学生および教授陣からの刺激を受けるとともに、自分の至らない点に気づきを得る、学びの多い日々を過ごしています。得られる学びは予想をはるかに超え、昨年受験を決意し、WBSへの入学を決意したことは間違っていなかったと改めて思います。業務と受験勉強で大変かと思いますが、ぜひ皆様にとって素敵な学生生活が送れますよう合格を掴んでいただけたらと思います。

> 〈 **受験のための推薦図書** 〉
> ・ 吉岡友治(2013)『大学院・大学編入学社会人入試の小論文—思考のメソッドとまとめ方』(改訂版)実務教育出版
> ・ 照屋華子・岡田恵子(2001)『ロジカル・シンキング—論理的な思考と構成のスキル』東洋経済新報社
> ・ 延岡健太郎(2006)『ＭＯＴ[技術経営]入門』(マネジメント・テキスト)日本経済新聞出版社

早稲田大学大学院 経営管理研究科

合格体験記③

昭和女子大学家政学部卒業後、住宅設備メーカーに入社。ショウルーム勤務を経て、現在はマンションデベロッパーやゼネコンへの法人営業に従事。2019年度早稲田大学大学院経営管理研究科経営管理専攻夜間主総合に合格。

■ WBSで実務に生かす学びと学術的な研究を

　私がビジネススクールへ進学しようと考えた理由は2つあります。

　ひとつは所属するメーカー系の建設会社において、新しく空間価値を創造していくというビジョンに対し、さまざまな課題を感じていたからです。私は大学卒業以来、ずっと同じ企業グループに所属しています。現在所属している会社は、典型的日本型製造業の文化に建設業という古い体質が加わり、ミドル層の男性を中心とした同質性が極めて強い「守りの文化」が存在しています。それにより特に若い層や女性のスキルを生かしきっておらず、多様性に欠けることでイノベーションが生まれないのはもちろん、既存事業についての新たな発想すら生まれにくくなっていました。

　私は、新しい空間価値の創造を行うには、まず人や組織の問題を解決することが重要だと常々考えていました。それは単に人のモチベーションを上げればよいといったことではなく、日本型製造業の文化をベースとしつつイノベーションを起こすことのできる新しい仕組を考え、実践するということです。それには会社という狭い枠の中で考えるのでなく、外に出て学ぶことで広い知見を得て課題を解決したいと考えたのです。また、私を含め社内では、アイデアは浮かんでもそれを事業化するというスキルが足りていませんでした。アイデアをビジネスのレベルにまで持っていくにはマーケティングや戦略の体系的な知識が必要だと思いました。

　2つ目に、純粋に経営学の勉強をしたいという気持ちが高まったからです。私は会社で感じていた閉塞感と長時間労働がもとで心身を崩し2カ月休職した経験があります。これが自分自身を見つめ直すきっかけとなりました。休んでいても自分の本来のアイデンティティーや仕事への意欲の火が消えることはなく、ひとつの突破口として女性リーダー育成を目的としたスクールに入学し、経営学の入り口を勉強しました。さらにその後、早稲田大学ビジネススクールと日経ビジネススクールが共同設計した

「MBA Essentials」を受講し、会社にいるだけでは知り得ない知見と広い視野を得ることができました。大企業のグループに所属していると自分の会社の価値観がすべて正しいような感覚を持ちますが、学ぶことでそれが崩れたことが逆に面白く感じました。これは是非、学問として学びを深めたい分野だと思ったのです。学びを実務に生かすことはもちろん重要ですが、私はビジネススクールで勉強し研究をすること、それ自体が自分にとって意味のあることだと感じました。その点、早稲田大学大学院経営管理研究科経営管理専攻（以下、WBS）は実務とアカデミックのバランスのとれたビジネススクールであることから入学を決めました。会社では本やセミナーで知ったフレームワークを人前で使うことに優越感を感じる人が多くいますが、私は学ぶとはテクニックを身につけることではなく、深く思考し自分に軸を作ることだと考えています。WBSは明日からすぐ実務に役立つようなスキルを教えてくれるわけではありません。しかし真の学びと研究のできる場であると感じています。

■ キャリアの棚卸→整理→優先順位→「エッセイ」完成

　私は当初より冬入試を想定し、7月頃から準備を始めました。独学で受験をする自信は全くなく、まずはビジネススクール受験のための予備校探しから始め、9月に入学しました。予備校のカリキュラムはオンラインと通学の組み合わせで行うというものでしたが、オンラインでの予習は電車の中やカフェなど場所を選ばず行うことができたので忙しい社会人には向いていると思います。また、まとまった時間を取ろうと思うとなかなか難しくなりますので、隙間時間を活用しようという意識の方が、結果的に勉強を前に進めることができるのではないでしょうか。このようにして仕事と並行しながら、半年に及ぶ受験生生活が始まりました。

　WBSのエッセイの作成は11月頃から開始しました。まずは自分のキャリアの棚卸しのため、ノートにこれまで成し得てきたこと、仕事への向き合い方、これからどうしたいのかなどを書き出していき、自分を見つめ直しながらキャリアを整理していきました。その後、WBSのエッセイの形式

に合わせて書いていき、1月初旬に出願するまで幾度となく予備校の先生やチューターさんにチェックしていただきました。

WBSのエッセイは3つの問いについてそれぞれ字数制限があるため、そこに自分の伝えたい内容を納めるということには大変苦労しました。まずは伝えたい内容をすべて書き、そこから優先順位の高いものを残し低いものは削っていくという作業を行いました。最後はとにかく字数に納めるために言い回しを変えたり、接続詞を削ったりといった細かい調整が必要となりました。

また、同じ業界に長くいるため、仕事では普通に伝わっている内容が、予備校の先生やチューターさんに見ていただくと、うまく伝わっていないことがよくありました。自社のことを端的にかつ誰もが分かるように、しかも思いが伝わるように表現しなければなりませんでした。実際、微調整を含めると10回は修正したかと思います。

■ 書く訓練で小論文の「基本の型」を身につける！

予備校では徹底して小論文を書く訓練を行いました。文章を書くということ自体かなり久しぶりでしたので、文章の構成という基礎から教えていただけたことはとてもありがたかったです。

小論文で気をつけた点は、とにかく聞かれている問いに対して答えるということです。これは一見当たり前のようですが、日頃から意識していないと身につきません。小論文を繰り返し練習する中で、まず問いに対しての答えを先に明確に書き、その後になぜそのように考えるか理由を述べる、という型を作っていきました。この基本の型を身につけることで、どのような設問がきても構成で迷うことはなくなりました。

WBSの小論文は例年出題のパターンが統一されておらず、どんな設問が出るのか予想できないという不安がありました。しかし予想できないということは、誰もが共通してその場での勝負になるということですので、ある意味開き直りもありました。実際出題されたのは6つのグラフを読み取り、説明するという比較的オーソドックスなものでした。6つのグラフ

すべてに言及し、かつロジックが繋がっていることが必要だと思ったものの、じっくり検討する時間はなく、とにかく6つの内容を漏れなく書くことに専念しました。これも文章の型ができていたからこそ何とかなったのではないかと思います。

予備校で小論文を書く訓練を積んできたことが、いまWBSで課題レポートを書く際にもとても役に立っています。なぜならレポートこそロジカルに書くことが最も求められるからです。試験対策としてだけでなくビジネススクールに入ってからも必要なスキルであると意識して身につけることをお勧めします。

■ 面接対策に常に持ち歩いた自己紹介文

面接の準備としては、まず3分程の自己紹介を文章にして作り、声に出して読むようにしました。実際に声に出すと表現の違和感なども分かり、内容をブラッシュアップしていくことができました。原稿は日頃から持ち歩き電車の中などでも目を通し、面接が近づく頃には空で話せるようにしていきました。書いたことを目で追うだけでは意外と頭に入らず、うまく話すことができません。実際に声に出すことは非常に重要だと思います。

またエッセイに書いたことの詳細についてなど、面接で聞かれそうな質問を想定し、ノートにその答えを書いていきました。また自分の考えていることや伝えたいこともノートに書き出し、自分の思いを整理していきました。

予備校では模擬面接を4回程やっていただきました。入室から挨拶、椅子に座るタイミングなど細かい部分も指導していただけたので、当日の身のこなしは自信を持って行うことができました。また答えがあやふやだったり分かりにくいなどの指摘もいただけたので、都度改善していくことができました。

WBSの面接の先生は3人です。私はエッセイの中で、予定している研究テーマとして人材について書きましたが、その専門の先生ではありませんでした。まず最初の自己紹介は準備が功を奏しスムーズにいきました

が、その後、3人の先生の誰からもすぐに質問が来ず、余程私に興味がないのか、エッセイを事前に読んでいないのか、少し不安になりました。最終的に聞かれた質問は、エッセイの内容に則したものや、あなたがWBSでほかの学生に貢献できることは何か？　など、ほぼ想定内の質問でした。圧迫もなく、特に話が弾むこともなく淡々とした面接ではありましたが、自分の伝えたいことはすべて言えたという達成感はあり、これで悔いなし！　という気持ちで終わりました。

■ 最後に…

正直WBSは私には敷居の高いビジネススクールだと感じていましたので、合格者の中に自分の番号を見つけた時は少し驚きました。

私はWBSの平均的な年齢からはだいぶ上の人間です。学部時代はバブル期であまり勉強をしませんでした。しかし年齢を重ねるにつれ、何かやり残したことがあるという思いと、もう一度本気で勉強したいという思いを強く感じるようになりました。年齢というコンプレックスが無かったわけではありませんが、「若い頃もっと勉強しておけばよかった」と感じるのと同じように、今決断しなければ70歳、80歳になった時に「あの時受験しておけばよかった」と後悔するだろうと思ったのです。実際入学した現在、自分の意思で選んだこの場にいられること、質の高い学びを得ていること、この歳で出会った新しい仲間達の存在に、かつて感じたことのない幸福感を感じながら勉強しています。

〈 受験のための推薦図書 〉
- 淺羽茂、入山章栄、内田和成、根来龍之(2018)『ビジネスマンの基礎知識としてのMBA入門2』日経BP社
- 野田稔、ジェイフール(2009)『あたたかい組織感情—ミドルと職場を元気にする方法』ソフトバンククリエイティブ
- 『日本経済新聞』「経済教室」日本経済新聞社
- 『日経ビジネス』日経BP社

合格体験記④

法政大学工学部を卒業後、不動産会社に入社。その後、夫が経営する不動産会社に入社し、現在は同会社役員。2020年度早稲田大学大学院経営管理研究科経営管理専攻夜間主総合に合格。

■ 会社を安定させ経営者として社員の生活を守りたい

　私がビジネススクールへの進学を考えたのは、経営者として社員の生活を守ること、そのために必要な知識を得たいと考えたからです。

　私は夫が経営する不動産会社の役員をしています。創業以来業績を伸ばしてきましたが、2016年に業績が悪化して3千万円の赤字となりました。原因としては、競合の増加と、それに伴い集客のための広告費が増大したことが挙げられます。環境が変化し、それまでのやり方では利益が上がらなくなっていました。さらに、業績改善のために仲介業から管理業へと事業の核を転換したことが、各仲介店舗の責任者には納得できない内容であり、社員一丸となって困難に立ち向かうことができなかったことも赤字決算の大きな原因でした。

　それから2年経ち、店舗閉鎖・人員整理と不動産管理業への事業転換により業績はなんとか改善しました。立て直しを図る中で、私は「経営者として自分が為すべきことは何なのか」と自問自答していました。結論として、経営者として社員の生活を守ること、そのためには会社を安定成長させること、さらに自分自身が経営者として成長することが必要であると考えるようになりました。

　まずは知識を得るために、2018年度から母校の大学の通信課程で経営理論について学び始めました。しかし、座学中心で対話がない学習に対して次第に物足りなさを感じるようになっていました。

　ビジネススクールへの入学を考え始めたのは2019年8月中旬です。友人がMBAを取得し、ビジネススクールに興味を持つようになったことがきっかけです。ビジネススクールについて調べていく中で、経営理論を学ぶだけではなく、対話中心の授業が行われることを知り、自分が求めている実践的な学びが得られるのではないかと考えて入学を目指すことにしました。

■ 経営と不動産の両方を学べるWBSを志望

　早稲田大学大学院経営管理研究科経営管理専攻夜間主総合（以下、WBS）を選んだ理由としては、ビジネススクールを選ぶ上で、自分の希望条件の3点を満たしていたことが挙げられます。

　まずは仕事に影響なく学習できる、夜間・休日を利用したプログラムがある点です。当社は少人数のため、会社を休んで通学する余裕はなく、仕事を継続できることは必須条件でした。

　次に学生数が多い点です。いろいろなバックグラウンドを持つ多くの人と接することによって、自分の視野を広げる機会を得られると考えたからです。

　最後に、不動産に関するカリキュラムがある点です。不動産の知識を向上させることは、顧客である不動産オーナーに対して、資産価値を高める提案をする上で重要だと考えています。さらに、不動産管理とともに自社で所有する不動産の運用も当社の事業の柱であるため、今後の物件購入・売却時の意思決定に役立つと考えています。

　以上の3点の理由から、経営と不動産の両方の知識を学ぶ機会が得られると考えたため、WBSを志望しました。

　WBSの受験について調べていく中で小論文とエッセイが課せられることを知りました。今まで小論文を書いたことがなく、独学では困難であると感じ、合格に必要な学力を効率よく得るためにもまずはビジネススクール受験のための予備校に入学することにしました。

■ エッセイは志望理由を一貫性のあるストーリーで書く

　WBSのエッセイでは、実務経験、キャリアゴール、志望プログラムへの期待と研究テーマについて問われます。私のことを知らない試験官にも、WBSを志望する理由を納得させられるように心掛けて書きました。その際に気をつけた点はストーリーの一貫性です。

　まずは、実務経験からキャリアゴール、研究テーマまで、一貫して「組織」に関する内容を書くことにしました。数年前に当社が赤字となったの

は環境の変化に適応できる組織がつくれなかった経営陣の責任であり、業績が回復できたのは社員のおかげだと考えています。過去の敗因を糧とし、今後の当社が安定成長するために必要な組織をつくりたい、そのための知識をWBSで学ぶことによって習得したい、と一貫性のあるストーリーが書けたと考えています。

　また、実務実績については、大企業で活躍する方たちがライバルになることを考えると、中小企業である当社においての実績は規模の小さな内容となり、インパクトに欠けてしまうのではないかと悩みました。熟考した結果、中小企業ではありながら会社を経営する立場であること、赤字になり会社存続の危機を経験したこと、さらに赤字から業績回復をしたこと、この経験は他の受験生と比較してもインパクトがあるのではないかと考え、取り上げることにしました。

　ただし、研究テーマの仮説として立てた「年功制と成果主義を融合させた評価制度により社員のモチベーションを向上させる」という内容については、「年功制と成果主義は理論的に両立しない」と、受験終了後に講師から指導を受け、自分の勉強不足について反省しました。

■ 小論文は問題に的確に答え、主張と根拠を矛盾なく記述

　WBSの合格を目指す中で、一次選考を乗り越えるための小論文対策は必須です。小論文を書く際に注意した点は、問題に的確に答えること、主張と根拠の一貫性です。この2点は予備校で講師から何度も指導を受けました。試験までに繰り返した小論文対策の課題提出、課題に対する講師の添削により、自分の弱点を知ることができてよかったと思います。

　また、小論文を実際に書く練習と並行し、経営理論について学ぶために予備校のWEB授業を毎日繰り返し視聴し、授業の内容を自分の言葉で説明できるようにしました。

　2020年度の秋入試の筆記試験では、「孫子の兵法」と現在のビジネスを比較して意見を述べるという問題が3問出題されました。もともと孫子はよく読んでいたこともありますが、例年と比較すると答えやすい問題だった

と思います。特に1問目・2問目については、予備校で学んだ経営理論を利用して解ける問題でした。問題に的確に答えることを意識し、主張と根拠が一貫することを心掛けて解答しました。解きやすい問題であったとはいえ試験時間に追われ、なんとか文章として完成させましたが満足な解答は書けませんでした。

　一次選考の合格発表までの期間は、秋入試の小論文に自信がなかったため、気持ちを切り替えて冬入試のための小論文対策をしながら過ごしました。一次選考合格を知った時は、まさか合格するとは思っていなかったので、喜びよりも驚きの方が大きかったことを憶えています。試験当日に「限られた日数の中で、できる限りの努力はしてきた」と自分に言い聞かせ、試験を楽しもうと肩の力を抜いて臨んだことがよかったのかもしれません。

■ 面接官に何の情報を持ち帰ってほしいかを考えて話す

　二次選考の面接において注意した点は、論理的に簡潔に話すこと、エッセイに沿って一貫した内容で話すこと、大きな声でゆっくりと話すこと、の3点です。

　面接対策として予備校で何度か模擬面接を受けましたが、緊張して言葉に詰まることが多く、この3点は思ったよりも難しいことを知りました。模擬面接により、自分が緊張するタイプであることを知る機会が得られたのはよかったと思います。また、面接は対話であること、面接官に自分の情報の何を持ち帰ってもらいたいのかを考えて話すこと、とアドバイスを受けたことはとても参考になりました。

　二次選考までは、自己紹介および提出したエッセイに関する内容について、簡潔に説明する練習を繰り返し行いました。特に当社の事業、WBSに入学したい理由については、実務経験を振り返りながら、自分の言葉としてまとめるようにしました。また、何が質問されるか分からないと聞いていたので、それ以外の対策は特に行いませんでした。

　二次選考の面接は受験者1人に対し、面接官3人でした。面接の内容と

しては

・3分程度の自己紹介。

・当社の事業内容の説明。

・2016年に業績が悪化した原因の分析および現在の状況。

・自社で所有するアパート・マンションについて。

・業績が改善しているのであれば、ビジネススクールで学ぶ必要はないと思うがどうなのか。

　などでした。エッセイに基づいた質問が主だったため、落ち着いて話すことができたと思います。予備校で受けた模擬面接のおかげで当日はそれほど緊張することがなく、著名な教授と対話できる機会を楽しもうと臨むことができました。

　面接自体は、いわゆる圧迫面接ではなく、かといって和やかな雰囲気でもなく、淡々としたものでした。「本当にビジネススクールに入学する必要があるのか」を繰り返し質問されたことが印象に残っています。ふるいにかけられていると感じながら、そのたびに「経営者として必要な知識を得るために入学したい」「WBSで学ぶことにより環境に適応できる組織を作るための知識を得たい」と熱意を込めて回答しました。面接官がほぼ無反応で手応えが全くなかったため、二次選考に合格したことを知った時はとにかく驚きました。

■ 受験を通じて自分自身の目的・目標が明確に

　WBS入学を決意してから合格までは、エッセイ提出・一次試験・二次試験と期日に追われながらも、学ぶ喜びがあり充実した日々でした。また、実務経験やキャリアゴールについて再考する機会を得ることにより、今後の自分自身のビジネスにおける目的・目標を明確にさせることができてよかったと考えています。

　一次試験の小論文、二次試験の面接については、期日の中でできる限りのことをやってきたと自分を信じることと、試験を楽しむようにしました。結果として、肩の力を抜いて臨んだことがよかったのかもしれません。

　以上、私の合格体験記が、これからビジネススクール入学を目指す方々の参考になれば幸いです。

〈 **受験のための推薦図書** 〉
- (2018)『文藝春秋オピニオン2019年の論点100』(文春MOOK) 文藝春秋
- 樋口裕一(2014)『小論文これだけ！書き方応用編—短大・推薦入試から難関校受験まで』東洋経済新報社
- グロービス経営大学院(2008)『グロービスMBAマネジメント・ブック』(改訂3版)ダイヤモンド社

長谷川 和久 (44歳)

青山学院大学大学院 国際マネジメント研究科

合格体験記⑤

工学部を卒業後、原子力関連企業に入社。その後自動車関連企業へ転職。2019年度青山学院大学大学院国際マネジメント研究科国際マネジメント専攻に合格。

■ ビジネススクールでマネジメント能力を磨く

　私がビジネススクールへの入学を決意した理由は、グローバル企業で働くにあたりマネジメントとは何かという点をより具体的、かつ体系的に学びたいと考えたためです。30歳代に企業派遣にてカナダへの語学留学を経験し、帰国後には管理職への昇進も果たしました。しかしながら、更なるステップアップを目指す上で自分のスキルを棚卸した際、管理職として必要不可欠なマネジメント能力については実力が職務内容に追いついておらず、また、そもそもマネジメントとは何なのかということを具体的に理解できていない自分に気づきました。さらに、仕事では海外における合弁会社の立ち上げが拡大しており、パートナー企業や合弁会社で働く従業員との関わりが増え、文化や社会的背景の異なる人たちについてもマネジメントしていく必要性に迫られてもいました。そのため、今後の更なるステップアップを目指す上ではこの領域のスキルアップが必要不可欠と考え、ビジネススクールを志しました。

■ ABSを選んだ4つの理由

　実は、私は最初から青山学院大学大学院国際マネジメント研究科国際マネジメント専攻(以下、ABS)への入学を考えていたわけではありませんでした。首都圏には数多くのビジネススクールが存在していましたし、ビジネススクール進学を決意したタイミングではまだ具体的にどこにするかまでは決めていませんでした。その後、各ビジネススクールの説明会に足を運んでそれぞれの特色を理解する過程で、ABSに大きな興味を持つに至りました。その理由は以下の4点に集約されます。第一に、外部組織との幅広い連携が挙げられます。ABSは国際的なビジネススクールをはじめ、ビジネスの最前線で活躍している企業や実務家と広く連携しており、多様な学びのコネクションと機会が設けられている点に魅力を感じました。第二に、自分の英語力が生かせる点です。ABSは首都圏のビジネススクールの

中では珍しく、卒業要件としてTOEICで730点以上を取得することが求められています。語学留学を経てTOEICは900点台をコンスタントに取得できるようになっていましたが、留学時と比較するとアウトプットする機会が明らかに減少していました。ABSでは英語を実際に使用する科目が充実しており、これによって自分の英語力を更に高めることが可能だと考えました。第三に、マネジメント系の科目が充実している点です。人材系のマネジメントから異文化、IT、サプライチェーン、マネジメント演習など領域も多岐に渡ります。私のビジネススクールへの進学動機がマネジメントを体系的に学ぶ点にあったため、この充実ぶりは非常に魅力的でした。そして、最後に、青山アクションラーニングと呼ばれる体験型学習プログラムの存在です。同プログラムは2年次に学びの集大成として準備されており、基礎課程や応用課程で学んだ知識を最大限活用し、さまざまなケースを通じて学んだ知識を実際に使用することで、知識の定着を図る体験に基づいた学習プログラムとなっています。ABSでは非常に多彩な科目が提供しており、院生たちは個々人のゴールに合わせて科目を組み合わせて必要とする知識を吸収し、青山アクションラーニングによる総仕上げを経てMBAホルダーとしての知識の定着を図ります。アカデミックな卒業論文を課すビジネススクールも存在しますが、私はそちらよりもABSによって提供されるこの一連のプロセスの方により魅力を感じました。

■ 課題レポートの作成は社会人経験の棚卸から

　ABSの入試は書類審査と面接審査で行われます。この書類審査で提出する課題レポートが研究計画書に該当することになりますが、ABSの場合はアカデミックな研究計画を要求する他のビジネススクールと比較すると少し変わっており、2つの課題から構成されています。課題の内容はそれぞれ、①「本学ビジネススクールへの入学志望理由について記述し、特にMBAの取得を自分のキャリアにどのように生かそうと考えているか述べなさい。」、②「過去に仕事において直面した最も大きな試練は何であったか、それをどのように克服してきたか、また現在ならそれをどのように解

決しようと 考えるか述べなさい。」という問いになっています。私の場合、出願時点ですでに20年近く社会人としての経験を積んでいたことから、文字通り大小さまざまな問題に直面してきていました。しかしながら、最も大きな試練となるとすぐにひとつに絞れなかったことから、一旦腰を据えて自分の社会人人生における経験の棚卸をすることにしました。棚卸を進める中で自分がどのような経験を重ねてきたのかということを再確認することができ、また、副次効果としてなぜビジネススクールを志望したのかという動機の面をより一層明確にすることもできました。

　書くべきことが明確になった後、次に私が迷ったのがレポートの書き方です。仕事で数多くのレポートを作成してきましたが、業務報告で求められる内容と、ビジネススクール入試で求められる、よりアカデミックなレポートではそもそもの書き方やまとめ方が異なるだろうと思ったからです。いくつかレポートの書き方に関する書籍に目を通しましたが、年齢的にも一発で合格を決めたい思いがあったことから、私はビジネススクール受験のための予備校に通ってレポートの完成度を上げる方法を選択しました。予備校ではレポートの書き方はもちろんですが、ビジネススクール入試に最低限必要となる経営学に関する基礎知識を得ることもできました。予備校の講師による添削を通じて、自分のレポートに不足しているポイントを知ることができたことは、ABS合格に大きく役立ったと思っています。

　ABSの課題②は仕事において直面した最も大きな試練について書く必要があります。しかしながら、評価をする教授陣は私がどんな仕事をしているのかを知りません。そのため、自分が直面した試練を客観的に整理し、論理的一貫性を念頭に、業界用語や横文字言葉は極力排除してレポートを作成しました。また、自分が一番伝えたい点を各段落の冒頭で整理し、その後でそれを具体的に説明するといった組み合わせを徹底しました。先ず思いを伝え、次にそれを具体的に補足説明するという流れが、面接の際にも重要となる論理的な思考力の形成に役立ったと感じています。補足になりますが、予備校での準備を検討されている場合、講師による研究計画書の添削には回数制限があります。そのため、友人や大学の恩師などに添削

をしてもらうことも検討された方がよいと思います。私も現役の大学生の友人やその教授、また、会社の先輩などにレポートの添削をしてもらいましたが、これもレポートの完成度を上げる上で大いに役立ったと感じています。

■ 面接対策はイメトレと声出しアウトプット

　ABSは英語を重視しているため、志望動機や研究計画書の内容など、自分が必ず伝えなければならないと考えるポイントは日英どちらでも説明できるように準備を進めました。また、通勤時間などの空き時間を利用してイメージトレーニングを繰り返し、時には声に出して回答することで面接審査へ備えました。イメージトレーニングした回答を声に出してみると予想以上に時間がかかり、上手く説明がつながらないといった問題が明らかになりました。自分の考えを、実際に声に出してアウトプットすることがいかに大切かを実感しました。面接時間は約15分と短く限られているため、時間管理を意識しつつ、自分の思いを簡潔かつ論理的に伝える力を鍛える上でも、イメージトレーニングと声出しアウトプットの反復は有効だったと思います。

　面接当日は早めに会場入りすることを心掛け、1時間半前には会場周辺のカフェに入りました。ここで一旦気持ちを落ち着け、時間的にも気持ち的にも余裕を持って会場入りしました。通された待合室では呼び出しがかかるまで4、50分待たされましたが、この間は無理にイメージトレーニングなどもせず、終始リラックスすることを心掛けました。面接は2名の教授によって行われ、終始和やかな雰囲気で進みました。教授陣ができるだけ私のことを知ろうとしてくれていることが感じ取れたため、私も自分の思いを確実に伝えようと熱意を持って、簡潔かつ論理的に話をすることを心掛けました。面接では、ビジネススクールを志望した理由をはじめ、なぜABSなのか、業務内容、周囲の理解は得られているかなどについて質問を受けました。

■ 受験準備は余裕を持ったスケジュールで

　さまざまな方のサポートを受けながら入試準備を進めていましたが、反省点としてはスケジューリングの甘さが挙げられます。ABSは年に3回の募集が行われ、10月から2カ月毎に試験が実施されます。当初、私は3回目となる2月の試験に合わせて8月頃から本格的な準備を始めたのですが、2回目の試験までに定員の大部分が合格となる話を聞いて、急遽12月に実施される2回目の試験に応募することにしました。そのため、準備期間が短くなり、後半大分慌ただしくなってしまった点が反省点です。ビジネススクール毎に募集定員や応募回数、およびスケジュールが異なるため、特に併願での出願を検討されている方は余裕をもったスケジューリングをすることをお勧めします。

■ 最後に

　ABSの場合、合否発表は入試後1週間以内に郵送で行われます。受験を志した時点で社会に出てからすでに20年ほど経過していましたが、ABSへの受験準備はある意味最も努力したイベントのひとつだったと思います。そのため、合否発表までの1週間はとても長く、発表当日は朝から落ち着きませんでした。自宅に何度も問い合わせを入れたことを覚えています。結局、合否結果を知らせる郵便物は夕方に届いたのですが、妻から「合格」のメールが届いた時には嬉しさのあまり暫く動くことができませんでした。受験準備は決して容易なものではありませんでしたが、この期間で得たものも多く、チャレンジして本当に良かったと胸を張ることができます。

　ABSの1年後期も残すところ僅かとなった時点で本合格体験記を執筆しています。前期は本当に大変な思いをしましたが、今は大分仕事と学業の両立に慣れ、業種の異なる幅広い年代の友人も多く手に入れることができました。知識のみならず、これら多くの友人を得られたことは大きな喜びとなっています。ABSで学ぶことは私の最終ゴール実現に向けたステップのひとつに過ぎません。しかしながら、ここでの学びは生涯忘れがたいも

のになることは確かだと感じています。ABS生活も残すところ1年と少しとなりましたが、精一杯楽しんでいきたいと思っています。

〈 **受験のための推薦図書** 〉

・照屋華子・岡田恵子(2001)『ロジカル・シンキング—論理的な思考と構成のスキル』東洋経済新報社
・早稲田大学ビジネススクール(2012)『ビジネスマンの基礎知識としてのMBA入門』日経BP社
・加護野忠男、吉村典久編著(2012)『1からの経営学』(第2版)碩学舎
・嶋口充輝、内田和成、黒岩健一郎編著(2016)『1からの戦略論』(第2版)碩学舎
・『日経ビジネス』日経BP社

タイプ 2
（狭義の）研究計画書型

東京都立大学大学院 経営学研究科

研究計画書合格実例①

芝浦工業大学大学院工学研究科材料工学専攻を修了後、大手住宅建材メーカーに入社。2019年度首都大学東京（現東京都立大学）大学院経営学研究科経営学専攻経営学プログラム（MBA）に合格。

研究計画書では、以下の内容について記述してください。

（1）志望理由　A4用紙1枚（なぜ経営学を学びたいか、なぜ本学経営学プログラムを志望するのか）

（2）研究計画　A4用紙4枚以内

① 研究テーマ（修士論文もしくは課題研究のテーマとして考えていること。リサーチ・クエスチョンの形になっていることが望ましい）

② 研究の意義（その研究のテーマにどのような学術上、あるいは実務上の意義があるのか）

③ 研究テーマに関連してこれまでに論文や専門書等で学んだこと、自分で調べたこと（これまでに読んだ主な文献やアクセスした情報のリストを付すこと）、関連した職務経験など。

④ 今後の研究計画（研究を進めていくにあたって今後どのような取り組みが必要か。履修すべき科目、読むべき文献、習得すべき研究手法、アクセスすべきもしくはアクセス可能な情報源など）

▶ **研究テーマ ： 企業及び企業の特定事業における特許の貢献度評価について**

1 ．問題意識・研究テーマ

1．1 私の業務と実務上の課題

　私は現在、株式会社○○という総合住宅建材メーカーの知的財産部門に勤務している。主な業務内容は、以下の大きく二つである。

・商品発売前に他社特許権を調査する

　（目的）他社特許権の侵害防止

・特許の申請

　（目的）自社の発明（アイディア）を保護し、他社に対する参入障壁を築く

　当社は窓やドア等の金属製製品から、トイレや浴室、洗面化粧台、キッチンといった水廻り製品まで幅広い住宅建材を扱っており、それぞれの事

業領域には、競合他社が存在する。例えば、金属製品では○○社や××社、水廻り製品では△△社や□□社といった競合他社が存在し、日々技術開発競争を繰り広げている。その中で重要なのが「特許」である。特許は自社の発明（アイディア）を保護し、参入障壁を築く為のツールであり、当社も日本において、毎年約○件/年の特許を申請している。また、1件の特許を権利化する（特許権として、特許庁に認定される）まで、通常約100万円/件の費用が必要である。特許権として特許庁に認定されるには、申請する発明（アイディア）が特許の要件（新規性、進歩性）を満たしていることが必要である。更に権利化することで、競争優位性を確保出来る様、知的財産部門・商品開発部門で十分協議の上、事業上重要度の高い特許に絞り権利化を図る。事業部門によっても、差はあるが、当社において権利化まで行う特許は申請された特許全体の約80%である。

　よって、特許の権利化までに要する費用は以下の通りである。

・申請し権利化まで行う特許の件数　○件/年×80%＝○件

・特許の申請から権利化までに要する費用　100万円/件×○件＝○億円

　当社において、○件の特許を権利化するのに、○億円もの費用を投入しているものの、それら特許が競合他社に対し参入障壁として機能し、結果として会社全体や各事業にどのような貢献をしたのか、当社では把握出来ていない。これは会社全体や各事業に影響する要素が複数存在し（特許以外で言えば、例えば、広告宣伝活動、生産活動等）、これら要素が複合的に機能することで、会社全体や各事業の業績が向上するものと考えられるからである。ただし、上記内容は我々知的財産部門の存在意義に関わる問題であり、決して無視出来る内容ではない。そもそも何の為に知財部門が存在し、何の為に知的財産業務を行っており、どのような貢献をしているのか、これらを明確に説明出来ないことは、知的財産部門の存在意義を説明出来ないことと同義と私は考えている。

　つまり私は、「特許が参入障壁として機能したことで、企業や企業の特定事業にどのような貢献をしたのか確認出来ないこと」を実務上の課題として感じていた。

1.2 問題意識

　上記のような内容を実務上の課題と感じていた私は、以下のような問題意識を感じるようになった。つまり、「特許を権利化、特定技術において参入障壁を構築することで、企業や各企業の特定事業に貢献することは、極めて重要なことである。出来るだけ簡易な方法で、企業や企業の特定事業への特許の貢献度を計ることは出来ないか」というのが私の問題意識である。

1.3 研究テーマ

◆ 明らかにしたいこと

　特許を権利化し、特定技術において、参入障壁を構築することで、企業や企業の特定事業にどのような貢献があるのか、どのような因果関係があるのか、特許で権利化した技術内容、自社・他社の製品仕様、会社全体や各事業の業績(該当商品の売上、営業利益率、市場シェア等)を比較することで、明らかにしたい(今回は当社の特定の事業を対象とする)

2. 先行研究・今後の研究計画・研究の意義・参考文献

2.1 先行研究

　本研究テーマを着想するに至るまでに参考とした先行研究についてレビューする。

◆ 事業の中での知的財産権の貢献割合に関する調査研究

　丸島ら(2014)は以下ステップにて特許の貢献度合を評価することを提唱している。

【図1】貢献度評価の概念図と評価項目の一例

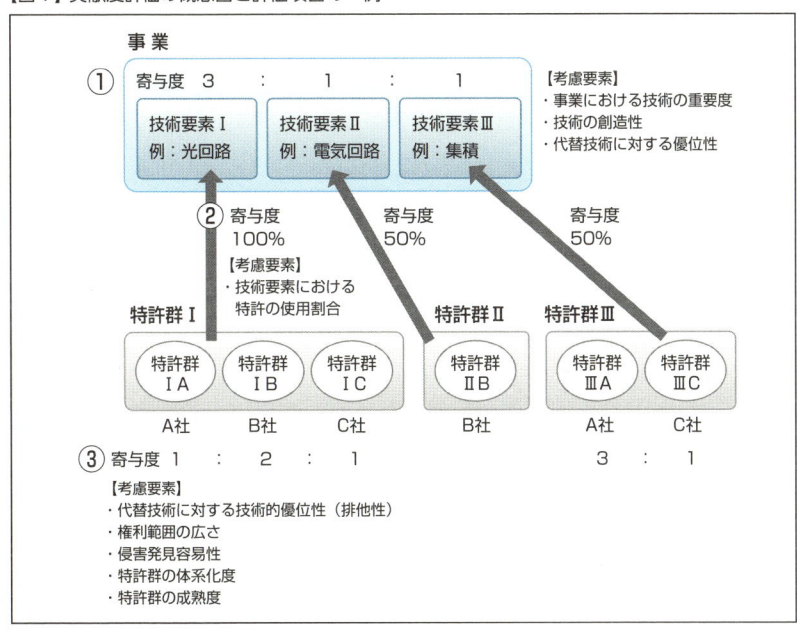

出典：丸島儀一ら、2014、事業の中での知的財産権の貢献度合に関する調査報告書、平成25年度特許庁産業財産権制度問題調査研究報告

① 事業を技術要素に分解し、技術要素毎に事業に対する寄与度を算出するとともに、事業に関係する特許（群）を各技術要素に対応させて分類（技術要素毎の事業への寄与度を算出する際の評価項目）

　→事業における技術の重要度、技術の創造性、代替技術に対する優位性

② 技術要素それぞれについて、特許がどれほど寄与しているかを算出（技術要素に対する特許の寄与度を算出する際の評価項目）

　→技術要素における特許の使用割合

③ 技術要素毎に複数の特許（群）が存在し、しかもその特許（群）を別の者が所有している場合には、各所有者の特許（群）毎に、各特許（群）の寄与度を算出（各所有者、特許（群）毎の寄与度を算出する際に使用する評価項目）

　→代替技術に対する技術的優位性（排他性）、権利範囲の広さ、侵害発見容易性、特許群の体系化度、特許群の成熟度

丸島らによると、各評価項目間の重み付けを行い、スコア化することで、特定事業で用いられる特定技術要素の中での特許(群)の貢献度を算出することを提唱している。

◆ 市場の視点と社内の視点による技術評価

　鮫島ら(2006)は、技術(特許)の評価を行う際、主に大きく2つの視点、即ち市場の視点と社内の視点で行うことを提唱している。市場の視点としては、技術の戦略性(実用性、競合優位性の側面からどれほど重要か)とライフサイクル(技術の成熟度)の2つ、社内の視点としては、自社貢献度(その技術が自社事業にどれ程貢献しているか)、自社の相対的強さ(その技術が他社技術と比較して強いか)の2つである。

◆ 技術評価の目的と価値評価方法の類型

　三宅ら(2004)は、技術(特許)評価を行う際、何の目的で技術評価が必要かということと、技術評価を行う際、大きく3つの視点(技術的価値評価、知的財産権としての法的価値評価、経済的価値評価) で行うことを提唱している。

2.2 今後の研究計画

【表1】在学中の研究計画

	1年次				2年次			
	前期 (4-6月)	前期 (6-9月)	後期 (10-12月)	後期 (1-3月)	前期 (4-6月)	前期 (6-9月)	後期 (10-12月)	後期 (1-3月)
関連研究の分析と仮説の設定	■							
当社、他社の事業情報把握 (売上、営業利益率、市場シェア等)			■					
研究対象事業の決定			■					
対象事業、対象製品における 当社、他社の製品情報収集				■				
対象事業、対象製品における 当社、他社の特許情報分析				■				
事業情報と特許情報の因果関係整理						■	■	
特許の貢献度の算出						■		
修士論文　まとめ								■

　入学当初はまず関連研究の分析と仮説の設定を行い、研究の全体像を検討する。その後、事業情報の収集を行う。事業情報については、当社および他社のHPにあるアニュアルレポート、決算説明資料から、市場シェア等を含めたそれ以外の市場情報については、富士経済等の経済研究所のレポート等から情報収集する予定。これら事業情報を収集した後、今回の研究を行うのに適した事業を決める。当社は窓やドア等の金属製製品からトイレや浴室、キッチン等の水廻り製品まで幅広く扱っており、それぞれ競合他社も異なる為、情報収集した後、どの事業が本研究対象として妥当か決める予定である。研究事業が決定した後は、当該事業に関わる自社・他社製品の情報を入手し、かつ自社・他社の特許情報の分析を行う。特許情報に関しては、株式会社○○社が提供する国内外の特許情報分析ツール○○（当社が社内で使用しているDB）を使用予定である。最後に収集した研究対象の事業情報、製品情報と特許情報の因果関係を検討し、当該事業における特許の貢献度評価を行う。評価手法としては、丸島ら(2014)が提唱している貢献度評価方法をベースに、鮫島ら(2006)、三宅(2004)の提唱している技術評価等の観点を加味し、独自の貢献度評価を行う予定である。ポイントとしては汎用性を意識し、出来るだけ簡易かつシンプルに貢献度評価出来る様、評価方法を検討する予定である。

2.3 研究の意義
◆ 研究上の成果
　特許の貢献度評価に関する研究は丸島らによって一定程度行われているが、まだまだ概念的な内容であり、これらを実際の事業・テーマで適用する上での示唆はまだ少ない。そこで今回、住宅建材業界に絞り、実際のテーマに適用を試みることで、先行研究では明らかになっていない実際の事業・テーマに当てはめた際の懸念・課題の抽出を試みる。

◆ 実務上の成果
　特許を権利化し、特定技術において、参入障壁を構築することで、企業

や企業の特定事業にどのような貢献が出来るのか、またどのような因果関係があるのかを解明することで、今後各企業において、より効率的な特許の活用が可能となることが期待出来る。更に企業内において、経営層の知財に対する認識が深まることで、知的財産関連への投資が活発になることや、知的財産部門が企業内においてどのような貢献をしているかが、より明確になることが期待される。

2.4 参考文献

・ 丸島儀一、2014、事業の中での知的財産権の貢献度合に関する調査報告書、平成25年度特許庁産業財産権制度問題調査研究報告書
・ 鮫島正洋、2006、知財立国への挑戦　新・特許戦略ハンドブック、商事法務
・ 三宅将之、2004、知財ポートフォリオ経営〜研究開発戦略の評価と知財M&Aの考え方、東洋経済新報社

3. 志望動機（なぜ経営学を学びたいか、なぜ本学経営学プログラムを志望するのか）

【図2】私のキャリアプラン

(現状)
①他メンバーとの連携力が弱い（プロジェクトをマネジメントして気付いたこと）
②経営戦略、マーケティング、アカウンティング等の経営学を正しく理解出来ていない
③知財部門では特許申請、他社特許調査等の定型業務が多く、自身で課題設定し、ゴール、ゴールまでの道筋（仮説）を決め、仮説と検証を繰り返す課題解決業務に取り組む機会が少ない
→他メンバーとの連携力、経営学、課題解決能力は、今後のキャリアにおいて最重要能力。

MBAの授業を受け、研究を行うことで、②、③を強化していきたい

(今取り組んでいること)
・社内PJ →①、③の強化
・3i研究会（特許分析の研究会）→①、③の強化
・知財アナリスト講座（特許情報、非特許情報の分析）→②、③の強化

(短期的なゴール)＝MBA卒業後1年以内の目標
①知財内のメンバーと上手く連携出来る
②経営戦略、マーケティング、アカウンティング等の経営学を正しく理解している
③知財内の課題解決型業務を一定レベルで遂行できる＝知財内でPJリーダーとして、他メンバーをリード出来る

①〜③は継続して強化していく

(中長期的なゴール)＝MBA卒業後5〜10年以内のゴール
①他部門（事業部門、商品開発部門、R&D部門）と上手く連携出来る
②経営戦略、マーケティング、アカウンティング等の経営学を正しく使いこなし、分析・戦略立案出来る
③全社的な課題解決業務を一定レベルで遂行出来る＝他部門と連携し、その中でPJリーダーとして、他メンバーをリード出来る
→旭硝子、住友化学、リコー、BASF、シーメンス、ダイキン工業等の企業は当たり前のように知財活動を全社横断的に行い、定期的に経営層にレポート（現状当社は出来ていない）

　私のキャリアプラン（現状、短期的なゴール、中期的なゴール）を図2に
示した。私は、他メンバーとの連携力、経営学、課題解決能力の3つが今
後のキャリアにおいて重要と考えている。1つ目の他メンバーとの連携力
について、最近あるプロジェクトのリーダーにアサインされ、プロジェク
トをマネジメントして感じた課題である。企業という組織に属している
以上、他メンバーとの連携は必須であり、メンバーとしてチームに貢献
出来、かつリーダーとしてメンバーに適切な業務をアサインしマネジメン
ト出来るようになることが私は重要と考えている。2つ目の経営学につい
て、これらの知識・スキルは商品開発部門や事業部門、マーケティング部
門等の他部門と協働していく際の共通言語の為、必須の知識・スキルと考
えている。そして、3つ目の課題解決能力について、これは3つの能力の
中で最も重要な能力であると感じている。自ら課題を設定し、仮説を立て、
仮説と検証を繰り返していく。このプロセスは正に経営層が日々取り組ん
でいることであり、自身の中期的なゴールを達成する為にも、私はこの能
力を今のうちから向上させたいと考えている。

　現在、社内のプロジェクトに取り組み、かつ外部の研究会（一般社団法
人情報科学技術協会主催の3i研究会）に参画することで、他メンバーとの
連携力と課題解決能力の強化を、知的財産教育協会認定の知財アナリスト
の勉強会（特許情報、非特許情報分析の勉強会）に参画することで、経営基
礎知識の習得と課題解決能力の向上にそれぞれ努めている。よって、私は
自身の中期的なゴール達成の為に経営学を学びたいと考えている。貴校の
経営学プログラムを志望したのは、貴校が少人数制を採用しており、各教
授や同学年の学生と濃密なコミュニケーションを取ることが可能で、経営
学を深く理解するのに適した環境である点、入学時から修士論文の専攻分
野を選択し、自身の研究に専念出来る環境が整っている点の2点からであ
る。

コメント

　T・Mさんの研究計画書で最も評価できることは、取り上げた研究テーマが実務における問題意識に即して説明できていることです。ビジネススクールの目的は、実務に応用できる思考プロセスを身につけることです。実務における目的を的確に把握しているか。これが研究計画書でアピールするポイントとなります。特許が自社でいかに貢献できているかを説明できないことは、知的財産部門の存在意義を説明できないことと同義である。この表現にT・Mさんの思いが集約されているといってよいでしょう。

　改善ポイントとして、研究計画書の読みやすさが挙げられます。まず、トピック・センテンス、すなわち各段落のはじめに、その段落の要旨をまとめましょう。面接官など評価者は研究計画書を読み込む時間が限られているため、端的に意味が伝わる構成を整えることで理解を促すことができます。また、体言止めや箇条書きは読み手に解釈の余地が生まれ誤読を招く恐れがあることから、なるべく使わない方がよいでしょう。

東京都立大学大学院 経営学研究科

研究計画書合格実例②

大学院農学研究科を修了後、航空会社に入社。2020年度首都大学東京（現東京都立大学）大学院経営学研究科経営学専攻経営学プログラム（MBA）に合格。

> **研究計画書では、以下の内容について記述してください。**

（1）志望理由　A4用紙1枚（なぜ経営学を学びたいか、なぜ本学経営学プログラムを志望するのか）

（2）研究計画　A4用紙4枚以内
　① 研究テーマ（修士論文もしくは課題研究のテーマとして考えていること。リサーチ・クエスチョンの形になっていることが望ましい）
　② 研究の意義（その研究のテーマにどのような学術上、あるいは実務上の意義があるのか）
　③ 研究テーマに関連してこれまでに論文や専門書等で学んだこと、自分で調べたこと（これまでに読んだ主な文献やアクセスした情報のリストを付すこと）、関連した職務経験など。
　④ 今後の研究計画（研究を進めていくにあたって今後どのような取り組みが必要か。履修すべき科目、読むべき文献、習得すべき研究手法、アクセスすべきもしくはアクセス可能な情報源など）

▶**研究テーマ：各地域における航空市場内でのフルサービスキャリアとローコストキャリアのシェア争奪について**

1．問題意識

　私は現在、経営管理部において弊社ならびに弊グループにおける中期経営計画にもとづく中期および単年度の収支計画・投資計画の取りまとめを担当している。主として投資と出資計画の取りまとめを担当している。その中で、初めて10年間の投資計画規模をまとめ経営へ示すこととした。航空機の必要数については精査していたものの、長期スパンのITシステムやラウンジといった全般的な投資計画について経営に示したことがなかったため、減価償却費とともに投資額の算出を行った。

　この過程において改めて投資つまりは事業に対する資源配分によって十年単位の企業戦略が決まることを実感し、将来的な企業戦略を見極め、適

切なポートフォリオへの配分の重要性を感じるに至った。

2. 研究目的

2-1. 背景

　弊社が今後も持続的に利益を稼ぎ出すためには現在の事業ポートフォリオを戦略的に構築していく必要があると考えており、以下に背景を述べる。

　弊社の事業ポートフォリオとしては売上の順に（1）フルサービスキャリア（FSC、ローコストキャリアと対比として使用される）としての航空運送事業、（2）○○○などが運営する旅行業、（3）△△△におけるマイレージポイントや□□□カードといったポイント・クレジット事業、（4）外国の航空会社の出発・到着のハンドリングや機体整備を請負う受託事業が挙げられる。また、これら以外にもローコストキャリア事業としてA社を立ち上げ、ビジネスジェットの手配会社としてB社をC社と共同で立ち上げている。

　次に市場である航空運送サービス業界の長期需要予測としては今後、世界的に伸長すると考えられており、特に中心としては東南アジアと考えられており（JADC 2019）、日本の航空会社である地理的な不利は否めない。また、日本国内市場としては少子高齢化に伴い、成熟～衰退市場と考えられるものの、D社と弊社の大手2社でシェアをほぼ占める寡占状態で企業の環境としては悪くない。他方、国際線では国を挙げて2030年度には6,000万人/年の訪日外国人旅行者数を宣言している中、近/中距離LCCも含めた積極的な就航が考えられ、競争環境は厳しくなると考えられる。

　また、航空業界としての世界的な経済状況としては、リーマンショック後の10年ほどは世界経済の下振れとなる経済要因はほぼなかったと考えられる。また、近年では2001年アメリカ同時多発テロや2003年のイラク戦争やSARSなどの世界的なイベントが発生していなかった。また、航空会社の主な費用である航空燃油は2008年のピークを超えることはなく、近年では比較的低位で推移し、費用の発生が抑制されている状況であった。

　これまで述べた航空運送事業以外のポートフォリオでは旅行業はこれま

でのようなパンフレットによって募集する形式は大量輸送時代と呼ばれる中では航空会社との相乗効果があったと考えるものの、現在ではインターネットの発達や個人による旅行先や宿泊先、体験などの多様化により自身で手配を完了する層が増加してきており、今後の航空運送事業との相乗効果は薄くなってしまうのではないかと考えられる。次にポイント・クレジット事業におけるマイレージ特典交換は航空運送業が拡大することに伴い顧客としての利便性は向上し、企業からみると顧客との接点が増加することから相乗効果は維持できる環境にあると考えられる。最後に、外国航空会社を対象とした受託事業ではLCCの就航数増加が想定されていることから成長市場に入ることが考えられる。国際線の就航するであろう主な空港における当該グランドハンドリング（地上支援業務）と共に整備事業を行うことができる会社としてはE社グループ、弊社グループであり、E社グループとのシェアの奪い合いになると考えられる。

　以上のことからも、先に述べた複数の事業を持つ中で、企業存続のためには航空運送事業を中心とした主となる既存FSCの維持、つまりはLCCに対抗する投資、と共に自社内で保有するLCCへの適切な資源配分が大切になってくる。

2-2．問い

　その中で主力FSC事業はLCC事業にシェアを奪われていくのではないかという仮説について検証することとしたい。現在の競争の源泉は顧客の利用しやすい時間帯の設定、予約などのWebサービス、空港におけるチェックイン締め切り時間、座席の広さなどが競争の原資と考える。一方、規制の撤廃や技術の進歩、顧客が許容する状況が変化すると、この差異がなくなり、最終的には価格競争へ向かうと考えられる。そのため、東南アジア圏などの日本から近中距離圏はLCC事業を主とし、競争相手となる他国のLCCならびにFSCとの競争を行う方が良いのではないか。また、長距離圏で上位のFSC市場を維持し続けるにはどのような戦略を取ることが適切かを解明したい。

加えて、中距離圏では自社LCCとFSCが共食いの状況が出てくると考えられ、この際に現在主となるFSCでは自身の事業に投資配分を厚くしたいと考える。一方、競合他社が多数となり、価格競争に向かうのであれば自社LCCを参入させるような資源配分をした方が良いと考えられる。この際にどのような資源配分もしくは意思決定が必要になってくるかを明らかにしたい。

2-3. 先行研究

　LCCが航空運送サービスとして発達しているEU域内でのFSCとLCCによるシェア争奪については規制撤廃による自由化が進み（佐竹 2011）、平成28年におけるEU域内におけるシェアは48%、EU域外における国際線では16%である（国土交通省 2017）。北米シェアにおいては国内は32%、国際は13%であり、東南アジアでは更にシェア強化が進み、国内は53%、国際は28%となっている。日本が位置する北東アジアでは国内は10%、国際は14%とLCCの伸長の余地があると国土交通省（2017）により報告されている。

　世界的に航空需要が伸長している中で、これまで航空事業を行っておらず新規参入した独立系LCCと大手航空会社傘下LCCが乱立している状況であり、特に日本におけるLCCの伸長が諸外国に比して低いのは独立系LCCが不在を理由とする見方もある（丹治 2018）。また、小熊（2010）は先に述べたEU域内においてもLCC会社によってビジネスモデルが異なることをまとめている。

　他にもカンタス航空グループではFSC事業のカンタスというブランドとLCC事業のジェットスターというブランドを使い分けるツーブランド戦略という形式を取っており独立採算で事業を展開していることがわかる（海保 2013）。

2-4. 研究の独自性と意義

　前述の通り、LCCにおいても独立系、大手航空会社傘下といった出自が

複数ある。カンタス航空のように自社グループ内にLCCを保有しながら上手く運営している会社もあれば、シンガポールエアラインのようにシルクエア、スクート、タイガーエアといったLCCを自社グループ内に持つものの、業績向上に至っていない会社もある。また、EU域内のLCCの先行研究ではライアンエアー、イージージェット、エア・ベルリンが取り上げられているものの、エア・ベルリンは2017年に経営破綻している（表-1参照）。

これらLCCの中でも複数のビジネスモデルがあることがわかった。これらの要因について、分析することで今後の弊グループLCCの成功の糧とすると共にFSCとしての関わり方について研究したい。各LCCについてサービス提供していた飛行距離と、付帯するサービスの多寡という軸、加えて、独立系か大手航空会社系LCCであるかについても分け、各指標について比較することにしたい。

【表-1】LCCとFSCの距離における分布（例）

距　離	近距離	中距離	長距離
LCC	エアアジア イージージェット エア・ベルリン	エアアジアX **スクート** **ジューン**	該当なし
FSC	ルフトハンザ航空　シンガポール航空　カンタス航空 アメリカン航空　マレーシア航空 など		

凡例：**太字**は大手航空会社傘下LCC、下線は破綻もしくは近年業績が芳しくない航空会社　　　（筆者作成）

次に機材稼働率やユニットレベニューと呼ばれる1座席キロあたりの収入、ユニットコストという1座席キロあたりの費用において分析を進める。また、倒産や破綻したLCCも含めて過去からの数値の変遷を調査することで独立系でも大手航空会社系でも倒産する事由について調査する一助としたい。

大手航空会社傘下LCCにおいてはFSCで採算を取れない路線をLCCに単純に代替させてしまうことで悪化するのではないかと考える。つまりはLCC側に路線への就航決定権が無い、もしくは権限が限定されてしまって

いるという可能性が考えられる。

　独立系LCCにおいては航空機でどれだけの顧客を運送するかが鍵になるので、1機あたりの座席数と保有する機材運航率の高低の違いが明暗を分けたのではないかと考える。例えば、エアバス320neoという機種では各社のホームページから確認すると、エアバスによる最大設置座席数は194席とされ、LCCのF社は186席、G社では188席である。ちなみにFSCのH社では146席、I社では165席という座席数の装着となる。

　この点も踏まえて座席数の違いによる競争力を確保できたかを分析する際には、各航空会社が提供している座席数を航空機メーカーの標準座席数に補正して比較する方法が適切ではないかと考える。理由は以下表-2にあるように1機当たりの航空機で稼ぎ出す力をいかに最大化したかを同一の基準で比較可能と考えたためである。

【表-2】航空機における座席数が数値に与える影響（例）

区　分	航空機メーカー	Ｘ社	Ｙ社	備　考
座席数	194	188	180	－
収　入	－	300	290	－
収入÷各社座席数	－	1.596	1.611	Ｙ社の方が高い
収入÷航空機メーカー座席数（補正値）	－	1.546	1.505	Ｘ社の方が高い

（筆者作成）

3. 研究方法

　まずはEU域内、米国、アジア域内、日本という4区域を拠点とする過去からの各FSCと各LCCの財務情報の収集を行い、経年比較する。同時に各FSCと各LCC就航域内における航空規制の変遷により、規制の撤廃や自由化がどのように推移してきたかも合わせてまとめる。

　また、先行研究においても活用されているOAG社における過去から現在における各社の運航情報データの提供を受ける。その際に機材数や各路線における就航データといった詳細も入手可能と考える。これらの定量的なデータを取りまとめ、時系列で分析する。

　その上で、FSCとLCCにおけるシェアがどのように年度で変化したのか、距離別に分けるとどのような特徴を持つLCCがよりシェアを奪っているのか、サービスによる違いはあるのかについて定量的なデータから分析したい。

4．研究計画

　1年次において各講義における基礎として経営学、経営戦略において事例研究の基礎を、意思決定において企業内における意思決定の基礎を学ぶ。また、独立系LCCの志向となり得るであろう「ベンチャービジネス」について履修する。その後、マネジメント・サイエンスⅠとともに経営分析、管理会計、財務会計を履修することによって、今後の研究や分析に活用できる基礎を学ぶこととしたい。

　2年次には各履修に加えて、上記データの収集を進めることとしたい。

【参考文献】

・佐竹真一（2011）「EUにおける航空自由化とLCC:欧州航空市場の統合過程とLow Cost Carrierの展開」大阪観光大学紀要
・国土交通省（2017）「LCC事業展開の促進」平成28年度 政策レビュー結果（評価書）
・丹治 隆（2018）「LCCとオープンスカイは日本の空を変えたのか?：まだ道半ばだが、国際線に大きな活路」桜美林論考，ビジネスマネジメントレビュー（9），p29-56
・海保英孝(2013)「カンタス航空の戦略経営」成城・経済研究 第201号
・遠藤伸明・寺田一薫（2011）「ローコストキャリにおける経営戦略と費用優位性についての分析」東京海洋大学研究報告7巻，p31-39
・小熊仁「EUにおける航空自由化とLCCの展開」運輸と経済第70巻第6号，p59-72
・村上英樹（2008）「日本のLCC市場における競争分析：米国LCCの事例を参考に」経済科学研究所 紀要 第38号

- 堀雅通 (2012)「航空市場の構造変化と空港経営：LCCの台頭と空港政策の転換」観光学研究 第11号 p91-102
- 加護野忠男・吉村典久(2006)「１からの経営学」碩学舎
- クレイトン・クリステンセン (2001)「イノベーションのジレンマ」玉田俊平太監修,伊豆原弓訳,翔泳社
- スコット・アンソニー,マーク・ジョンソンほか (2008)「イノベーションの解：実践編」栗原潔訳,翔泳社
- 玉田俊平太(2015)「日本のイノベーションのジレンマ」翔泳社
- マイケル・E・ポーター (1999)「競争戦略論Ⅰ,Ⅱ」竹内弘高訳,ダイヤモンド社
- ジョン・シャンク,ビジャイ・ゴビンダラジャン (1995)「戦略的コストマネジメント」種本廣之訳,日本経済新聞社
- デービッド.A.アーカー (1986)「戦略市場経営:戦略をどう開発し評価し実行するか」野中郁次郎ほか訳,ダイヤモンド社
- 沼上幹・一橋MBA戦略ワークショップ「市場戦略の読み解き方:一橋MBA戦略ケースブック vol.２」東洋経済新報社
- 長瀬勝彦(2008)「意思決定のマネジメント」東洋経済新報社
- ロバート・S・キャプラン,デビッド・P・ノートン(2001)「キャプランとノートンの戦略バランスト・スコアカード」桜井通晴監訳,東洋経済新報社

5. 志望理由

5-1. 職務経歴について

　私はこれまでの職務の中で、費用削減、モチベーションの向上、支店組織運営、全社目線での費用と収入のバランスを見て利益を出すことに携わることができたものの、カネを使って事業や会社を立ち上げ、育てていくという経験が不足しており、経営学を体系的に学ぶ必要があると考えているためである。

　職務の概略として、新入社員として2007年に入社後に籍を置いたまま、前半の約４年は子会社に出向し、顧客の予約を受けるコールセンター業務

を担当、その後、再び別子会社に出向、空港における接客業務と総務における支店運営業務を担当した。後半の7年は企画運営を担当しており、2011年からは本社企画部にて空港における顧客サービスの企画ならびに立案・実施を担当した。主に国内空港における旅客業務の規程類の管理、各種プロジェクトを担当した。その中でも特に増収施策担当としてマイレージ会員の獲得促進や表彰制度の導入を通して入会数を約2倍とする成果を残した。その後、2014年に国内だけではなく海外における支店運営を希望し、海外支店総務部にて主に空港と客室における運営業務を担当し、予算と実績を管理する報告会の導入を主導した。

現在は経営管理部にて弊社ならびに弊グループにおける中期経営計画にもとづく中期および単年度の収支計画・投資計画の取りまとめを担当している。

5-2. 志望理由について

先に述べた経験はあるものの、カネを使って事業や会社を立ち上げ、育てていくという経験が不足しており、経営学を体系的に学ぶ必要があると考えているためである。

同様に弊社の状況を述べると、これまでの費用削減というフェーズを脱し、現在は利益を上げるというフェーズに移行ができてきている。今後は更なる成長や、安定的に収益をあげることが可能となる体制を構築するために上手くカネを使うことが必要な段階にある。

以上のことも体系的に学んだ知識を生かせる環境にあると考え、ビジネススクールへの入学を希望する。

5-3. 貴校を志望する理由について

貴校を希望するのは特徴の一つ目として、理論と業務のバランスを重視している点にある。今後、数十年という長きに渡る中、当社グループとして存続させたいと考えており、それを実現させるにはまず理論、つまりはビジネスの裏にある本質を捉える力が必要と考えたためである。それらを

吸収した上で、現実の業務にて実践・行動していくこととしたい。

　二つ目に貴校における「徹底した少人数教育」を採用している点が希望する理由である。少人数でどれだけ深く議論し問題を解決していくことができるかが真に学ぶことに繋がると考える。先日の説明会で貴校の先輩の熱い話を伺い、貴校の厳しい選抜を勝ち抜いた優秀な同期と共に本質的な学びを深めていきたいと考えている。

以　上

> **コメント**
>
> 　研究計画書のテーマを決めるにあたり、実務に即した課題提起から論点の絞り込みまで、丁寧に手順を踏んで整理されていることが読み取れます。読み手にとって、関心が持てる仕上がりになったといえるでしょう。その上で、論点の絞り込みがさらに進められると研究の意義がさらに高まります。今回の研究テーマにあたり、主力FSC事業がLCC事業にシェアを奪われるリスクがあるとの仮説を立てている一方、先行研究からLCCにはいくつかのビジネスモデルがあり、すでに淘汰が進んでいる傾向が分かります。だとすると、LCC事業の中でもFSC事業にとって脅威となり得るモデルは研究計画を策定する時点である程度絞り込むことができるはずです。これにより、より的確な仮説を組み立てることができるといえます。
>
> 　なお、先行研究のリストはリサーチ・クエスチョンの設定などに関わるものに限定しましょう。原則として、引用していない文献は記載する必要はありません。

神戸大学大学院 経営学研究科
研究計画書合格実例③

大学卒業後、不動産会社に入社。その後、現職の金融機関に転職。2020年度神戸大学大学院経営学研究科専門職学位課程現代経営学専攻に合格。

① 研究テーマ（50字以内）

企業不動産戦略（CRE戦略）推進上の課題と経営面及びファイナンス面を中心とした解決策の提案

② 研究テーマの概要（500字程度）

当該研究テーマに取り組もうと思うに至った理由と目的を述べてください。

　バブル経済崩壊後、不動産価格が物価以上に上昇する土地神話も崩壊、賃貸不動産では投資に見合う収益性を重視する傾向が高まりつつある。一方、不動産業等の不動産をコア事業としない多くの企業では主要な経営資源である不動産について、投資に見合う収益性や使用価値を突き詰める動きは進んでいないように思われる。こうした企業が保有するのは事業目的で保有する事業用不動産が中心なため、不動産そのものだけでなく、事業所の配置、資金調達、人員配置など不動産以外の経営に関する横断的な知見が必要となるが、こうした視点で不動産を取り扱う企業が少ないことが原因の一つと考える。また、従来のCRE戦略の担い手の不動産業等は、自らの事業利益を得ることが主目的であるため、企業経営視点での戦略が推進されてきたとは言い切れない。私は、資金需要者側の不動産業と、金融機関での融資や出資という資金供給者側の双方で不動産に携わってきた経験を踏まえ、CRE戦略を推進する上での課題を、企業に影響を与える要因や個別企業の事例を収集分析し、固有の業種に限らない、不動産を保有する多くの企業に適用可能な具体的解決策を提案して参りたい。

③ 研究の背景となる経験・資源（500字程度）

これまでの体験、職務経歴などに触れながら、それらが上記の研究テーマに対してどのように関連しているかを述べてください。なお、研究において利用可能な情報減などにも言及してください。

　前職の不動産会社で約12年、現職の金融機関で約11年、一貫して不動産に関与。現職では不動産プロジェクト向け融資や出資業務、取引先出向期間中は、私募REIT組成やグループのCRE戦略推進にも従事。現在は、不動産業等に限らない営業店の一般事業法人を対象顧客とする部署に属するが、借入負担が重く返済がCFを圧迫しているにも関わらず、創業地であるから、いずれまた価格が上昇するから等、合理的でない理由で不動産の戦略的活用が進んでいない企業が多く見られる。こうした企業に対し、経営課題や財務体質の改善に資する、説得力と実効性のある提案を実施し、顧客への付加価値提供を通じて、不動産の戦略的活用を推進していく必要性を痛感したもの。研究にあたっての資源は、前職の不動産会社及び現職での人脈に加え、事例収集の際は、当社グループの各不動産部門、直近で出向した不動産投資会社の方を中心にご協力をいただきながら進める予定。

④ 研究の進め方（500字程度）

当該研究テーマを追求するにあたって、どのような方法で研究を実施しようとしていますか。

1. 1年次前期〜年末

　CRE戦略を検討する上で、関連性が高いと考えられる経営戦略、ファイナンス、人事や組織管理等を中心に、経営の基本的な理論の習得を進める。並行してCRE戦略などに関連する先行研究や文献の調査、個別企業におけるCRE戦略の事例収集を進めて行く。

2. 年明け〜2年次

　収集した事例の整理や分析をしつつ、前職及び現職での人脈に加え、当社グループのCRE戦略を担う各社の不動産部門を中心にインタビューやアンケートを実施、事例の背景や認識する課題なども併せて調査する。その上で、CRE戦略が成功している事例における共通点や法則性を発見して、多くの企業の課題解決や戦略の推進に活用しうる汎用性の高い戦略、施策をまとめた上で、取引に対し具体的かつ有効な解決策が提示できるような論文を作成して参りたい。

⑤ 志望動機（500字程度）

特に本研究科を志望した理由を説明してください。

　企業を取り巻く環境が大きく変化、当社も長く続く低金利の影響を受け収益環境が厳しく、金利収益以外の業務基盤拡大が喫緊の課題。従来からのビジネスモデルは限界に来ており、経営は組織だけでなく従業員にも大きな変革を求められている。こうした変革を実現するためには、既存の業務経験を通じて培った経験だけで不十分と感じており、最新の経営理論を学ぶ必要性を感じたことが契機となった。その中でも、貴学を志望する理由は以下の3点。初めに業務を継続しながらの通学が可能であること。次に、多くの企業が抱える経営課題に対峙し解決した事例等から理論的かつ実践的な研究を進める貴学で学ぶことで、当社が置かれた課題解決の為の思考力や実践力を培うことが出来ると考えたこと。最後に、経営理論の習得だけでなく、プロジェクト方式という実際の課題やテーマについて、豊富な研究実績や知見を有する先生方及び多様なキャリアを持つ学生との議論や壁打ちを重ね、仮説を構築し、検証し、解決策を示し、論文にまとめるというプロセスは、当社含むグループCRE戦略を推進し、取引先企業へ解決策を提案する際に直接的に活かすことができると確信していること。

⑥ 研究に関連する資格・技能・特技（300字程度）

特に記述することがあれば、その概要を説明してください。なお、英語能力試験に言及する場合には、受験年度も明記してください。

Ⅰ.宅地建物取引士
Ⅱ.不動産証券化協会認定マスター

⑦ 就学環境（300字程度）

学費援助、業務負担の軽減など職場のサポートの有無、個人研究時間、通学時間について、概要を説明してください。

　学費は全額自己負担。職場サポートはMBAチャレンジを直属上司宛に報告し快諾済、当社全体でも環境変化を受け従業員の「変革とチャレンジ」を励行、就学への理解が得られ易い環境にある。また、働き方改革推進により、早帰り、有給休暇取得も容易な上に勤務時間変更などの調整も可能なので、学習や研究に相応の時間を確保することも可能。具体的には、平日で約3時間、土日祝日は9時間以上の確保が可能。家族、特に配偶者には事前にMBAを目指す目的を事前に説明、相談の上で理解を得ている。また、通学時間は自宅より約1時間程度であり、特段の支障はない。

⑧ 将来のキャリア設計（300字程度）

MBA取得後のキャリア設計を示し、本研究科での研究成果を今後の仕事の上でどのように活用するか、その期待や希望を述べてください。

　当社グループでは現中期経営計画において不動産に関する戦略を掲げ、不動産ビジネスにおける各段階でグループ各社が取引先に切れ目ないソリューション提供を目指している。当面は現部署でCRE戦略推進の企画立案や取引先への提案に活かし、次のステップでは当社グループは不動産ビジネスを推進する多くの関連会社を有しているので、グループにおける不動産関連ビジネス推進にあたり、組織を牽引するマネジメントを目指

し、若手人材を中心とした部下の育成に努め、持続的な競争力を持てるよう人材と組織の強化に貢献して参りたい。

> **コメント**
>
> 　理論編でも触れたとおり、神戸大学は狭義の研究計画書型とエッセイ型の特徴を両方持ち合わせた形式になっています。すなわち、先行研究の調査やリサーチ・クエスチョンの特定に加え、エッセイ型で求められる実績やキャリアゴールといった実務経験を整理することが求められます。両方の特徴をうまく取り込んだ研究計画書に仕上げるコツは、自己分析を徹底することです。T・Iさんの研究計画書では、不動産業界における実績や知見、CRE戦略に対する理解と問題意識を丁寧に説明すべく、自己分析を綿密に行ったことが読み取れます。
>
> 　文章表現については、改善の余地があります。特に意識してほしいのが体言止めです。体言止めとは、語尾を名詞や代名詞などの体言で止める技法で、随筆や和歌など余韻を残すのに効果があります。しかし、研究計画書など論理が求められる文章では使用は控えるべきです。体言止めを多用すると、文と文とのつながりが読み取りにくくなり、読み手の誤解を招くリスクが高まるからです。読み手の理解を促すべく、必ず動詞で文を区切りましょう。

東京都立大学大学院 経営学研究科

合格体験記①

文学部卒業。現在、株式会社うるる (ITベンチャー企業) で執行役員として人事と総務を担当。2019年度首都大学東京 (現東京都立大学) 大学院経営学研究科経営学専攻経営学プログラム (MBA) に合格。

■ 人と組織に関して学びたいなら「迷わず首都大MBAへ」

　私が大学院に進学し、経営学を学ぼうと考えたのは、会社のさらなる成長のためには自分自身の成長が必要だと考えたからです。当社は2017年3月に東証マザーズに上場し、上場後、さらなる成長を目指し事業運営を行っていました。しかし、人事部長という会社全体の人と組織の成長を推進する立場において、自分のこれまでの知識や経験に基づく組織・人材マネジメントだけでは、会社のさらなる成長への貢献は難しいと感じていました。

　進学を考え出した具体的なきっかけは、2011年より継続して行ってきた組織改善活動において、上場直前の2016年頃からさまざまな改善のための対策を実行しても、エンゲージメントサーベイのスコアが改善されなくなったことです。エンゲージメントと業績は正の相関関係があるといわれているにもかかわらず、当社ではエンゲージメントスコアが低下しても業績は向上し続けているという矛盾が生じていました。この時、これまで培ってきた知識や経験が生きず、人や組織に関する本やアカデミックな文献を読んでみたところ、当社の状態を説明できそうな理論があり、それは私にとって、とても納得感のあるものでした。さらに、その理論を知り、エンゲージメントスコア向上のための新たな社内プロジェクトチームを立ち上げることにもつながりました。

　このような経緯から、ビジネススクールに進学し、経営学における経営組織論や組織行動論、HRMを学びたいと強く思うようになり、結果的に、都内国立大学のビジネススクールと、首都大学東京（現東京都立大学）大学院経営学研究科経営学専攻経営学プログラム（MBA）〈以下、首都大MBA〉に合格しました。実は、どちらに進学するかはかなり悩みましたが、人と組織の分野を専門とする教授陣の比率が最も多いということ、また、1学年30人という少人数制ならではの、きめ細かい丁寧な教育や研究指導が受けられるという二つの理由から、首都大MBAに進学すること

を決めました。

　実際、首都大MBAに入学してから、首都大MBAを選んで本当によかったと感じています。人と組織に関する授業が豊富にあるのはもちろんのこと、ITベンチャー企業の私にとってはとても勉強になるベンチャービジネスの授業や、アメリカのビジネススクールでは標準的に設置されている意思決定やロジカル・ライティングの授業など、どの授業もとても楽しく、学ぶほどに気づき得られる授業がたくさん用意されています。特にビジネススクールで人と組織に関して学びたいと考えている方がいれば、「迷ったら首都大MBA」というよりも「迷わず首都大MBAへ」とお勧めしたいくらいです。

■ 研究計画書のテーマに関連する文献をたくさん読もう

　ビジネススクールの受験において、最も特徴的であり、重要なものが研究計画書の作成であるといえます。私は、先行研究・調査によって導き出されている組織状態と、当社の状態との矛盾をきっかけにビジネススクールに進学しようと考えたため、問いを考えるという最も難しい一歩がかなり早い段階でできていたのはある意味、ラッキーでした。

　ただ、最初に進学しようと考えたビジネススクールは、ビジネススクールの中でも相当に完成度の高い研究計画書を求められると有名な都内国立大学ビジネススクールであったため、まずは経営組織や組織行動に関する文献をかなり読み込むことから始め、日本語の論文だけでなく、英語の論文なども翻訳しながら読みました。結果、自分としては満足のいく研究計画書を作成することができ、完成度の高い研究計画書を求められると有名なその大学院にも合格することができました。

　研究計画書の作成にあたってはビジネススクール受験のための予備校の先生による指導がかなりためになったと実感しています。研究計画書は作ってみても、それに対するフィードバックがないと客観的な良し悪しが判断できません。私は予備校の研究計画書指導の時間をフルに活用させていただき、何度も何度も計画書を作り直して、内容をブラッシュアップし

ていきました。

　研究計画書は一朝一夕にできるものではないため、普段の仕事において「なぜそうなるんだろう？」という疑問を持つ癖づけをすること、また、研究計画書のテーマにしようとしている、自分の興味関心のあるものに関連する文献を早い段階からできる限りたくさん読んでおくことをお勧めします。中でもレビュー論文はこれまでの先行研究がまとめられており、テーマに対する研究の現状や今後の課題を知るにはとても役に立ちます。

■ 小論文対策はまず手書きで文章を書くことから

　小論文対策を始めるにあたって、まず重要となるのが、とにかく書くことです。パソコンを使った仕事が当たり前になっている社会人にとって、手書きで文字を書くこと自体が相当にしんどいです。手や腕が痛くなるだけでなく、漢字が出てきません。対策は、無理やりにでも文章を手書きで書き続けるということに尽きると思います。さらに、小論文対策で必ずやっておいた方がよいと考えるものが2つあります。それは、
・型を覚えること（問に答える、構成など）
・時間内に書き終わるようにすること
　です。

　小論文には型があります。大前提として「問に答える」という最も重要な型が必要となりますが、例えば、最初に結論を書いて、「なぜなら理由は3つあります。第一に・・・」というような、構成も大切です。読み手の頭の中にロジックツリーができあがっていくような文章を書くことを意識するとよいと思います。また、小論文対策も研究計画書と同じで、予備校の先生や知人に添削をしてもらうことをお勧めします。小論文も書いたものに対してフィードバックがないと、何が良くて何が悪いか、どう改善すべきかなどが分かりません。第三者の目からフィードバックをもらって改善することを繰り返せば繰り返すほど、確実にスキルアップし、良い小論文が書けるようになります。実際、私は予備校で、小論文の添削・フィードバックをしていただいたことによって確実にスキルアップしたという実感

を持っています。恐らく、小論文の書き方のような本を読んで独学で小論文の書き方を学んでいたら、合格レベルの小論文を書けるようにはならなかったと思います。

■ 小論文試験で最も大切なのは「問いに答える」こと

実際の小論文試験で特に心掛けたことは「問に答える」ということです。私は、平日は仕事の関係でなかなか勉強時間を確保できなかったため、土日はできる時は1日10時間くらい勉強していました。内容としては、予備校からいただいたテキストによる経営戦略論、経営組織論、組織行動論、マーケティングなど、小論文の試験で問題が出る経営学の知識の習得と、テキストにある小論文の問題に対する答え（小論文）を書くことです。小論文に関しては、各問題、最低3回は小論文を書きました。

ただ、そこまで準備して臨んだ試験当日に見た、組織論の小論文の問題は、過去問でも見たことのない、勉強もしたことない内容のものでした。首都大MBAは戦略、組織、マーケティングなどから一つ、自分が解きたい分野を選んで小論文を書くのですが、組織を中心に勉強していた私にとって、戦略やマーケティングは自信がなく、試験問題にある内容は見たことはないものの、最も多くの時間を割いて勉強をしてきた組織論を選び小論文を書くことにしました。

まず困ったのは、試験問題に書いてあることの知識がないがゆえに、何から書いていいのか分からなくなってしまったことです。かなり動揺してしまい、手が震えて止まらなかったのを鮮明に覚えています。30分経過したくらいになってからようやく少しだけ落ち着いたので、とにかく問題にある内容に対して自分が経験から知っていることを、きちんと「問に答える」ことだけを意識して小論文を書きました。理論を踏まえた解答になっているというよりも、持論による解答だったともいえると思います。「問に答える」ことと、結論から理由などの構成に関する型に関しては、受験勉強中に徹底してやり続けていたので、型はきちんとできたと思います。アカデミックな深い知識があった方がよいのはそのとおりですが、小論文

で何より大切なのは「問に答える」ことだと改めて痛感しました。

　反省点としては、組織論の勉強に時間をかけ過ぎて、経営戦略とマーケティグの勉強に関してはそこまで時間を割けなかったことです。仮に組織論の問題がさっぱり、分からかなったとしても、経営戦略は分かるということも往々にしてあり得るので、これは大いなる反省点です。

　一方、もう一つ合格した都内国立大学ビジネススクールの小論文は、そこまで経営学の知識が必要になるわけではありませんが、だからこそ、型が大切に思えました。こちらは、型がしっかりしていて、自分の考えをきちんと書くことが重要だと思います。

■ 面接はコミュニケ―ションである！

　私が合格した首都大MBAと都内国立大学ビジネススクールの面接対策は、自分の研究計画書の理解に尽きます。両校とも質問内容は受験申請時に提出した研究計画書に関する質問がほとんどでした。そのため、問題意識や先行研究に出てくる理論の意味はきちんと理解しておく必要があります。特に問題意識が重要です。「なぜその問題意識を持ったのか？」「なぜその問題意識を持ち、大学院で経営学を学ぼうと考えたのか？」ということを自分の言葉で説明できるようにしておく必要があります。

　具体的な対策としてはロールプレーをお勧めします。予備校で先生にやっていただくのがもちろんお勧めですが、予備校の同級生や仲間たちと実施するのもよいと思います。ロールプレーはやればやるほど上達しますので、できる限り数をこなすことが重要です。

　逆にお勧めできないのは、回答を暗記して、それをそのまま答えようとすることです。これは本番では絶対にうまくいきません。面接は答える内容も重要ですが、基本的にはコミュニケーションです。暗記した回答を答えるというのは、コミュニケーションに違和感が生じ、相手にとっての印象が悪くなります。ポイントは質問に対する答えを端的に自分の言葉で答えることです。質問されていること以外のことや、派生するようなことは、質問されるまで答える必要はありません。やってしまうと、むしろ逆効果

です。コミュニケーションであることを一番大切にした方がよいと思います。

■ 首都大MBAの面接は研究計画書に関する質問中心

首都大MBAの面接は、面接官が3名でした。面接官である先生方と自分との距離は近いです。

質問内容としては、「なぜ大学院で経営学を学ぼうと思ったのか？」といったことを聞かれます。そして、質問のほとんどが研究計画書についてです。例えば、「なぜこの理論ではないのか？」「こういった考え方もあるのでないか？」など、理論の知識があるか、理論の違いを理解しているかなどを確認されるような質問が続きます。また、仮説についても質問され、かなり深堀りされた印象があります。

私が心掛けたのは、端的に聞かれたことに答えるということです。もう少し追加した方がいいかなと思った回答もありましたが、コミュニケーションをとることを意識しました。また、自分は本気でここで学びたいという気持ちが全面に出ていたと思います。本心でそう思っていたこともあり、身振り手振りも自然に大きくなっていたと思います。

首都大MBAの面接はかなり突っ込みも入りますが、突っ込みという表現よりも私の考えをきちんと知ろうとしてくれているような印象です。なので、イヤな印象はなく、振り返ってみると、とても勉強になるよい場だったと思います。面接を通して、私の中で首都大MBAのイメージがさらによくなったことも間違いありません。

反省点としては、理論の知識に曖昧な部分があったことです。自分でもここは怪しいなと思っていたところを見事に突かれます。研究計画書に書いてある理論や関連理論などに関しては不安があれば理論の意味や違いなどをしっかり自分の言葉で説明できるようにしておくことをお勧めします。

〈 **受験のための推薦図書** 〉────────

・桑田 耕太郎、田尾 雅夫(2010)『組織論』(補訂版)(有斐閣アルマ)有斐閣

・高尾 義明(2019)『はじめての経営組織論』(有斐閣ストゥディア)有斐閣

・坂本 雅明(2016)『事業戦略策定ガイドブック―理論と事例で学ぶ戦略策定の技術』同文舘出版

・伊丹 敬之、加護野 忠男(2003)『ゼミナール 経営学入門』(第3版)日本経済新聞出版

・金井 壽宏(2016)『働くみんなのモティベーション論』(日経ビジネス人文庫)日本経済新聞出版社

東京都立大学大学院 経営学研究科

合格体験記②

芝浦工業大学大学院工学研究科材料工学専攻修了後、大手住宅建材メーカーに入社。2019年度首都大学東京（現東京都立大学）大学院経営学研究科経営学専攻経営学プログラム（MBA）に合格。

■ M&Aが今後のキャリアビジョンを深く考える契機に

　私がビジネススクールへの進学を決めた理由は、従来の知的財産の専門性以外のスキル・知識・能力を高め、より会社に貢献できる人材になりたかったためです。これを説明するにあたり、以下簡単に私の経歴を紹介します。

　私は2006年新卒で住宅建材メーカーに入社、約12年間特許や意匠などに関わる知的財産業務に携わってきました。2011年のことでした。自分のキャリアの中で大きな変化が起こりました。それは、同じ住宅建材メーカーとのM&Aです。自社も含めた5社が1つの会社に統合されたのです。この5社統合に合わせ、5社の知的財産部門も一つに統合されることになり、少し前まで競合他社であった人たちと一緒に仕事をすることになりました。私は、優秀な周りの知財部員に負けまいと、より一層知的財産に関する専門知識の習得に励みました。

　また、このM&A以降、新社長の強力なリーダーシップのもと、海外事業の強化が進められました。具体的には、海外の住宅建材メーカーの買収です。これは、日本の住宅建材市場が長期的には縮小傾向にあり、成長市場ではないことを考慮しての戦略でした。この頃から、さまざまな部門に即戦力となる中途採用のキャリア社員が入社するようになり、知的財産部門にも数多くのキャリア社員が入社してくるようになりました。このように自社環境が激変したことにより、今まであまり意識してこなかった自身のキャリアについて深く考えるようになっていきました。

　その後も周りの優秀な知財部員に負けまいと継続的に知的財産の専門知識を高めていましたが、ふと「周りの知財部員と同じような知的財産の専門知識やスキルを持っているだけでは意味が無いのではないか。彼らとは違う差別化できるスキルや知識・能力を持っていないと、今後より会社に貢献できる人材にはなれないのではないか」と考えるようになっていきました。それからは知的財産の専門知識以外のどのようなスキル・知識・能

力で差別化できるかを日々考えるようになり、情報収集していた中で辿り着いたのがビジネススクールでした。ビジネススクールでは戦略、組織、マーケティング、アカウンティング、ファイナンスなど、組織を動かす上には必須で理解しておかなければならない内容を網羅的に学ぶことができるため、これが今まさに自分が学ぶべき内容であると確信しました。

■ 深く本質を理解するために日本語で学ぶビジネススクールへ

　日本国内のビジネススクールにも英語のプログラムがあり、日本語で学ぶか、英語で学ぶか正直迷いました。どちらのプログラムにするかを決めるにあたり、私は実際に授業を受けて決めました。具体的には、日本語でプログラムを提供している早稲田大学大学院経営管理研究科のMBAエッセンシャルズ（誰でも受講可能な短期集中型の講義）、および英語でプログラムを提供している筑波大学大学院ビジネス科学研究科国際経営プロフェッショナル専攻の授業を科目等履修生としてそれぞれ履修し、どちらが今の自分に合っているかを確認しました。残念ながら、私の英語力は英語プログラムで本質的に理解できるレベルではありませんでした。従って、より本質的に授業内容を理解できる日本語プログラムのビジネススクールに進むことにしました。また、早稲田大学と筑波大学ではクラス単位の生徒数も全く異なり、マンモス校と少人数校の違いを知れたことも収穫でした。

　もし、私と同じように英語or日本語のプログラム、マンモス校or少人数校のビジネススクール、どちらに進もうか迷っている方は、まず実際に授業を受けてみて、そこから判断されてはいかがでしょうか。

　次に、日本語のプログラムの中にも学び方が2つありました。仕事を辞めて学ぶフルタイムと、仕事をしながら学ぶパートタイムです。これは自分の貯蓄や家庭の状況などを考慮し、仕事をしながら学ぶ（パートタイム）ことを決めました。次に学ぶ大学が私立or国公立という選択がありますが、こちらも同様の理由で国公立のビジネススクールで学ぶことを決めました。

■ 首都大学東京の魅力は少人数・指導者バランス・修士論文

　4月頃から都内の国立・公立のパートタイムのMBAスクールのリサーチを開始。説明会にも参加し、情報収集を進めて行きました。私が最終的に首都大学東京（現東京都立大学）大学院経営学研究科経営学専攻経営学プログラム（MBA）〈以下、首都大MBA〉を選んだ理由は大きく3点あります。

　1点目は1学年の学生が30名程度と小人数であり、各教授や同学年の学生と濃密なコミュニケーションを取ることが可能であること。これは今まさに授業を履修していて非常に満足している点です。少人数だからこそ、教授や同学年の学生と密度の濃いディスカッションができ、それが自身の授業内容の本質的な理解に大きく寄与していると思います。

　2点目は、戦略、組織、マーケティング、アカウンティング、ファイナンスなど、各専門分野の先生がバランスよく在籍されている点です。同じ国公立大学のビジネススクールでも在籍されている専門分野の先生のバランスは大学により微妙に異なります。首都大MBAは、各専門分野の先生がバランスよく在籍されているため、組織を動かす上での経営学の基礎を学ぶには最適の環境であると思います。

　3点目は、プログラムの中で修士論文に重きを置いている点です。私はビジネススクールにおいて、経営学の基礎を学ぶと同時に課題解決能力の向上を図りたいと考えていました。この課題解決力向上に最適なのが修士論文です。修士論文は、先行研究で解決されていない課題を特定し、それに対し仮説を立て、仮説と検証を繰り返していくものです。修士論文に取組み、課題解決能力を高めていくことがその後の私のキャリアにおいて重要になると考え、修士論文に重きを置いている首都大MBAを選びました。

■ 研究計画書はフィードバック→ブラッシュアップの繰り返し

　首都大MBAの入試は年2回（9月、2月）あり、私は9月入試に出願・合格しました。9月入試の出願受付は7月末から8月初頭です。それまでに研究計画書を完成させなければなりません。

　研究計画書の内容としては、大きく「研究内容」（自身の問題意識・研究

テーマ、先行研究、研究の意義等）と「志望動機」の2つがあり、これらの資料を書き上げるためには非常に多くの時間を費やしました。他大学のビジネススクールと比べ、出願時期が早めですので、できるだけ早くこれら資料の準備を進められることをお勧めします。研究内容、志望動機は、一旦自分で素案を作成した後、通っていたビジネススクール受験のための予備校の講師・チューターや同じ予備校の同期、家族にフィードバックを貰いながら、少しずつ作り込んでいきますので、研究計画書を完成させるまでのスケジューリングが重要になってきます。いつから、どのように準備を始めていけばよいのか、このあたりはできるだけ早めに予備校の講師に相談した上で進められることをお勧めします。ちなみに、私は4月から研究計画書を書き始め、5月には素案を作成しました。

　なお、入試時期の早い首都大MBAで研究計画書の骨子を固めておけば、他の国公立大学ビジネススクールへの併願に活用していくことも可能ですので、そういった面で首都大MBAの受験を検討されてもよいと思います。

■ 小論文は過去問を実際の試験時間でシュミレーションしよう

　首都大MBAの入試では、小論文が必須となっており、経営戦略論、経営組織論、マーケティング、会計学、マネジメントサイエンス、数学の6つの中から一科目を選び、回答する形式になっています。私の小論文対策は、基本的に予備校の講師から出される小論文の課題を継続的にこなしていくことでした。予備校での授業はビジネススクールの講義内容にかなり近い内容ですので、まずは授業内容を正しく理解すること、出される課題を確実にこなし、少しずつレベルアップしていくことが私の小論文対策でした。

　また、首都大MBAの入試は、ビジネススクールのキャンパスがある大手町ではなく、学部キャンパスがある南大沢で行われます。首都大MBAの入試は同日で小論文、面接が実施されますので、受験環境を把握しておくという意味で、一度駅周辺やキャンパスの下見に行かれることをお勧めします。

　解答時に心掛けたことは、とにかく予備校でトレーニングしてきた小論文の課題と同じように解答することでした。その意味でやはり、過去問を実際の試験時間で解いてみて、自分がどの程度解答できるか、何度かシミュレーションしてみることをお勧めします。実際の小論文の課題は、大学ホームページに掲載されていますので、そちらを確認ください。

■ 面接は面接官との対話の場である

　面接対策は、作成した研究計画書をもとに、予備校の講師、チューター、予備校の同期で模擬面接を何度も行いました。研究計画書を自分ではない第三者が見た時にどの部分に疑問を持つかなど、何度も模擬面接を行うことにより、それらがぼんやり分かってきますので、模擬面接の都度、研究計画書の内容もブラッシュアップさせていきました。

　前述のとおり、首都大MBAの面接は小論文と同日に南大沢キャンパスで行われます。私の時は私1人に対し、先生が3人でした。首都大MBAの場合、出願時に自分がどの専門分野で修士論文を執筆したいかを事前申告し、申告内容に基づき研究計画書も提出します。私の場合は、経営戦略が希望でしたので、経営戦略が専門分野の3人の先生が面接官でした。主な質問は「なぜビジネススクールを志望しているのか？」「なぜ首都大なのか？」「どのような研究をやりたいのか？」の3つです。面接の際、心掛けたことは相手の目を見て話すことです。面接は自分が準備してきた内容を一方的に話す場ではなく、面接官との対話の場であることを常に意識されるとよいと思います。正直、すべての質問に完璧に答えられた訳ではありませんが、「面接官の意図を読み取ろう」「自分の考えを正しく伝えよう」という意識を常に持ちながら面接に臨みました。

　特に首都大MBAは修士論文にも力を入れていますので、研究計画書の内容は十分な説明ができるよう準備をした上で面接に臨まれるとよいと思います。

〈 受験のための推薦図書 〉

・グロービス、嶋田毅(2015)『基本フレームワーク50 図解 グロービス MBA キーワード』ダイヤモンド社

・青島矢一、加藤俊彦(2012)『競争戦略論』(第2版)(一橋ビジネスレビューブックス)東洋経済新報社

・沼上幹(2009)『経営戦略の思考法』日本経済新聞出版社

東京都立大学大学院 経営学研究科

合格体験記③

大学院農学研究科を修了後、航空会社に入社。2020年度首都大学東京（現東京都立大学）大学院経営学研究科経営学専攻経営学プログラム（MBA）に合格。

■ キャリアデザインを再考する中でMBA取得を決意

　私がビジネススクールに進むことを決意したのは経営管理部という現在の部署に異動し、入社10年を過ぎて自身のキャリアデザインを考え出したことがきっかけです。それまでは現場で約3年、本社企画部門で約3年、海外支店で約3年と現在の部署とは少し趣きの異なる部門で業務についていました。働いていく中で会社全体のことも分かり始めたころに現部署に配属となり、グループ会社も含めた中期計画における予算や利益目標を取りまとめる業務を担当することになりました。

　現在の部署では会計系の知識が必要で、私はこれまで財務諸表の通信教育、簿記検定2級といった資格は取っていたものの、いざ実務で使うとなると思っているように知識を生かせず悪戦苦闘する日々でした。経営や会計に関する本を読むことで中身は理解するものの、それぞれが断片的な理解に留まってしまっていたと思います。

　少し話はそれますが、業務の中で異業種の方と交流する機会に恵まれました。あるテーマについて利害関係なく議論した経験を通して、仕事以外のつながりや多様な物の見方に刺激を受ける体験を得ることができました。交流会のメンバーの中には今後、海外でのMBA取得を目指すという方もおり、少しずつMBAについて意識するようになりました。

　そのような経験もあり、異動して2年ほど過ぎ、業務にも慣れたころ、改めて自分のキャリアデザインを考えてみることにしました。将来的にも会計・財務や経営戦略などの業務に携わっていたいということもあり、中小企業診断士試験や簿記1級などの資格も検討していました。そこで、上司に思い切って相談してみたところ、ビジネススクールで体系的に経営について学び、高度な議論を行う場で2年を過ごすのがよいのではないか、今後に役立つ人脈も形成できるのではとアドバイスをもらいました。

　今後、もし管理職になると当然ながら部下を持ち、おそらくすべての時間を自分のことだけには割けなくなると思います。だからこそ、部下を持

たない一般職である今、比較的自由に使える2年という時間を自分のために使い、MBAを取得することを決意しました。

■ 生の声が聞ける説明会には積極的に参加しよう

　働きながら通うことを前提にしていたので、海外のビジネススクールという選択肢はなく、国内でMBA取得を目指すこととしました。それまではざっくりとMBAについて調べている中で、実務系が強そうなビジネススクール、ケーススタディや学生数が多い私学系、理論に重点を置いている国公立系のような漠然としたイメージ（これらはあくまで当時の私のイメージです）しかありませんでした。

　2年という時間を過ごすのであれば、より高いレベルで学びたいと考え、入試で筆記や面接試験を課すビジネススクールに、選抜を通過した上で通った方がよいのではと思うようになりました。

　ビジネススクールの説明会にはできる限り参加した方がよいと思います。学校の雰囲気を感じるのはもちろん、在学生や卒業生からも話を直接聞けるチャンスですので利用しない手はないです。私もMBA取得を決意してからはできるだけ多くのビジネススクールの説明会に参加するようにしました。見学会に参加すると、志望する人の多さに驚くこともありましたし、希望とは異なるテーマの模擬授業をたまたま受けてみると実はその分野を学ぶのは楽しいといった意外な発見もありました。また、どこのビジネススクールでも、学生の皆さんが共通して「睡眠時間は少なくなるし、大変」「だけど、MBAに通ってよかったと思うし、楽しい」と言うのを聞いて、不思議に思いながらも、私もそうなれるとよいなという妙な（？）憧れを持ったのを覚えています。

　私が首都大学東京（現東京都立大学）大学院経営学研究科経営学専攻経営学プログラム（MBA）〈以下、首都大MBA〉に決めた大きな理由は、学術的な視点から理論を学ぶことができること、そして少人数制のゼミが6分野ほどあるため多様な学生が集まることです。学術的な視点から理論を学ぶことで、これまでの実務という場での視線とは異なる視野を持つことが

できると考えました。加えて、専攻する分野が異なり立ち位置が異なる仲間と一つのテーマを議論することで新たな気づきを得やすくなると思ったのです。

次のポイントは、学校の立地と学費です。授業の内容、学生数なども重要な要素とは思うものの、特に仕事と両立しての通学を検討されている方は職場・自宅からの通いやすさも考慮の一つに入れることが必要になってくると思います。また、国公立の学費は単純に私立と比較すると半額ほどです。今後、学校の授業参加のために残業せず（残業代がなくなる）、定時に終業して通学することを考えると魅力の一つでした。

■ 経営学に関する小論文対策は予備校を活用

首都大MBAの入試では経営学に関する小論文が出題されることまでは分かっていましたので、早速、小論文対策の本（参考書）を購入して独学で始めてみました。というのも理系の私はこれまで数学や物理、化学などの問題に触れる機会は多くあったものの、小論文系の問題を解いたことがなく基礎から勉強する必要があると考えたためです。本に書いてある内容は分かりやすく、ポイントはつかめたものの、いざ本に収録されている問題の解答を書いてみると、自分自身では直すポイントが分かりません。小論文も経営学の基礎も独学で勉強するのには限界があると思い、ビジネススクール受験のための予備校に通うことにしました。

予備校での授業は、小論文の書き方から経営戦略、組織論、現代のトピックといった内容で、オンライン講義を受講し、課題の解答を作成・提出、解説講義を聞き、課題返却と復習、必要に応じて再提出というサイクルを忠実に行いました。さらに、添削で思っていた以上の評価を取れなかった問題は重点的に復習しました。課題がビジネススクールの過去問でしたので、解答を考える過程で経営学の知識も定着していったと思います。

また、講義を通して予備校ならではの受験ノウハウや過去の受験生から提供された各校のデータも合わせた解説など、独学ではとても得られない

受験の貴重な武器を教えてもらったと思います。予備校に通いだした5月の最初の講義で講師の方がおっしゃった「今からでも十分に間に合う」という言葉を信じて、課題に取り組んでいきました。

予備校には勉強以外のメリットもありました。私は通学形式の講義にも参加していたため、受験仲間ができたことです。ビジネススクールの受験は上司には伝えているものの社内でオープンにする話題でもないので、周囲には内緒で勉強を進めていくことになります。同じ悩みや相談ができる友人ができたことで、孤独感を感じずに頑張れたなと思います。

■ 研究計画書が自分だけの当り前になっていないか？

首都大MBAの場合は、試験日程が夜間開講のビジネススクールの中では早く、7月末〜8月頭には研究計画書も含めた願書の締め切りとなるため、少し早めから準備しておく必要があります。

私の場合は5月末から何を書くのかぼんやりとアイディアを出し始めました。最初から「このテーマだ！」と絞ってしまうと修正に時間がかかってしまったり、後からアイディアが出てこなくなる可能性があります。最初のうちは複数、もしくは違う切り口からの話にもできるように用意をしておいた方がよいように思います。

一通りでき上がったら、人に目を通してもらうのがよいと思います。私の場合は予備校のチューターの方や講師の方に相談することはもちろん、予備校の友人とお互いの研究計画書を見せ合って、率直に感想や質問をし合うということをしました。また、分からない言葉や文言は指摘してもらうようにしました。その際に、素直に「何故、そう思ったのか？」という点まで聞いておくことが大切だと思います。自分の中での当たり前が相手（読み手）にとって当たり前の言葉や前提・知識ではないことがあるためです。相手に口頭で説明できないことは文章でも説明できないので、しっかりと言語化しておく必要があります。

また、論文や本についてはGoogle Scholarを使って探し、研究計画書の構成に使えそうなものを読むようにしました。論文を読むと、参考文献が

掲載されているので、まずは一つでも論文を読むことで、次に読むべき論文や本を探しやすくなると思います。この作業と同時並行して、テーマを絞り込みつつ、全体を仕上げては読み直し、意味の通らないところ、つながりの悪い部分の修正をひたすら繰り返しました。自分の書いた研究計画書をあえて1〜2日ほど置くと、少し冷静になって読むことができます。行き詰まった時に、お勧めです。

■ 何度も繰り返した友人たちとの模擬面接

面接対策として、提出した自身の研究計画書を読み返し、想定される質問をまずは手当たり次第に書き出しました。そこから似たような質問や更問をグループ分けし、絞り込んでいきました。質問に対する解答は丸暗記するのではなく、キーワードを重点的に覚えるようにしました。丸暗記ではない方が、当日に自然な回答ができるだろうと考えからです。

実際の面接対策としては、友人と集まってお互いの面接の練習を何度か行いました。初対面の方に面接されるのは就職活動以来でしたので練習から緊張していたように思います。ここでも、回答で分かりにくい点や言葉を分かるようになるまで説明し合ったり、お互いが気になる点をアドバイスし合いました。面接官役をやると面接官の立場で質問を考えることができ、前述の想定問答を考えるのにも役立ったと思います。

■ 緊張しながらも乗り切った試験当日

首都大MBAの試験は面接試験と筆記試験が同日に行われるため、当日の体調管理とともに試験会場には余裕を持って行くのがよいと思います。私の場合は先に面接試験、その後、筆記試験という順番でした。

面接試験では受験時間前に控室に集まった段階で出席を確認されます。その後、試験官が控室まで迎えにきて、番号が読み上げられ、担当の試験官についていくというシステムです。私の面接場所はミーティング用の小さな部屋で、机を挟んでかなり近い距離で3名の試験官から質問を受けました。

問われた内容は、以下の項目でした。

・志望動機

・複数ある大学院の中で何故、首都大MBAなのか。

・研究テーマの説明

・研究テーマにおける仮説

・研究で使用予定のデータの取得可否について

・仕事しながらビジネススクールに通学可能か

　緊張していたためか、研究テーマの仮説について試験官から問われた内容と異なる回答をしてしまい、試験官から仮説のポイントがズレているのではないか？　という突っ込みを受けるなど、胸を張ってうまくいったとはいえない面接だったと思います。反省点としては、最初に結論を答え、理由を述べるという答え方をすればよかったと思います。

　次の筆記試験は、昼食を挟んでの開始だったため、気分転換と脳にエネルギーを与えようと考えて、ひたすら甘いものを食べていた記憶があります。試験会場が開場され、試験開始までこれまでの勉強のノートや解いてきた課題(特に評価が思わしくなかった問題)を見返していました。

　首都大MBAの筆記試験は経営戦略論や組織論、マーケティング、会計学など複数分野からの選択制になっているため、自分の研究分野にこだわらずに解答しやすい問題を選ぶのがよいと思います。

　私はこれまでの勉強から解答できるであろう分野は経営戦略か組織論でした。試験開始と同時にまずは問題を確認しました。経営戦略は確か「戦略的に優位な価格設定をしている事例と理論」「協力関係が非協力になった事例紹介と理論」について問う問題でした。やや難易度が高い問題のように感じられた記憶があります。組織論は「長期雇用と年功賃金が整合する理由とその問題点」「意思伝達において組織構造の違いがもたらすメリット・デメリット」を問う問題でした。組織論の方が解答しやすいと判断し、質問に対して忠実に答えることを意識しながら解答しました。しかし、最後の方で問題文の意味を取り違えていたことに気づき、慌てて修正し、さらには緊張してうまく字が書けないなど、ばたばたしながらもなんとか自

分の答えたい内容は書き上げられたかなという筆記試験でした。予備校における課題やドリルに取り組む中で、組織論についての知識と小論文対策ができていたのを実感しました。

　5月の受験勉強から始まり、9月末の合格発表まで短いながらも濃い数カ月だったと思います。今後、ビジネススクールに通い始めるとさらに濃い時間を過ごすことになるのかなと想像しています。2年後、自分が「大変だったけど、ビジネススクールに通って本当によかった！楽しかった！」と言えるように精進していこうと思います。

〈 **受験のための推薦図書** 〉
・加護野忠男、吉村典久(2012)『1からの経営学』(第2版)碩学舎
・吉岡友治(2013)『大学院・大学編入学 社会人入試の小論文―思考のメソッドのまとめ方』(改訂版)実務教育出版
・野矢茂樹(2017)『大人のための国語ゼミ』山川出版社

タイプ3
総合型

一橋大学大学院 経営管理研究科
研究計画書合格実例①

慶應義塾大学文学部を卒業後、国内大手証券会社に入社し、リテール営業に従事。2020年度一橋大学大学院経営管理研究科経営管理専攻経営分析プログラムに合格。

これまでに経験した職務の内容と実績

これまで従事した職務と学習歴を具体的に記したものを、2,000字程度で作成し、複写して2部提出してください。

　私はこれまで約5年間、大手証券会社である○○○○○○○○○○○○○○○○のリテール営業部門にてファイナンシャルコンサルタントとして営業に従事してきた。当社のリテール営業部門は全国に約140の支店があり人員は約3000人である。業務内容は富裕層の個人のお客様や未上場の事業法人のお客様の新規開拓や、既存のお客様への株式や債券、投資信託といった運用商品の提案や、保有資産の状況の報告、アドバイス等による資産形成のコンサルティング業務である。

　私は初期配属が名古屋で、約2年間地方都市での営業を経験した。1年目は個人、法人問わず専ら新規開拓の業務を行っていた。新規開拓においては開拓件数はもちろんのこと、それ以上に新規のお客様からいくら新規の資産を入れてもらったかという資産導入金額が評価のウェイトを大きく占めていた。私はこの資産導入額において、年間約8億円導入し同期600人の中でトップの成績を収めることが出来た。新規開拓は配属当初、リストの見込み先へひたすら架電をするという方法であったが、リストのデータが古く、また非常に効率が悪い点が大きな課題であった。そこで私は2つの対策を講じた。1つ目は愛知県、特に名古屋の土地柄や歴史を調べ富裕層の多い地域を開拓の対象地域として絞り込んだ。2つ目は医師や法人オーナーなど資産家である可能性が高いと考えられる先を見込み先として絞り、集中的にアプローチを行った。その結果、資産導入額でトップの成績を収めることが出来た。

　名古屋での2年目は上記の新規開拓と並行して営業予算の遂行も行っていた。2年目は新規開拓の実績に加えて、株式や債券、投資信託といった運用商品の販売額も評価の対象になり、私はこの商品販売額においても同期の中でトップの成績を収めることが出来た。2年目の課題は、販売予算

を進捗させながら、同時に時間と労力の掛かる新規開拓活動をいかに両立
させるかが問題であった。そこで私は営業活動計画を毎月綿密に立て、新
規開拓活動にも十分に時間を割くことが出来るようにした。具体的には前
月の内から次の月に向けた見込み先や案件を作り、その案件を元に月の前
半部分に前倒しで営業予算を進捗させ、月の後半は新規開拓活動や、また
次の月の案件作りに時間を割くという内容である。加えて、営業予算が計
画通りに進まない時に備えて、常に数千万円から億単位の販売先の案件や
見込み先を作っておくことも心掛けていた。その結果、営業活動と新規開
拓活動を効率的に両立することができ、2年目の全国販売コンクールで1
位となり表彰を取ることが出来た。

　名古屋での2年間の勤務の後、私は3年目から現在に至るまで渋谷支店
にて勤務している。そして、渋谷支店においても支店内や首都圏エリアで
の商品販売コンクールや保険商品販売コンクール等、複数のコンクールに
おいて入賞を果たすことが出来た。

　しかし、渋谷での業務において私は名古屋では経験しなかった2つの大
きな課題に直面した。1つ目は富裕層ビジネスの難しさである。地方都市
よりも圧倒的に富裕層のお客様が多く、その分営業担当者に求めるレベル
も非常に高いものであった。具体的には金融や経済に関する知識の豊富さ
はもちろんのこと、日々変動する相場の中での的確なタイミングでの提案を
常に求められた。2つ目は競合他社との差別化である。都内は狭い範囲に
競合他社が密集していることから、他社からは無いような提案をしたり、
他社よりもより迅速に情報提供を行うなど他社のサービスや営業員との差
別化を図ることが出来なければお客様の信頼を得ることは出来ず、お取引
頂けない厳しい環境下にあった。こうした課題に直面し異動当初は思う
ような実績を上げることが出来なかった。そこで私は、単なる金融商品の
販売だけではなく、お客様の潜在的なニーズを探るよう努めた。例えば、
個人のお客様であれば相続問題や不動産ニーズ、法人のお客様であれば
M&Aや新規上場、更には事業承継である。私は、こうした資産運用以外
の面でお客様が抱える課題やニーズをヒアリングし、同じグループ内の銀

行と協働したり、本社と連携しセミナーを開催するなどして、その解決にも尽力してきた。このような提案や情報提供は直接的且つ短期間で収益や評価対象にならないことから他社の営業員が手薄になっている部分であった。しかし、上記に挙げたような問題はお客様にとって資産運用以上に重大なものであり、他社に先駆けてその課題解決に努めたことで徐々にお客様の満足度が向上し信頼を得ることが出来るようになっていった。結果、渋谷支店においても複数のコンクールに入賞し、実績を残すことが出来た。

　以上が私が入社時から現在に至るまでの業務内容とその実績である。

将来計画書

これまで行ってきたこと、本研究科で学びたいこと、その進め方、方法、及び修了後の計画等について2,000字程度で作成し、複写して２部提出してください。
①志望動機　②入学後の計画　③修了後の計画

志望動機

　私は約５年間の証券リテール営業を通じて、当社及び対面の大手証券業界のリテール営業部門には２つの大きな課題があると考えている。

　１つ目は、ネット証券の台頭やお客様の高齢化などの外部環境の変化である。高齢化社会において高齢のお客様の割合が非常に高まりつつあり、年齢を重ねるごとに健康状態や判断能力の観点から、ご高齢のお客様から販売収益を上げることは難しくなっていく。そして、相続等でその資産を引き継いだ次世代のお客様は低コストや利便性の高さを理由にネット証券へ資産を移すケースが増加してきており、当社のような大手の対面による商談では相続資産が流出しているという課題に直面している。また、現預金主義が強く、個人投資家の比率が低い我が国では、相続した運用資産を現金化し預貯金に滞留させているケースも多く見られる。こうした理由から運用の資産残高を増やすのが難しくなっている。

　2つ目は上記で述べたような外部環境の変化の中で、依然として高齢者のお客様を対象としたビジネスモデルへの依存度が高いことである。現在、従来のような単なる運用商品の販売金額や手数料をベースとした収益体系から、継続的に入る運用収益をベースとしたストック型に重点を置きつつある。しかし、運用収益を増やすためには運用の資産残高を増やす必要があり、資産残高を大きく増やすためには結局比較的保有資産が多い高齢の富裕層のお客様がアプローチの対象となる。また、直近では資産運用の面だけではなく、相続ビジネスや、M&A、事業承継などの法人ビジネス等にも注力し評価体系にも加わりつつあるが、相続や事業承継問題ではやはり対象となるのは高齢のお客様が多く、各社パイの奪い合いに陥っているのが現状である。

　当社を含め、国内の大手証券会社はこれらの問題に直面しているが、未だに日本の個人資産の半分以上は現預金であり、今後更に国内企業の設備投資や個人の消費の活性化が必要とされる中で、証券会社の対面によるリテール営業の果たす役割は非常に大きいと考えている。そこで私は今後のリテール営業の戦略として、リタイアメント前の40代から60代はもちろんのこと20代から30代の若年層へのアプローチを強化することが肝要であると考える。その理由は2つある。1つ目は早い段階から資産運用を開始することで金融リテラシーが身に付き、投資へのハードルが下がることで運用資産残高の拡大につながるからである。2つ目は、中長期的な運用によりリタイアメント後の資産増加が期待でき、その資産に対する証券会社からの提案の余地が生まれるからである。既に小額投資非課税制度のNISAや投資信託のつみたてプランなど年齢問わず個人投資家を増やすための対策が講じられているが、期待通りの成果が出ていないのが現状だ。私はその主たる原因は大手証券会社にあると考えている。何故なら、1人の営業員が様々な年齢層や所得層のお客様を数百人単位で担当している現状では、どうしても実績に反映されにくい若年層や低中所得者層のお客様へのアプローチ頻度が低下するからである。その対策として年齢層や資産状況に応じてリテール営業部門で取引チャネルや営業部門を細分化するこ

とが有効であると考えている。また各チャネルや部門において評価体系を変えることで従来までアプローチの優先順位が低い、或いは全く対象としていなかった顧客層に対して営業員が能動的にアプローチを行うことが可能となり、営業資産の拡大に繋がると考えている。

　私は今後証券業界において上記のような戦略を考え実行していくにあたって、リテール営業では身に付けることが出来ない、戦略に関する知識や、常に変化する相場環境に適切に対応するための深い思考力が不可欠であると考えビジネススクールを志望するに至った。中でも貴大学院は古典講読等によって深い思考力を培うことに重きを置かれていること。また少人数制の授業において、より密度の高い議論を行うことが出来ることに加えて、一流の教員の方々からきめ細かいサポートをして頂けることで着実に知識を身に付け、且つ能動的に思考する学習環境が整っていることが大変魅力的であると考えている。

　以上が私が貴大学院の経営学修士コースを志望する理由である。

入学後の計画

　私は貴大学院に入学後、１年目はコア科目を履修し、マーケティング論や経営学の基礎を身に付けていきたい。そして２年目は１年目で身に付けた基礎をもとに大手証券のリテールビジネスが抱える問題について研究を深めていきたいと考えている。先に述べたように証券のリテール営業は従来の販売手数料主体のビジネスモデルの行き詰まりから、相続ビジネスや法人ビジネス、更にはIT化や支店の統廃合などを行っているが、未だに収益構造の改善に至っていない。それはビジネスを多様化しても、アプローチ対象がほとんど変わっていないからである。ビジネスの多様化と並行しながら、いかにして年齢や保有資産問わずアプローチ対象を広げ、且つそれを安定的な収益基盤にしていくかを貴大学院で研究し、明らかにしていきたいと考えている。

修了後の計画

貴大学院を修了後、私は再度国内の大手証券会社に就職し、そこで先ず約5年間、営業店の企画や運営を行う部門でリテール部門の経営やマネジメントを経験していきたい。その後約5年間はリテール部門のみならず、法人部門に携わり、法人営業の基礎を学びつつリテール部門との連携を強化していきたいと考える。そして最終的にはリテール部門・法人部門含めた会社全体における国内の戦略や、国内証券が遅れているとされている海外戦略の策定に関わる部門にて、証券会社全体の戦略や経営に携わっていきたいと考えている。

> **コメント**
>
> 　一橋大学をはじめ、ビジネススクールが注目しているのは、これまでの実務を通じて出願者がどのような問題意識を持っているかということです。研究計画書作成にあたっては、ご自身の問題意識をいかに構造化し、読み手に分かりやすく伝えるかがポイントとなります。I・Sさんの研究計画書はこのポイントを押さえた構成に仕上がっています。証券業界におけるリテール営業に関する課題について、その実務に関わっていない方にも理解を促すことができています。それゆえ、提示した問題解決に取り組むべくビジネススクールで学びたいという志望動機に直結できています。
>
> 　改善点を取り上げるとすれば、項目ごとのバランスが挙げられます。ご自身の背景を踏まえた問題意識や目的を説明するのに、志望動機に字数を割くことはやむを得ません。とはいえ、入学後、および修了後の計画を説明する上で重要なポイントを書きもらさないよう、一定の字数は確保しておきましょう。

一橋大学大学院 経営管理研究科

研究計画書合格実例②

早稲田大学教育学部卒業後、外資系コンサルティング会社に入社。その後、外資系メーカーのマーケティング・事業企画職を経て、医療系コンサルティング会社で新規事業開発に従事。2020年度一橋大学大学院経営管理研究科経営管理専攻経営管理プログラムに合格。

将来計画書

これまで行ってきたこと、本研究科で学びたいこと、その進め方、方法、及び修了後の計画等について2,000字程度で作成し、複写して2部提出してください。
①志望動機　②入学後の計画　③修了後の計画

学習題目

患者の生活の質（QOL）向上を支援する事業開発

志望動機

　貴研究科を通じて、医療を軸とした事業創造に必要な幅広い理論を身につけ、事業実現に向けた人脈構築を進めていきたいと考えている。

　昨今、多くの製薬企業は薬剤販売だけでなく患者の生活の質（QOL）向上に関する取り組みを始めており、私は社長直轄で本取り組みを支援する事業開発を行っている。医療現場の負荷が高いことが原因で患者への継続的なケアや啓発が行き届かず、前向きに病気と向き合いながら生活を送ることができていない患者が多くいる。そのようなQOLが低下した患者は治療を中断する傾向にあるため、本事業が求められている。

　本事業の開発を進めている中で、同様の事業を開発中の他社との優位性をどう生み出すかの検討がうまくいかず、難しさを感じている。少子高齢化や人口減が進む日本の医療に対して、より大きな貢献ができる事業を創り出すためには、現在の自分の知識や限られた人脈では足りないと考えるようになった。そのため、事業創造に必要な競争戦略を中心としたビジネス全般の理論の習得と事業実現に向けた人脈構築を進めるべく、ビジネススクールへの進学を決意した。

　私が貴研究科を志望した理由は2点ある。

　第1に、少人数制の利点を活かしたカリキュラムがあることである。

ワークショップでの様々な分野・業種の仲間や先生方との濃密な相互作用によって得られる多様な視点は、事業創造のアイディア発掘につながると考える。また、少人数制ならではの先生方からの懇切丁寧なフィードバックは、経営理論を深く理解することの大きな支えになると考える。第2に、貴研究科のミッション・ステイトメントである「論語と算盤を両立できるキャプテンズ・オブ・インダストリーを育成する」ことに強く共感していることである。私は社会課題の解決に寄与する事業創造を目指しているため、本精神を伝統として持つ貴研究科で学ぶことは非常に有意義と感じている。以上より、貴研究科を志望する。

入学後の計画

入学後、幅広い経営理論を習得した上で、「患者の生活の質（QOL）向上を支援する事業開発」をテーマに研究を進めることを考えている。そのため、1年次から本テーマを意識して、理論と現実の往復運動による学習を進め、2年次のワークショップを通して探求していきたい。そして、本研究内容を現在行っている事業開発に積極的に生かしていくことを考えている。

現在、開発中の患者サポートプログラムは、弊社の看護師社員と患者との定期的な対話を通して、患者個人の状況に合わせて治療の管理方法等の情報提供や相談を受けることで、患者のQOLと治療継続率の向上を目指している。治療継続率の向上は薬剤売上に大きな貢献となるため、本サービスは製薬企業から多くの引き合いがある。しかし、本サービスの質は、患者へ情報を提供する看護師社員の能力に大きく依存するため、競合他社と実績のある看護師社員の奪い合いになる可能性があるという課題がある。そのため、看護師社員の能力に依存しない優位性を引き出す仕組みを創る必要がある。

仮説として、本サービスの一環で患者やそのご家族間での交流や情報交換ができる場を提供することが、サービスの優位性を引き出す解決策と考える。患者間で苦しみを共有することで、気持ちの軽減や治療に関する知

識が得られる可能性がある。そのため、そのような場となるSNSを提供することで更なるQOL向上に繋がり、他社との間に優位性を築くことができると考える。また、本SNSに蓄積するデータの分析によって多様な患者ニーズを発掘できれば、患者のQOLを向上する新たな価値材料となり、更なる収益源になりうる。本内容を研究テーマとし、ワークショップを通して仮説の検証および実行に向けた準備を進めていきたい。

修了後の計画

　貴研究科卒業後のキャリア計画は、潜在的な看護師が無理なく医療を支援する場を提供し、医療現場の負荷軽減に貢献する事業を開発することである。

　厚生労働省によると、医療現場から離れた潜在的な看護師が約71万名いると言われる。結婚や出産に伴う生活の変化等によって医療現場から離れ、看護師資格を有効活用できていない。そのような方々が普段の生活に無理のない範囲でSNS等を通して患者と交流し、患者へのケアや啓発を一部支援する仕掛けを事業として創り出すことで、医療現場の負荷軽減に寄与できると考える。これまでの経営コンサルタントや事業企画などの実務経験で得た能力をベースに、卒業後も貴研究科で身につける深い思考力によって継続して幅広い知識や能力を高めていき、社会に貢献する事業創造を行っていくことを考えている。現職でそういった実績を積み上げていくことで、本キャリアゴールを達成していきたい。

以　上

コメント

　書き手、および勤務先がどのような課題を抱えているか、企業内外の状況を示し、課題で解決すべき論点を明らかにした上で、なぜビジネススクールへの進学を検討したのかを説明する。K・Iさんの研究計画書は、志望動機を説明するお手本といえる仕上がりとなっています。また、文中にキーワード、すなわち自身の考えをまとめる上で重要な位置づけにある言

葉を繰り返すことで読み手にその重要性を伝えることに成功しています。ここでは、「患者の生活の質（QOL）」が該当します。もちろん、言葉の定義を明確に示すことは必須で、今回もそれができているからこそ、ビジネススクールへの進学理由を示すポイントとしての役割を果たしています。

　改善ポイントとして、志望動機のうち、ビジネススクール選択にあたりどこに注目したのかを示すことが挙げられます。志望するポイントの2つ目で、一橋大学のミッション・ステートメントが示されているものの、ご自身の意思との関わりが見えにくく、選択したポイントとしては弱いものになっています。各校のミッションや理念は、ビジネススクール側が自身の特徴を示す上では効果的ですが、出願者の志望動機にはつながりにくいことが多いです。研究や学習を進めるにあたりどのような環境が適していると考えたのかを説明すると、説得力が増すといえるでしょう。

一橋大学大学院 経営管理研究科

研究計画書合格実例③

大学の文化政策学部を卒業後、ITコンサルタントを経て現在は事業会社にてデザイナーとして勤務。2020年度一橋大学大学院経営管理研究科経営管理専攻経営管理プログラムに合格。

将来計画書

これまで行ってきたこと、本研究科で学びたいこと、その進め方、方法、及び修了後の計画等について2,000字程度で作成し、複写して2部提出してください。
①志望動機　②入学後の計画　③修了後の計画

志望動機

　私が貴大学院を志望する理由は、経営に近いポジションに就き、企業の課題を解決するための思考力と広い視野を身につけたいと考えているからである。

　私は現在デザイナーとしてデザイン改善業務に携わっている。具体的には、Webサービスやスマートフォンのアプリケーションソフトにおいて、情報を再設計して操作性を向上させたり見た目の印象を変えたりすることによって、サービスの課題を解決し、利用者の満足度やサービスの価値の向上させる業務である。近年注目度が高まっている分野であり、実際にそうした案件は増えている。

　例えば、○○○会社である○○社の入居者用アプリの改修案件では、情報の見せ方や見た目の印象を改善した結果、アプリの登録者数は13%から43%に増加し、アプリの評価レビューでは5段階評価で4.3を達成した。

　しかし、アプリという特定のサービスで数字上の改善が見られても、本質的な企業価値の向上にはつながっていない。なぜなら、○○社の業界シェア率は変わっておらず顧客の流出化も防げていないからだ。これは○○社に限った話ではなく、多くの企業で見られる傾向である。

　このような実務経験の中で大きな課題だと感じていることは、多くのデザイナーが行うデザイン改善は特定の製品やサービスといった限定的な範囲であり、その企業が提供する全ての顧客体験に一貫性がないことである。デザイナーの業務範囲が限定的であるために、明確なデザインルー

ルや共通の目的意識が存在しない場当たり的なデザインが増えていく。しかし、企業が提供する製品やサービスにおいて使い勝手や方針に差があると、その製品やサービスに何度触れても企業の思いを正確に顧客に届けることにはつながらず、製品やサービスの機能以上の付加価値は生まれにくくなる。その一方で、一貫性のある企業の思いを届けることは、サービスや製品の機能といった物質的な豊かさのみに留まらず、企業への愛着や好意、共感といった心理的な豊かさにつながりやすい。そうした心理的な豊かさは、顧客と企業の結びつきを強固にする独自性のある付加価値となる。このような付加価値を作り出すためには、部門や職種を越えて全社員が共通の価値観のもとで一貫性のある行動をすることが求められる。その価値観の根拠を明らかにするために、物事の本質を正確に捉え課題を解決するという本来の意味でのデザインが活用できると考えている。

　アップルやポルシェなどでは一貫性のある顧客体験を可能にする取り組みがされており、デザインマネジメントと呼ばれている。デザインマネジメントを実現するためには、感性や創造性につながる特性を持つデザインを企業戦略として考え、そうした考え方を企業文化として浸透させていくことが重要であるため、企業の意思決定を担う経営層の理解が欠かせない。経営層の理解を得てデザインに基づく考え方を企業に浸透させるためには、デザイナーであっても経営層と対等に議論できる経営学の知識や広い視野、それを土台にした思考力や分析力を持つ必要があると考えており、ビジネススクールへの進学を決意した。

　その中で貴大学院を強く志望している理由は2点ある。

　一つ目は経営学の知識を幅広く習得し問題解決における応用力を身につけられる点である。実務では不確実な状況での判断が必要になる場合が多く、そのような状況において将来を見通す推論力は不可欠になる。その推論力は経営学の基礎的な知識や視点をベースに、より高度な思考力によって実現できるものであり、貴大学院のワークショップとケースディスカッションは実践的に応用力を身につけるために最適であると考えている。

　二つ目は、学習環境である。多様なバックグラウンドを持つ方々と対等

に議論できる環境と、より能動的に演習に取り組み適切なフィードバックを得られる少人数制は、自身のリーダーシップ性を磨き、企業の経営層と本音で議論するための訓練につながる。将来的に社内外問わず経営の中核に入りデザインマネジメントを実践したい私にとって、こうした訓練は実りの多い経験になると考えている。以上の2点から、私は貴大学院を第一志望としている。

入学後の計画

入学後、1年次は経営学を体系的に学び、基礎的な分析力と多角的な視野を身につけたい。2年次では、スモールビジネスにおけるブランド戦略をテーマに、戦略論に重点をおいて研究したいと考えている。日本国内でもキョーワナスタや鳴海製陶といった大手企業でデザインマネジメントが実践された事例はあるが、デザインマネジメントはスモールビジネスでこそ大きな成果を得られる可能性が高い。なぜなら、ブランド戦略による社会知名度の向上や市場優位性の確保は企業価値の向上につながり、それは経営資源の不足が課題となるスモールビジネスにおいて、人材の確保や価格競争からの脱却などの効果を期待できると考えられるからである。研究によってそれを明らかにしたい。

修了後の計画

卒業後は、CDO（最高デザイン責任者）として経営に近いポジションに就き、まずは5年を目処に自社の企業価値を向上させて○○を達成、さらに現在のクライアント企業での市場シェア率の向上を目指したい。その後、新規でクライアントを獲得しスモールビジネスも対象にデザインマネジメントを実践しながら、デザイン組織や後進の育成も進めたいと考えている。それにより硬直化した国内企業を革新し、成長を続ける海外企業とも競い合える日本企業を増やすことが私の目標である。

コメント

　ビジネススクールを受験するにあたり、ビジネススクールで学ぶ目的を現在の業務内容に沿って説明できるかが重要なポイントとなります。デザイナーという職業経験を経て、なぜビジネスに関する学びを求めるようになったのか。これが、ビジネススクールの教授陣が最も注目する論点です。

　S・Mさんの研究計画書は、その論点を答えていく上で非常に整理されたものと評価できます。デザイナーとして製品やサービスを提供するためにどのような役割を果たすべきか、問題意識がよく整理されています。その目標として掲げる「デザインマネジメント」について、アップルやポルシェといった事例を丁寧に調べ、イメージを具体化することにより、読み手の理解を深めることに成功できています。

　課題があるとすれば、「物質的な豊かさ」や「心理的な豊かさ」など読み手の解釈に幅がある表現が散見されることでしょうか。「豊か」といった形容詞表現は読み手のイメージに委ねられるため、解釈のずれが生じるリスクがあります。研究計画書で誤読を防ぐ上で表現の幅は考慮に入れておきましょう。もっとも、すべてを文章で表現するのは大変難しいです。合格体験記では、面接試験でこのあたりを上手に説明したことで面接官の納得が得られたことが書かれています。このように研究計画書で説明しきれないことを面接試験で補うことも有効な手段といえます。当然、ご自身の中で明確な目的意識を持っていることが前提となることはいうまでもありません。ここも合格体験記に書かれていますので、ぜひご参考ください。

一橋大学大学院 経営管理研究科

研究計画書合格実例④

上海対外経貿大学国際経済貿易学部を卒業後、邦銀メガバンクの上海支店に入行。その後、欧米系銀行、リース会社を経て2017年来日し、中国系都市銀行の東京支店に入行。2020年度一橋大学大学院経営管理研究科経営管理専攻経営分析プログラムに合格。

将来計画書

これまで行ってきたこと、本研究科で学びたいこと、その進め方、方法、及び修了後の計画等について2,000字程度で作成し、複写して 2 部提出してください。
①志望動機　②入学後の計画　③修了後の計画

学習題目

中国系銀行における海外進出の動機および進出先選定基準に対する考査

志望動機

　大学を卒業以来、私が一貫して金融機関で営業職を担当してきた。どの金融機関も本国から現地に進出してきた現地における外資系の企業だった。とりわけ最近まで勤めていた中国銀行は高い海外志向を標榜しており、現在57ヶ国・地域で拠点を有し、中国系銀行首位の資産海外比率（26%、2017年時点、以下同じ）と純利益海外比率（36.3%）を誇る。この背景には、世界最大規模の総資産と営業収益を有する中国系最大手銀行である工商銀行との中国国内での直接競争を回避する意図があった。中国銀行は近年も早いペースで海外進出を推進しており、ペルー、ブルネイ、タンザニア（2017年）、メキシコ（2018年）とインド（2019年）に次々と進出を果たしている。しかし、中国銀行が上記諸国との関連性が非常に薄いように見える。また、日本ではメインバンク制の慣行があり、顧客ロイヤリティが高いにも関わらず、中国系大手銀行 5 行（工商銀行、農業銀行、建設銀行、中国銀行、交通銀行）が全部東京へ進出している。事実、現地業務の開拓が思うように進まず低金利政策の煽りもあり収益性がよくない。このように、海外進出の動機と進出先の選定基準に私は疑問を持った。この究明は、より合理的な海外進出戦略に繋げ、銀行全体の収益性改善に寄与できると思った。しかし 8 年の実務経験を積んだ一方、大学の教授方から教わった

経営学の知識が曖昧となっていた。そこで私は体系的な経営理論の再教育と深いレベルの論理的思考能力を求め、大学院進学を考え始めた。

　貴大学院を志望する理由としては、「理論と現実の往復運動」と少人数教育を堅持する姿勢に深く惹かれたからである。日本におけるビジネス教育の先駆である貴大学院で濃密な少人数フルタイムコースを履修することは非常に魅力的である。対話を重視する少人数教育では、より踏み込んだ意見交流を期待できる。異なるバックグラウンドの人間が集まり、お互いの知識と経験を共有しつつ、現実の案例を議論することによって理論知識の早期定着ができる。日本語集中講義でも少人数教育の利点を活かされ、担当教員によるきめ細やかな添削と指導を受けられ、ノンネイティブの欠点である日本語の理解・再構成・伝える能力をしっかりと養い、私が求めた深いレベルの論理的思考能力を身に付けることを期待できる。

　以上が、私が貴大学院を志望する理由である。

入学後の計画

　1年目では、経営戦略・マーケティングといったコア科目でもう一度経営学の素養を深め、知識の再定着を図る。これと並行して、留学生プログラム特有の日本語学習科目を履修することで、経営学の学習に欠かせない文書の読解力と書く力を鍛え上げる。加えて、私の仕事内容と学習題目と深く関係するみずほ証券寄付講義の「金融リスクマネジメントの理論と実務」を受講することで営業職とは別角度で金融リスクを検証し自分の知見を広めたい。2年目では、1年目で学んだものを活かしプログラムの集大成となるワークショップに取り組み、自分が設定した課題の解明に挑みたいと考えている。

　「Marketing Management」（コトラー＆ケラー, 2005）では、企業が国際化を目指す理由について①海外市場が国内市場よりもより高い利潤機会がある場合、②規模の経済性を達成するためにより大きな顧客ベースを必要とする場合、③一つの市場に対する依存性を削減したい場合、④グローバル企業が提供するより良い製品もしくは低価格の商品が国内市場に着手す

る場合、⑤顧客が海外に移り、国際的なサービスが必要となる場合としている。しかし、多くの実務では五つの要因が揃わず、相互に影響する。前述の日本を一例として挙げると、メインバンクの慣行により現地銀行の先行者優位を揺るがすのが困難である。また、低金利政策が原因で利幅が中国よりも小さく、要因①が満たされにくい。一方、多くの中国系企業がすでに日本へ進出しており、要因⑤が示唆したように中国系銀行も追従する形で日本への進出を果たしている。一つの要因がどこまで強めれば、他の要因を無視できるか、意思決定の過程における五つの要因のウェイトが不明瞭である。

そこで私は、すでに海外進出が進んでいる中国系銀行を対象にし、今まで蓄積した人脈を活用してインタビュー、アンケートなどを実施し、中国系銀行の動機と進出先の選定基準を究明するとともに各要因のウェイトを明確化、並びに中国系銀行特有の新たな要因を特定できるよう研究と検証を進みたい。

修了後の計画

貴研究科修了後は、グローバル進出を志向する多国籍銀行に入りたい。大学院での成果を活かし、海外戦略企画などの部署に行き研究課題の結果を応用・検証したい。その後はキャリアを積み上げながら、自分自身の語学力とグローバル背景を活かして、銀行の海外拠点の新設、海外拠点への現地赴任など銀行のグローバル化に積極的に参画したい。これにより、最終的には銀行の業績改善並びに現地企業・経済の活性化に寄与していくことを展望している。

コメント

本ケースの執筆者は、外国人特別選抜に出願しています。筆記試験の有無など一般選抜との違いはあるものの、書く練習を欠くことはできません。志望者にとって日本語はまさに外国語となるので、文章を書く枠組みをしっかりと理解して取り組むことが重要となります。真摯に練習を積み重

ねた成果が表れた内容となっているので、外国人特別選抜への出願を検討されている方は、合格体験記と合わせてお読みいただければと思います。

　将来計画書の内容は、ご自身がキャリアを積み上げた金融機関に関する関心が伝わる構成になっています。さらにブラッシュアップできるとすれば、個別列挙したことでかえって読みにくくなっている箇所がいくつかあることです。どこに関心を持っているか、参考文献で取り上げているポイントなどを絞り、要点を明確に示すと読みやすくなるといえるでしょう。

一橋大学大学院 経営管理研究科

研究計画書合格実例⑤

法学部を卒業後、総合商社に入社。2020年度一橋大学大学院経営管理研究科経営管理専攻経営管理プログラムに合格。

将来計画書

これまで行ってきたこと、本研究科で学びたいこと、その進め方、方法、及び修了後の計画等について2,000字程度で作成し、複写して２部提出してください。

①志望動機　②入学後の計画　③修了後の計画

学習題目

日系総合商社の石油・ガスビジネスにおいて今採るべき事業戦略は何か

志望動機

　私が貴プログラムを志望する理由は主に以下の二つになる。

　一つは、経営に関わるアカデミックな知見を身に付けることによって、実務を通じて得た経験・知識の捉え直し、または両者の掛け合わせによる昇華を図りたいと考えたからである。私は○○○○○○に入社以来、エネルギー部門内で間接部門や米国の○○子会社出向、営業部門とキャリアを積むことで、業界固有の経験や知識は蓄積して来ているし、今後も積み上げて行けるものと感じている。しかし、どうしても実務経験を通じて得られるものまでに知識の偏りが生じており、既存実務の延長線上に留まらず、変化の激しい時代に対峙し成果を上げていくには、企業経営に関する普遍的・体系的理解を通して自らの視野を広げる必要があるのではないか、という危機感をここ数年抱くようになった。そこで会社の外で広く学習、また研究を行うことによって、今まで培ったものを捉え直しつつも、知の掛け合わせによる昇華に繋げられれば、と考えているものである。

　この上で、数あるMBAの中で貴プログラムを志望する理由になるが、「理論と現実の往復運動」を掲げる貴プログラムに身を置き、普遍的・体系的な経営学理論の学習・研究と、それの現実における実践というサイクルを繰り返すことで、アカデミックな知識と、それを実務に応用出来る能力

の双方を身に付けたいと考えていることが挙げられる。そうやって培った知識・能力が、先に挙げた学習題目を「題目」に終わらせず「実行」へと落とし込んで行くこと、また理論を適切に使って実務上の課題を解決して行くことに繋がると捉えており、そのためにもケースメソッドや選択科目がメインになるプログラムで個別事象・項目から学ぼうとするよりも、核となる知識・理論の普遍的・体系的な習得を行いつつ、実務上の具体的な課題に向き合うというアプローチを取りたいと考えている。

入学後の計画

入学後一年目は、先ずはコア科目、導入・基礎ワークショップを通じて、上記の通り核となる知識・理論を体系的に習得することに注力したい。その上で、二年目に学習題目として挙げた「日系総合商社の石油・ガスビジネスにおいて今採るべき事業戦略は何か」ということに関する学習・研究をワークショップにおいて進め、最終的なレポートを仕上げられればと考える。

私は新卒より勤務している○○○○○○において、○○○○○○○一貫してエネルギー本部に所属している。弊社含め日系総合商社におけるエネルギー分野におけるビジネスは、日本向けの資源輸入貿易仲介に起源を持ち、発展して炭鉱・開発・生産といった上流権益へとマイノリティ出資で参入し、2000年代以降は資源価格高騰の追い風がありそういった権益投資が大きな収益を上げる、という歴史を辿ってきた。私の入社翌年の2008年7月には原油の国際価格指標であるWTIが145.29ドル／バレルを付け、その後リーマン・ショックによる大幅下落はあったものの、総じて原油価格は高い水準で推移している。それ故に、日系総合商社における石油・ガスビジネスにおける上流権益投資は、近年極めて高い収益・キャッシュフローを達成・維持し、「商社夏の時代」とも言われる好業績期における大きな柱を担っている。

しかし、原油価格が長期にわたって高水準で推移していることを背景に、近年はエクソンモービル・シェルなどの国際石油・ガスメジャーによる

寡占化の進展、また主要産油・産ガス国における国営石油・ガス会社の一層の成長が見られ、相対的に企業規模、または技術力で見劣りする日系総合商社の石油・ガス業界内の競争力は低下していると言わざるを得ない。そのような状況下、今どのような戦略を採り、どの分野に注力することによって今後の収益・キャッシュフローの創出に繋げるのか、というのは弊社はじめ各社の喫緊の課題となっている。

　就いては、貴プログラムに入学が叶った暁には「日系総合商社の石油・ガスビジネスにおいて今採るべき事業戦略は何か」という学習題目を設定し、それに取り組んで行きたい。

修了後の計画

　学習題目に従ったワークショップレポートを通じ、取り組むべき事業戦略、またそれに沿う注力分野が見出せた場合、現在の勤務先において先ずはその具体的な分野に取り組めるような担当者・プレイヤーとして、マーケティング・ファイナンス・会計といった貴プログラムで学んだ普遍的・体系的な理論も活かしながら業務に当たりたい。そちらで戦略遂行へ数年間従事している間に、またその時期に適した違った事業戦略を採る・注力分野を持つことが求められている可能性が考えられるため、そのタイミングで弊社エネルギー部門全体の経営を担うような部署に異動し、貴プログラムで身に付けた経営戦略への理解を土台としつつ、戦略立案・分野策定に関わって行きたく思っている。ひいては、そのような部署において管理職・マネージャーとして、責任と権限を持ってエネルギー部門の経営へと携わって行ければと考える。

コメント

　読み手にとって、非常に思慮深い印象が持てる文章に仕上がっています。「入学後の計画」において、勤務先のエネルギー部門がどのような課題に直面し、何を一橋大学で取り組みたいのか、論点が明確に絞られていることが、読み手の関心を高める決め手になったといえるでしょう。

　より読みやすい研究計画書に仕上げるとすれば、「入学後の計画」に書かれている業界の動向など事業の背景について、「志望動機」のはじめに書く方がよいと考えられます。一橋大学では、将来計画書のほかに経歴書の提出が求められており、それを読めば書き手のバックグラウンドを把握することはできます。しかし、できれば将来計画書の冒頭でおおよその背景が分かるように書くと、志望動機の時点で業界の動向をイメージしながら読み進めることができるため、「普遍的・体系的な経営学理論」を求める理由がつかみやすくなります。

　一橋大学の将来計画書は字数が2,000字と決して多くはないため、どこで何を説明するかを検討するだけでも、読み手に対する伝わりやすさが変わります。どの項目で何を説明すればより読みやすい文章となるか、皆さんも注意深く見直しましょう。

一橋大学大学院 経営管理研究科

研究計画書合格実例⑥

早稲田大学基幹理工学部を卒業後、大手IT企業に入社。2020年度一橋大学大学院経営管理研究科経営管理専攻経営分析プログラムに合格。

将来計画書

これまで行ってきたこと、本研究科で学びたいこと、その進め方、方法、及び修了後の計画等について2,000字程度で作成し、複写して２部提出してください。

①志望動機　②入学後の計画　③修了後の計画

学習題目

　業務満足度と生産性の相関関係・因果関係と両者を同時に高める要因の特定

志望動機

　私が貴院を志望する理由は、業務満足度と生産性を両立できる職場環境を実現する役割を担える人材になりたいと思い、そのために経営学全般に渡る理解と深い思考力が必要だと考えたからである。

　株式会社○○に入社後、２つの出来事を通じて問題意識を持つようになった。

　第一にインド人との共同開発である。弊部署では弊社社員の指示に従い開発にのみ特化するエンジニアをインドから迎え入れている。これは、マネジメントや顧客折衝に長ける弊社社員との役割を明確に分担する事で生産性を高めるためである。しかし、彼らの杜撰な開発により手戻りの発生が頻発していた。そんな中、彼らが来日に対する期待と現実の日本での業務とのギャップに不満を抱いていることが明らかになった。そこで、彼らに他業務に渡る裁量を持たせた結果、担当業務の境界が曖昧になったにも関わらず新ツールの導入や残業時間・バグの減少など生産性が向上した。このような生産性向上を狙った分担や配置が却って業務満足と生産性を制限してしまっている事例は他社、他部署にもあるのではないかと考えるようになった。

第二に会社の優秀な先輩方が立て続けに業務への不満により離職したり鬱病になるのを目の当たりにしたことである。弊社の強みとして13.8%という高い売上高営業利益率が挙げられるが、弊部社員の業務満足度は仕事の楽しさを表すToMo指数が-1.5と低く、経営が従業員の真摯さに依存しているのではないかという疑念が生じた。生産性向上を謳った配置・教育の果てに優秀な従業員が流出しているため、長期的に見ると生産性は上がっておらず、業務満足度との両立が必要なのではないかと考えるようになった。

同時に、人生の中心となる職場で苦しむ人の表情を見たくないという想いや、一人でも多くの人が業務満足度の高い状態でいられる社会を実現したいと願うようになった。この点においても生産性を同時に高める必要があると考える。なぜなら、今後の人口減少や働き方改革によりわが国の投下労働量は低下していき、その中で社会全体の生産量を維持・向上していくことは日本の急務であるからである。

業務満足と生産性を両立できる職場環境を実現する役割を担える人材になるには、業務満足度と生産性の相関の程度や因果関係の有無、両者を同時に高める要因を正しく把握することが必要だと考えた。また、組織や人的資源管理だけでなく企業活動全般への深く正しい理解も不可欠と考えた。実際に経営学を独学し、多く経営課題が複数分野に跨っていることを実感したからである。基礎の体系学習と専門テーマの深掘りは、ビジネススクールでありながら新卒・第二新卒も対象とし基礎理論の体系も重視する方針を掲げる貴院であれば効果的に実現できると考えた。また、在校生や卒業生に話を伺う中で学友の多様性や優秀さも魅力に感じた。

入学後の計画

一年次ではコア科目の徹底的な予復習や授業での積極的な発言を通じて経営学全般の知識を身に付ける。その際にはフルタイムという環境を活かし、課題に対し妥協することなく徹底的に考え抜く姿勢を身に付け、理論や定石を実践に反映できる水準で習得する。また、先に述べた社会が実現

するには企業が生産性や業務満足の向上に努めるだけでなく、我々個人が主体的にキャリアを創発する必要もあると考えている。その手法を身に付け伝達できるようになるために、就職活動が本格化する前のこの段階で夏季休業などを使い国家資格キャリアコンサルタントの合格を目指す。

　二年次ではワークショップで経営を選択する。業務満足度や生産性それ自体を高める議論は経営学の中でも特に古典的な議論である。たとえばハーズバーグの理論やテイラーシステムなどである。私はワークショップを通じて業務満足と生産性の相関の強さ、職務満足と生産性の双方に寄与する要因およびそれを企業内で高める方法を明らかにしたい。その際には学部時代以前の学習で身に付けた基礎的な実験計画法や統計学のスキルに加え、貪欲な姿勢で必要な調査研究手法を吸収しワークショップに活かしていきたい。

修了後の計画

　貴院で身に付けた知見を活かす舞台として、民間のシンクタンクを考えている。その中で人材に関する社会課題の解決を目指すプロジェクトに携わることで、広く企業や社会に対し業務満足度の重要性や生産性を高める組織・制度・政策について提言していきたい。こうした企業では、入社直後から当該部門に配属されるとは限らないが、貴院で身に付ける深く考える力や体系立った経営学への理解はどのような部門であれ活かせると考えている。また、企業の人事職としての就職も視野に入れている。企業や業界を超えた課題解決はできないが、ひとつの企業内における人材の問題に深く携わることで外部からコンサルティングなどを行うだけでは得られない知見が得られると考えている。

　そして5年ほど日本企業の労働生産性や業務満足度に関する課題解決の経験を積んだ後に、活動の場を国外へと広げていきたい。業務満足度が低いという課題を抱えている国は日本以外にも多く存在していることが様々な調査を通じて明らかにされているからである。一人でも多くの人が業務満足度の高い社会を実現するという理想のために、国境を越えて人材事業

を行う企業でコンサルティングを行うことなどを考えている。

> **コメント**
>
> 　今回のケースで特筆すべき点は、読み手がスムーズに内容を理解できる構成に仕上がっていることです。段落のはじめに自身の主張を述べること、すなわちトピック・センテンスを整えておくと、読み手はここを読むだけで概要を知ることができます。その意味でも、段落の構成に悩まれている方はぜひ参考にしてほしいケースといえます。
>
> 　ブラッシュアップできるポイントとしては、説明部分で読み手にどこまで情報を提供できるかということです。売上高営業利益率の数値を勤務先の強みとして取り上げています。ここを業界平均などと合わせて説明することで説得力が増します。対比として、読み手の理解がどこまであるか不明瞭なToMo指数について、簡潔に説明を添えているところに注目してください。これも基準となる指標、例えば全体平均などを比較として数値を示すと、読み手に低さの程度が伝わりやすくなります。

一橋大学大学院 経営管理研究科

合格体験記①

慶應義塾大学文学部を卒業後、国内大手証券会社に入社し、リテール営業に従事。2020年度一橋大学大学院経営管理研究科経営管理専攻経営分析プログラムに合格。

■ 自ら学び、証券リテール部門の問題解決に尽力したい

　私がビジネススクールへの進学を志した理由は、私が従事していた対面による証券リテール部門が直面する課題や、各大手証券会社の事業戦略に関する問題を解決したいと考えたからです。

　私は大学卒業後約5年間、国内の大手証券会社において個人の富裕層や非上場会社のお客様を対象としたリテール営業に従事していました。しかし、近年手数料の安いネット証券の台頭や顧客の高齢化などにより、運用商品の販売手数料を利益の主体とした従来型のビジネスモデルでは収益が上がらなくなり、収益構造の変革が求められるようになりました。私が勤めていた会社も含め各大手証券会社は、販売手数料よりも預かり資産残高を増やすことに重点を置くようになりましが、依然として高齢の富裕層のお客様に依存したビジネスモデルから脱却できておらず、各社リテール営業部門の収益の低下が続いています。こうした現状に対し、私は年齢層や資産状況に応じて営業部門を細分化し、20〜30代、40〜50代といった年齢層のお客様の囲い込みや運用資産残高の増加に注力するべきだと考えるようになりました。しかしながら、普段の業務において戦略や経営学全般に関して学ぶ機会は全くといっていいほどなかったため、自ら学び、問題の解決に尽力したいと考えビジネススクールへの進学を志望するようになりました。中でも、一橋大学大学院経営管理研究科経営管理専攻経営分析プログラム（以下、HUB）を志望した理由は少人数制の授業により、他校の授業と比較してアウトプットの機会が非常に多く、教員の方々から非常にきめ細かくサポートしていただける機会に恵まれていたからです。

■ 研究計画書で自分の問題意識や考えを伝えよう

　HUBの出願書類では、①これまでの業務内容、実績、課題解決に関してと、②志望動機、入学後の計画、修了後の計画をそれぞれ約2000字で作成することが求められました。

まず、①の職務履歴に関して気をつけた点は３点あります。１点目は業界の専門用語を使わず、分かりやすい表現を用いること。２点目は実績においてなるべく実際の数字で表記すること。３点目は業務上直面した問題に対してどのように考え、どう対策し、結果どうであったかを具体的に書くことです。

続いて②の研究計画書に関しては、入学後や修了後の計画はさることながら、現在の職務に関して自分がどのような問題意識を持っており、それに対してどのような解決策を考えているのか、そしてその解決策を実行するためになぜビジネススクールでの学びが必要なのかに関してとにかく注力して書くようにしました。なぜなら、HUBの説明会や、実際の面接でもそうでしたが、教員の方々は受験生がどのような問題意識や考えを持っているのかを重視されているように感じたからです。そのため、みなさんも自分が働く業界や職務内容をよく知ってもらうためにも業界用語などを使うことは避けた方がいいと思います。私の場合、ビジネススクール受験のための予備校での添削に加えて家族に読んでもらい、仕事の内容が伝わるかチェックしてもらうようにしていました。また、現在の職務に対してどれくらい真剣に向き合っているかということも大変重要になってくるため、単なる職務履歴ではなく、実績や課題解決に関してはなるべく具体的に内容を盛り込むことが大切です。そうでなければ、業務内での問題意識やビジネススクールで学ぶ必要性への一貫性が失われてしまうからです。教員の方々は事前に研究計画書を読み込んでから面接をされるため、研究計画書は時間をたっぷりかけて、自分の考えや熱意が十分に伝わるように作成する必要があると思います。

■ 「小論文」「英語」の対策と本番試験

HUBの筆記試験は午前に英語もしくは数学120分、午後に小論文120分の２科目で行われました。まず小論文試験の対策ですが、予備校で出される課題をとにかく何回も繰り返し解き、添削してもらうようにしていました。日常生活では手書きで何百字も文字を書くような機会が少ないため、

最初は手が疲れて大変でしたが、徐々に慣れていきました。また、文章構成に関しては問いに対する主張とその根拠を必ずセットにして論述することも、回数をこなす中で自然に身につきました。加えて、自分の意見を述べる際の知識を増やすべく、業務上普段読んでいる日本経済新聞も、それまで読んでいなかった経済教室の欄も必ず読むように心掛けることで他業種に関する知識や世の中の動向に関しての知見を深めていきました。

　上記のとおり、私は小論文対策は数をこなすことが一番重要だと思いますが、平日の仕事終わりに課題を解くことは時間的にも体力的にも厳しかったため、『文藝春秋オピニオン 2019年の論点100』（文藝春秋）を１日２項目ほど読み、それを簡単に図解したり要約するといった取り組みをしていました。それにより文章を読み内容をつかむ練習になるだけでなく、知識を増やすことにもつながるため、平日は欠かさず行っていました。しかし、最初の方は予備校で出される課題が合格水準には到底届かず、２回目３回目の添削でようやく合格水準に届くといったことが続きました。それでも、添削結果を見直して復習し出された課題は必ず全部合格点に届くまで取り組むようにしました。その結果、本番１カ月前に出した課題で何とか一発で合格水準に到達することができました。

　本番の小論文試験で出された課題は、高度経済成長期における国内の自動車産業に関する文章で、300字の論述が４題という構成でした。解答にあたって心掛けたことは、主張と根拠を明示することに加えて、根拠の中に与えられた図表の内容を盛り込むようにしたことです。それにより根拠がより確固たるものになり、かつオリジナリティーが出る論述になったと思います。ただ、一方で字数制限が厳しかったため、意見を少ない文字数にまとめる作業に時間を割いてしまいました。

　次に英語の試験についてですが、内容は米国の資本主義の歴史に関する文章で、下線部和訳が４題に100字程度の論述が２題という構成でした。文章や単語レベルはそれほど高くはないと感じましたが、一方で内容をしっかりと理解しないと解けないようになっており、和訳問題でも単純に下線部を訳しただけでは意味が通じないため、前後のつながりを意識し多

少の意訳をすることも求められていました。私は英語試験の対策は本番1カ月前から本腰を入れ始めました。『VOA英語経済ニュースの聴き方』（語研）という参考書を使って政治や経済に関する新聞記事のスクリプトを読んで和訳する練習をしていました。1日1、2題取り組むようにし、英文を読む練習をするとともに経済に関する語彙力を養うようにしました。それにより、本番で堅めの文章が出ても臆することなく対処することができたと思います。

■ 面接は職務に対する質問がほとんどだった

　HUBは筆記試験合格後、約1カ月後に面接試験が行われます。面接対策については予備校での面接対策講義や、講師の方との模擬面接を通じて弱点や伝わりにくい部分を洗い出して改善するように心掛けました。それ以外は志望動機、これまでの職務内容を3分程度で簡潔にまとめられるように練習を繰り返すのみで、それ以外は特段対策と呼べることはしていませんでした。私の場合、想定される質問を挙げ、それに対する回答を考える作業は精神的に負担であったため行わず、とにかく分かりやすく自分の言葉で回答することを心掛けるようにしました。

　本番の面接では面接官は2人で時間は20分程度でした。最初の5分間で志望動機や職務履歴を含めた自己紹介をするように求められ、その後は職務に対する質問がほとんどでした。私はこれまでの実績をかなり具体的に記載していたので、その点についてどうやって実績を残したのか、工夫した点は何か、普段後輩に対してどのような指導をしているのかについて深堀されました。また、仕事に限らず日頃心掛けていることは何かという質問もありました。私は営業という仕事柄、お客様や他の人が何を考えているのか、どういう気持ちなのかを常に考えて行動するようにしていることを伝えました。加えてその姿勢はビジネススクールの議論の場においても、他人の意見を尊重し議論を深めることに役立つと考えていますというように、自分の長所がビジネススクールにおいてどのように貢献できるのかという点にも言及するようにしました。面接会場では思った以上に受験

生と面接官との距離が開いていたため少し驚きましたが、教員の方々は堅苦しいイメージとは違い大変優しい雰囲気の方で非常に話しやすかったのを覚えています。また研究計画書の部分でも述べたように、私はこれまでの業務に対する熱意や、それに伴う実績の部分に力を入れて出願書類を作成したため、教員の方々がその部分を非常に高く評価してくださり、職務内容に関心を持っていただけたことが大きな決め手になったと思います。

　ただ、実績を評価していただいた反面、面接の後半では実績がありながら何故夜間の経営管理のコースではなく、日中の経営分析のコースを志望するのかについて質問があり、私はその部分に関して対策が甘かったため、十分な回答ができませんでした。業務の関係上、夜間の授業に間に合わないことや、日中行われる経営分析の方がより深く経営に関して体系的に学ぶことができると考えたためである旨回答しましたが、私が退職することで発生する会社の損失や、2年間キャリアブランクが空くことへのリスクに関して面接官の方が懸念されており、最後までその部分を納得させることができませんでした。終盤にかけて何とも言えない微妙な空気で終わってしまったため、非常に不安でしたが何とか合格を勝ち取ることができました。

■ 合格できたのは受験勉強を楽しめたから！

　ここまで私の体験談を色々お話させていただきましたが、半年間の受験生活を経て合格できた最大の理由は、受験勉強を楽しめたことだと思います。正直、予備校に通い始めるまで、そもそもMBAがどういうもので、お金をかけてまで本当に自分に必要なのか理解できていませんでした。ましてや自分がビジネススクールに通う姿なんて想像もしていませんでした。しかし、学部の時に無縁だった経営学に関して予備校で初めて学んだ時、その面白さに惹きつけられました。また、さまざまな業種や年齢の仲間と学ぶ楽しさを知り、受験勉強にのめり込んでいきました。そうする内に、最初は非常に曖昧だったMBAの意義やビジネススクールへの志望動機が少しずつ明確になっていきました。それに伴って小論文の添削課題の

成績も上がっていき、本番当日にベストな状態で試験に臨むことができたと思います。

　勉強をしながらも迷っている方も多いかと思います。確かにMBAは必ずしも必要なものではないですし、私のように一旦退職や休職をすることでキャリアブランクが空くリスクは存在します。それでも、MBAを取得することで自分にどんな選択肢が広がっているのか考えるとその意義は非常に大きいものであると思います。

⟨ **受験のための推薦図書** ⟩
・小林敏彦(2003)『VOA英語経済ニュースの聴き方』語研
・(2018)『文藝春秋オピニオン2019年の論点100』(文春MOOK)文藝春秋
・ジェームス・C・アベグレン(2004)『新・日本の経営』(山岡洋一訳)日本経済新聞社

合格体験記②

早稲田大学教育学部卒業後、外資系コンサルティング会社に入社。その後、外資系メーカーのマーケティング・事業企画職を経て、医療系コンサルティング会社で新規事業開発に従事。2020年度一橋大学大学院経営管理研究科経営管理専攻経営管理プログラムに合格。

■ 自分自身を鍛え直すべくビジネススクールへの進学を決意

　私が大学院への進学を決めた理由は、現職で医療系の新規事業開発に従事している中で、自分自身を鍛え直す必要性を感じたからです。これまで経営コンサルタントや事業企画などの経験を積んできたものの、未経験の業界でゼロから事業を生み出す仕事は非常に面白い内容でありながらも困難に直面することが多々あります。そのため、強化すべき知識や理論を体系的に学ぶことと壁にぶつかった際に相談できる志の高い仲間をつくるために進学を決意しました。

　最終的に選んだ一橋大学大学院経営管理研究科経営管理専攻経営管理プログラム（以下、HUB）は、実は受験を決意した当初は第一志望ではありませんでした。医療系の知識を身につけることを優先し、医療政策を学ぶ大学院への進学を考えていたのです。しかし、さまざまな大学院の情報を収集していくうちに、ビジネススクールには事業創造の授業があることに加え、医療系のプログラムを持つところがあることを知り、いくつか併願することにしたのです。

　HUBに最終的に絞り込むには正直なところ苦心しました。自分にとって本当に魅力的に感じられる複数のビジネススクールから、運よく合格を得られたからです。当初は自分の力がどこまで試験に通用するのか全く分からず、1つでも合格すればよいくらいに考えていただけに、こんな幸せな悩みは無いと思いつつも、決断に時間がかかりました。さまざまな方々にアドバイスをいただきましたが、最終的には自分なりに納得する方法で決定しました。その方法とは、進学先として求める要素をいくつか挙げて、各要素の重要度を重みづけした上で、要素ごとに僭越ながら自分なりに各ビジネススクールを評価して点数化し、その合計値を比較することです。挙げた要素や重要度、評価には主観が入っているため、個人によって結果は異なりますが、自分自身の意思決定には役立つと思います。そして、自分が抱いている目的を達成するために最も適した進学先はHUBであると

いう結論に至りました。

■ 研究計画書は複数校の素案を何度も往復する中で完成度を上げる

　研究計画書は面接試験でアピールする材料である一方で、分かりづらい論理構造や具体性が乏しい内容であれば、面接官の興味を失わせてしまうという非常に重要な要素です。そのため、面接での質疑応答も想定しながら、しっかりと自分自身と向き合って首尾一貫したロジックをつくり込んでいく必要があります。

　私はそういった大事な要素である研究計画書の作成をうまく進められることができた重要なポイントとして、ビジネススクールを併願することを挙げます。また、個人的には早稲田大学大学院経営管理研究科（以下、WBS）の研究計画書から着手することをお勧めします。WBSの提出書類は「これまでの実務経験」「志望動機」「入学後の研究計画」「キャリアゴール」で構成されていますが、これはどのビジネススクールでも求められる要素です。ビジネススクールによっては研究計画書では求められていないとしても、面接では必ず聞かれる要素です。文字数としてもこれらの要素に対してバランスよく配置されているため、非常に着手しやすいと思います。

　私が行った作成方法としては、まずはWBSの研究計画書から着手し、ある程度まで完成させて軸とします。それを他校の様式に従い、横展開して作成を進めます。横展開して他校の研究計画書を作成していくうちに、軸にしていたWBSの研究計画書にはなかった視点が得られることがあるのです。それをWBSの研究計画書にも反映させるという作業を何度も行いました。要素ごとの記述自体に関しても言えますが、各校の研究計画書を一度に完成させることは非常に難しいと思います。何度も行き来しながら論理の飛躍や乱れが起きていないかなどを精査していくことで完成度を上げていくことができます。

　HUBの研究計画書は「これまでに経験してきた職務・学習の内容とその成果・実績等」を2000文字と「志望動機」「入学後の計画」「修了後の計画」を2000文字でまとめることが必要です。求められる要素としてはWBSと

基本的に同じですが、当初、恥ずかしながら必要とされている文字数の多さにやや怯んだこともあり、HUBの研究計画書の着手は最後にしました。しかし、他校の研究計画書に反映しあう一連の流れに合流させた頃には、HUBの研究計画書も難なく書けるようになっていました。複数校の素案を何度も行き来して精査する作業を通して、自分なりに納得ができる研究計画書に仕上げることができました。

■ 小論文対策の３つのポイント──最低限のルール・とにかく書く・情報活用

　小論文の試験は限られた時間の中で鉛筆またはボールペン（大学によって指定あり）で、与えられた解答用紙に決められた文字数以内で文章を書いていくことが求められます。私としては、PCやスマホで文章を作成することが当たり前になってきたこの時代に、その行為自体に違和感がありました。そういったことに慣れることも含め、本試験で合格点を得るためにはしっかりと対策を行う必要があると思います。私は短期間に小論文の対策を独学のみで進められる自信が持てなかったので、ビジネススクール受験のための予備校に通うことを選択しました。ここでは、予備校で学んだことや自分が意識して進める中でそういった状況を改善することができた内容を３つのポイントにまとめて紹介させていただきます。

　まず、小論文を作成するための最低限のルールを頭に叩き込むことです。原稿用紙の基本的な使い方や意外に書けない漢字をおさらいすることも小論文作成に必要なことであったりしますが、その中でも最も大切だと感じたことは、問いに対してしっかり答えられている文章になっているかを意識することです。論理構造がしっかりしている文章が書けていたとしても、問いに対する答えが少しでもずれていると大幅な減点になります。そのため、何を問われて、何を解答すべきかをしっかりとおさえることを大事にしていました。また、問いに対する答え（主張）を検討したら、必ず根拠を用意することが文章の流れの基本です。こういったことを小論文では、実際に文章を書き始める前に下書きを行って整理していきます。本番の試験でも勿論そうですが、練習の段階から意識して行っていきました。

　次に、とにかく文章を書くことです。私は予備校で与えられた小論文の問題をすべて解き、添削していただくことで客観的に自分の実力の立ち位置と癖を把握しながら進めていきました。予備校での添削を通して、自分の解答を評価いただけるので自信にもなりますし、弱点が明確になるため勉強の指針が立てやすくモチベーション維持にもつながりました。また、予備校で配布される模範解答と自分が書いた解答を比較しながら、徹底的に模範解答を分析しました。なぜこういった文章構造を選んでいるのか、なぜこの問いに対してこういったアイデアが出せるのかを中心に考え、その模範解答を自分で書けるようになるにはどうしたらよいかといった再現性を常に念頭に置きながら復習を行ったのです。自分なりの分析を終えた後は、模範解答を書き写すという作業を繰り返し行っていきました。これも再現性の一環で模範的な文章を書くことを身体に染み込ますイメージです。ここで意識したことは模範解答を丸暗記することはあえてしないということです。丸暗記をしてしまうとかえって型にはまりすぎて発想力が失われる恐れがあると考えたからです。あくまで再現性を意識して繰り返し文章を書いていきました。

　最後に、経営理論とアイデアの情報活用です。小論文対策という意味では、経営理論の知識は最低限あれば十分であると思います。私は予備校に通っていたのでテキストの内容を一通り説明できるように準備しました。「説明できるように準備」というのは、小論文対策に限らず、経営理論の知識は用語を丸暗記しても使えるものにはならないからです。経営理論自体の説明も重要ですが、経営理論を用いて課題内容を誰にでも分かるように整理できるかを意識して取り組みました。そして、身につけた知識がどれほど定着しているかを試すためにビジネスマネジャー検定（東京商工会議所）という試験を受けました。経営関連の知識が網羅されていますし、そこまで難易度は高くないので、力試しにお勧めです。結果、本試験にも合格し、ビジネススクールの提出書類の資格の欄に記載することにしました（本資格の記載が合否に関係があったとまでは思いませんが、努力している証にはなるかと思います）。また、小論文試験では事例を求められる

問題も多く出題されるため、経営理論に関係する事例を書籍や新聞などからアイデアとして収集しました。アイデアの情報収集は量というよりは、できるだけ多くの問いに対してさまざまな角度で答えられそうな内容を選び、整理しました。試験本番では限られた時間でアイデアを出して文章にしていくことが求められます。そのため、できるだけアイデアの引き出しを準備しておくと、解答スピードが上がると思います。また、解答スピードの意識という意味では、アイデアの発散と収束は同時に行わないことが大事だと思います。下書きの段階でアイデアを出しきった後に、解答に使わないものを消去していくイメージです。発散と収束を同時に行ってしまうと、かえって時間がかかることや自由な発想が出てこないということがあります。限られた時間での文章作成は非常に高いハードルですが、こういったことを意識して練習していくことで克服することができました。

これらの3つのポイントを意識して準備していけば、小論文試験は決して難しいものではないと思います。とはいえ、私は研究計画書の作成にじっくり時間を割いたため、小論文を全く書かない時期が1カ月ほどできてしまい、後になって不安になったことを覚えています。そのため、試験1カ月前から小論文対策に土日は1日10時間以上充てることで、何とか自信を持って本番に臨むことができました。なお、HUBに関しては、ある程度の出題傾向がありますので複数年分の過去問を解いておくことをお勧めします。

■ 試験本番で実力を発揮するためには場馴れが不可欠

実際の小論文試験に関しても、複数校を併願してよかったと思います。本番の試験を一度でも経験することで場馴れすることができるからです。どれだけ準備をしていても普通の人であれば、緊張感から焦りを感じてしまうものです。実力を発揮しきるためには場馴れが不可欠なのです。

私の経験としても恥ずかしながら、初めて臨んだ小論文試験では想定以上に焦ってしまいました。非常に緊張してしまっていたことに加え、今思うと大した話ではないのですが、試験前の試験官からの注意事項の説明で

辞書の持ち込みが許可されていたことを知ったこと（事前に確認しておらず、辞書は用意していませんでした）や、試験の問題数が昨年までと比べて1問多かったことに焦りを感じました。実際は、辞書を持ち込むほど難しい用語が含まれる課題文はありませんでしたし、問題数が1問増えたところで出題側としては時間内に解けるように設計しているはずです。しかしながら、本番ではそんな些細なことに神経質になってしまったのです。そういった中で、なんとか問題を解き切りはしましたが、手ごたえは無く、自分の中では力を出し切ることができなかったと反省しました（その後、そのビジネススクールから合格の知らせをいただいた時は本当に驚きました）。

　一方で、2校目以降はそういった反省点を踏まえ、多少の緊張感はありつつも冷静に対応することができました。ただ、1校目の経験が無ければ、特にHUBを合格できていたかは定かではないと思っています。HUBは最近の傾向として、解答するには冷静な判断が求められる数学的要素のある問題が含まれているからです。数学的要素といっても、簡単なグラフの読み取りや少しの計算が必要という程度のものです。冷静に向き合えば難しい問題ではなく、事前準備としては過去問を解いて傾向をつかんでおけば十分な内容です。それだけに、逆にここでつまずいてしまうと他受験者との差が開いてしまうため注意が必要なのです。私が受験した年もそういった問題が出題されましたが、1校目の反省から焦ることなく、冷静に対処することができました。

　こういった自身の経験からも受験の本番には緊張はつきものであり、精神的な負荷がかかることから場馴れは非常に重要なことであると思います。私は志望校の優先順位を明確にしないまま受験に臨んでいましたが、特に志望校を明確に1つに絞り込んでいる方は、本命より先に試験のあるビジネススクールを併願校として選んで受験スケジュールを組み立てることをお勧めします。

■ 面接試験は研究計画書の一貫性と具体性が鍵

　面接試験はどこのビジネススクールも事前に提出した研究計画書等の書類に関する内容を中心に、10〜20分ほどの時間内で質疑応答が行われます。そのため、研究計画書自体が首尾一貫したロジックで記載され、内容が具体的に掘り下げられているかが、面接対策で最も重要なポイントです。面接の準備として、提出した書類に関する想定問答を用意しておくことも大事ですが、そもそもの研究計画書の記載内容によって面接の進み方が左右されるのです。提出書類のロジックに一貫性のある分かりやすい表現で記載できていれば、面接で余分な説明を行う時間を排除できるため、限られた時間を有益に使うことができます。内容が具体的に掘り下げられていれば、ある程度の質問には簡単に答えられますし、研究計画書の文字数制限によって書ききれなかった内容を加えて説明することでアピールすることができるのです。

　また、過去に行われた質問内容の情報を志望校毎に収集しておくと、当日の不安を多少は払拭できます。ただし、あくまで付随的な情報という位置づけでよいと思います。面接は提出した書類に関する質問が中心に行われるため、個人によって質問内容は異なっていくからです。そういった意味では、こうあるべきという一般的な模範解答もありません。自分の言葉で丁寧に説明できるように準備することが大事だと思います。

　多くのビジネススクールの面接試験では、まず始めに志望動機が質問されます。中には、自己紹介と志望動機、将来ビジョンをセットで5分以内に答えることを要求されることもあります。研究計画書に記載した内容をもとに与えられた時間内にスムーズに答えられる練習を行うとよいと思います。こういった基本的な質問が終わると、研究計画書の内容を深堀すべく、より具体的な質問に移っていきます。ここからは個人によって全く異なる質問が始まりますが、自身の経験的には研究計画書に記載しているキーワードに関する質問が多いと感じました。私の場合は医療系の事業創造を研究計画書のテーマにしていたため「なぜ医療なのか？」といったテーマを選んだ理由や「あなたにとって事業創造とは何か？」といった

キーワードの定義を具体的にどうとらえているかといった質問がありました。そのため、研究計画書に記載しているキーワードを中心に想定問答を整理しておくとよいように思います。

これらの質問は、面接官である先生方が時間の無い中、受験者一人一人の研究計画書を事前にしっかりと読み込んで対応してくださって出てくるものです。事前の読み込みの深さは面接官によって個人差があったりしますが、少なくとも受験者への敬意が払われていると考えられます。そのため、たとえ一見、厳しい雰囲気での面接（いわゆる圧迫面接）を強いられる場面があったとしても、しっかりと敬意を払って答えていけば、面接官に与える印象もよくなり問題なく面接試験もクリアすることができると思います。

HUBの面接試験に関して触れますと、2名の面接官と20分間行われます。小論文の1次試験での結果をもとに面接の時間帯が割り当てられるため、前提としては小論文試験の評価が反映された面接と言えます。

私の場合、試験当日の1巡目の時間帯に割り当てられました。基本的には1名の面接官が質問をリードし、上記のとおり、最初に志望動機を質問された後、研究計画書の内容を深堀されていくといった内容でした。面接の中盤に、それまで静かにその受け答えを聞かれていたもう1名の面接官から「私からは2点あります。簡潔に答えてください」といったコメント後に質問をいただきました。「簡潔に答える」ということに、緊張感が走ったことを覚えています。その状況に少し慌ててしまい、必ずしも「簡潔に答える」ことができたとは言えませんでしたが、追加で補足質問もいただきながら質問の意図に沿ってなんとか答えることができました。質問の意図としては、研究計画書に記載の現状課題、入学後の計画、修了後の計画に関するロジックの一貫性とその具体的な内容の結びつきを問うものでした。

振り返ると、その質問への回答がHUBの合否の分かれ目であったと思いますし、研究計画書におけるロジックの一貫性と内容の具体性が非常に大切であると改めて感じた瞬間でした。研究計画書を自分なりに完成度を

上げて面接に臨むことができたことが、合格できた大きな要因だと実感しています。

⟨ 受験のための推薦図書 ⟩

・『日本経済新聞』「経済教室」日本経済新聞社
・ボストンコンサルティンググループ編（2018）『BCGが読む経営の論点2019』日本経済新聞出版社
・チャールズ・A.オライリー、マイケル・L.タッシュマン（2019）『両利きの経営』（入山章栄、渡部典子訳）東洋経済新報社
・デービッド アトキンソン（2019）『日本人の勝算—人口減少×高齢化×資本主義』東洋経済新報社
・根来龍之（2019）『集中講義デジタル戦略—テクノロジーバトルのフレームワーク』日経BP
・琴坂将広（2018）『経営戦略原論』東洋経済新報社

一橋大学大学院 経営管理研究科

合格体験記③

大学院経済学研究科を修了後、電機メーカーに入社。2019年度一橋大学大学院経営管理研究科経営管理専攻経営管理プログラムに合格。

■ 進学の動機はキャリア目標に必要なスキルを習得するため

　私がビジネススクールに進学した理由は、将来のキャリアの目標に向けて、必要となるスキルを習得するためです。私は現在、民間のシンクタンクにて企業の事業戦略の立案を支援する業務に従事しています。そこで、将来の目標として、特定の企業だけでなく業界全体を先導するような先進的で斬新な経営・事業戦略を立案できる研究者になりたいと考えています。その将来像をスキルの視点でみると、体系的な経営の知識と、特定の業種等の専門的知識を併せ持つ「T型人材」となります。その理由は、体系的知識だけでは一般的な事業提案しかできず、専門的知識だけでは特定分野に閉じた視野の狭い提案しかできないと考えるからです。

　より詳細には、T型の横軸は経営理論があたりますが、その理論も現実の状況に活用できるほどの深い理解が必要です。近年の不確実性の高い事業環境において、経営課題も複合化・複雑化しており、経営のフレームワークの表面的な活用では解決策を見出すことは難しくなっています。そうした課題を解くには、単なる知識ではなく、応用力が求められてくると考えています。応用力は、ビジネス書を読むだけで得られるものではありません。ビジネススクールでの課題レポートなどを通じて、自分でその理論を使う練習を積むことで得られるものだと考えています。

　一方、T型の縦軸は専門性です。私の業務は、取り扱う分野が多岐に渡っている一方で、各案件の期間が短く、別案件に応用できるほどの深い知見を得ることは難しいです。そのため、ビジネススクールでの修士論文の研究などを通じて、一つのテーマを深く掘り下げることで、専門性を高めたいと考えています。

　以上のとおり、私は将来の目標とする人材像から、必要なスキルセットを想定し、それを獲得する手段としてビジネススクールに進学することを選択しました。

■ HUBの最大の魅力は先生方からの丁寧なフィードバック

次に私が、一橋大学経営管理研究科経営管理専攻経営管理プログラム（以下、HUB）を選択した理由を述べます。

第1に、現在の仕事を続けながら学べる環境である点です。私が入学したコースは、平日の夜間を中心に、千代田キャンパスにて講義が開講されるコースです（国立キャンパスの全日制コースもあります）。そのため、大学の講義で前日に学んだ知識を、翌日の業務において活用するということも可能となります。実際、仕事で考える際の視点の広がりや、頭の引き出しの整理ができてきており、今までにないアイディアを持って業務にあたれるようになり、生産性や効率性が向上していると日々実感しています。

第2に、HUBの所属学生が一学年約40人と、少人数制である点です。少人数制のため、学生一人ひとりが、講義やワークショップ（ゼミナール形式）で発言したり、プレゼンをしたりする機会を得やすくなります。また、提出した課題レポートに対して、先生から個別に丁寧なフィードバックをいただけます。つまり、多数の学生が在籍するビジネススクールと比較して、個人として成長する場面が多数あると考えます。

加えて、少人数であることは、学生同士の横のつながりの面でも、より深い関係を築きやすいという利点もあります。同志である同級生とのつながりは、仕事と学業の双方において大いに刺激になります。時にはキャリアの転機にさえなります。こうした同志との深い関係を構築できることも少人数制のメリットといえると思います。

■ 将来計画書は業務と関連したテーマ選定が鍵

ここから入試に向けた準備について書いていきます。まずは、将来計画書の作成についてです。将来計画書を書く上で最も重要な点は、入学後に研究したいテーマの選定です。このテーマ選定で、いかに新規性や独自性を持たせられるかが、入試の選考過程で鍵となると考えます。

私の場合は、普段の業務を通じて日頃疑問に感じていた事象をテーマにしました。私の業務は民間企業に対して短期的な視点で事業戦略の検討を

支援するものです。さまざまなデータを収集し、分析・提言を行いますが、調査対象は顧客の意向に沿うものであるため、優先順位の問題からどうしても見過ごさざるを得ない事象が出てきます。そうした事象の中には、なぜこの事象は現在このような事態にあるのかと疑問に感じても、深く調べることや考察しきれていないことがいくつかありました。そうした普段の問いから、将来計画書に記載するテーマを考えることにしました。なぜなら、こうしたテーマを深掘りすることは、自分が普段から馴染みのある分野のテーマであるため、ビジネススクールでの研究プロセスを見通しやすくなることと、入試のためだけでなく、将来的に業務に活用できる可能性があると考えたからです。特に前者のビジネススクールでの研究を入試段階からいかに具体的にイメージできるかは、後述する口述試験対策としても重要なことです。したがって、テーマの選定の際には、普段の業務において疑問に感じていながらも、業務では掘り下げることができていないテーマを選定することが有効と考えます。

　テーマが決まると、次に関連する先行研究を調べる必要があります。学術誌や論文検索サイトなどを活用しながら、テーマに関連するキーワードから先行研究を調べ、世の中で明らかになっていること、なっていないことを整理していきます。なぜなら、自分が疑問に感じていた事象が、必ずしも世の中では常識でないかもしれないためです。こうした先行研究の調査を通じて、自らのテーマを掘り下げ、その新規性や独自性に磨きをかけることが重要です。

　また、将来計画書では修了後の計画についても触れる必要があります。ここでは、ビジネススクール修了後に、ビジネススクールで学んだ知識をどのようにキャリアに生かし、どのような人材になりたいかを具体的に述べる必要があります。私の場合は、前述した研究テーマをビジネススクールでの成果としてワークショップレポート（修士論文相当）にまとめ上げ、そのレポートの成果を自社の顧客の新事業案として発展させ、業界内に広く積極的に提案していきたいという将来計画を書きました。ここでも、自らの現在の業務や志望動機、研究テーマとの関連性を示せると、一貫した

主張となり説得力が増すと考えられます。

　最後に、将来計画書は提出前に第三者にレビューしてもらうことをお勧め致します。自分では完璧な論理展開の構成をしたつもりでも、他者の目で見ると論理の飛躍や、誤字脱字などが見つかることがあります。会社の人や友人、家族、学生時代の恩師などに協力いただき、完成度を高めていくことが重要です。

■ 小論文試験は、知識より論理的表現力を問われている

　次に、小論文試験について述べます。試験は、企業経営に関する長文を読み、それについて自らの考えを論述させる問題が出題されます。私は、対策としてビジネススクール受験のための予備校の小論文対策講座を受講しました。予備校では、経営学に関する基礎的な知識のインプットに加え、入試の過去問を使い論文を書く練習を反復して行いました。出題された問いに対して、論理的に自分の考えを述べる文章力を向上させることができたと考えています。さらに、過去問は特定の大学だけでなく、多様な大学の問題を解いたことで、過去の出題傾向にとらわれない応用力も養えたと考えています。実際、私が受験したHUBの入学試験では過去に出題された問題から一部傾向が異なる点がありました。そうした問題に遭遇しても、慌てることなく、冷静に回答できたのは、他大学の傾向の異なる問題に慣れていたことが功を奏したのだと考えています。

　一方で、入試対策にあたり、経営学に関する知識は学ぶ必要があるのか疑問を抱いている方も多いと思います。2019年度のHUBの入試に限って言えば、経営学に関する知識は必要ありませんでした。現状の出題の傾向は、知識レベルを測るものではなく、論理的思考力、表現力を問う問題です。しかし、出題される長文は、企業経営に関わるものであり、その知識を有している方が問題文をすんなりと読むことができます。また、自らの回答を考える上でも、経営学の知識があった方が思考の幅を広げられることは言うまでもありません。さらに、過去の出題傾向は大学の事情によって急に変化することもあります。従って、最低限の経営学の理論、特に経

営戦略やマーケティングなどについては押さえておくことをお勧め致します。

　最後にテクニカルなアドバイスです。過去問を解く際は本番の試験と同様に手書きで行った方がよいです。業務で普段、パソコンでの文章作成に慣れている方にとっては、手書きで論文を書くことは想像以上に苦労します。手で書くという肉体的な労力もさることながら、パソコンでの入力のように文章を書いた後で、文章の間に挿入や削除を自由にできないことは想像以上に負担です。従って、手書きで文章を書く練習をしておくことと、書き直しの労力を避けるべく、書き始める前にプロットを作成することもテクニックとして有効です。

■ 口述試験ではビジネススクールで学ぶ資質をみられている

　2次面接となる口述試験は、受験生が入学後、ビジネススクールで本当に2年間学業を修めることができるのかという観点から、本人のパーソナリティ、論理的思考力、業務と学業を両立できるのかなどをみられています。質問内容としては、事前に提出した将来計画書と職務・学習に関する経歴書に関連したものが中心です。ここで重要なことは、落ち着いて論理的に対話をすることにつきます。そのために私が実施したことは、想定質問の作成と模擬面接です。

　想定質問については、将来計画書についてはもちろん、勤務先や業務に関すること、時事問題、直近で読んだビジネス書など自分を取り巻くあらゆることについて、約30問の想定質問を作成しました。それぞれの想定質問については、論理的に整理した回答を作成することも重要です。模擬面接は、予備校の先生や家族に協力してもらい、複数回実施しました。自ら頭の中で考えていた研究計画や志望動機を口に出して落ち着いて話すこと、想定質問にはない質問でも落ち着いて論理的に回答する練習には、模擬面接は有効であったと考えます。

　私が体験した実際の口述試験では、自社の経営課題とその解決に向けて必要と考えることについて問われました。この質問は、想定していたもの

ではありませんでしたが、小論文対策や想定質問の作成において、自分の意見をまとめることに日頃取り込んでいたこと、模擬面接で養った対応力により、落ち着いて論理的に回答することができたと考えています。

　最後に、社会人としては常識と思いますが、態度・姿勢についても触れておきます。面接官である先生も同じヒトです。その先生と合うところ、合わないところは正直あると思います。また、緊張して上手く喋れない時もあると思います。そうした場合こそ、先生からの質問に対して誠実に謙虚に、そして丁寧な回答を心掛けることが重要です。

〈 **受験のための推薦図書** 〉
- 久米郁男 (2013)『原因を推論する―政治分析方法論のすゝめ』有斐閣
- 本多勝一 (2015)『日本語の作文技術』(新版)(朝日文庫)朝日新聞出版
- 沼上幹 (2008)『わかりやすいマーケティング戦略』(新版)(有斐閣アルマ)有斐閣
- 琴坂将広 (2018)『経営戦略原論』東洋経済新報社
- 入山章栄 (2019)『世界標準の経営理論』ダイヤモンド社

一橋大学大学院 経営管理研究科
合格体験記④

大学の文化政策学部を卒業後、ITコンサルタントを経て現在は事業会社にてデザイナーとして勤務。2020年度一橋大学大学院経営管理研究科経営管理専攻経営管理プログラムに合格。

■ 経営と現場のリテラシーと幅広い視座を持つ人材に

　MBAを目指した動機は、キャリアを積んでいく中で自分の視座を高めたいと思ったことが最大の理由です。

　社会人一年目から今に至るまで、仕事をする上で常に心掛けてきたことは、顧客の視点に立ってモノやサービスを作ることでした。しかし、現場の人間がどんなに熱い思いを持ってよい機能や広告を考えたとしても、決定権を持つ人たちを納得させられなければ、承認を得られなければ、すべて空想で終わります。実際に、経営層の理解が得られず、頓挫した企画は少なくありません。

　そうした経験を何度も繰り返す中で見えてきた課題が、経営層の視座と現場の視座が違うためにコミュニケーションが円滑にとれない状況でした。それは考えてみれば自然なことで、企業全体で物事を考える経営層と顧客中心で物事を考える現場とでは視座が異なります。問題は、その経営層と現場との距離を縮める手段や機会がほとんどないことです。

　その解決のためにはまず、経営層の人間が現場のリテラシーを持つか、現場の人間が経営のリテラシーを持つことが必要だと考えました。経営と現場、両方の視座と知見を持つ人材であれば、経営層と現場の距離を縮める役割を担える可能性が高まります。MBA取得はその第一歩に過ぎませんが、経営と現場、両方のリテラシーと幅広い視座を持つ人材になるために、私はビジネススクールへの進学を決意しました。

　その中で一橋大学経営管理研究科経営管理専攻経営管理プログラム（以下、HUB）を選んだ理由は2つあります。1つは仕事と両立できる夜間制だったため、もう1つは経営学を体系的かつ深く学べる環境だと感じたためです。

　私の業種（情報通信業）は環境の変化が早いため、現場から離れずに学べる夜間制のビジネススクールを探していました。夜間制のビジネススクールはいくつかありますが、その中でもHUBは全日制ですでに実績があり、

全日制の内容を生かしたカリキュラムを夜間制にも応用させています。教授陣も全日制と同じため、夜間制だからといって質が下がることもありません。さらに、HUBのカリキュラムは実践と講義のバランスが理想的であったことも大きな要因でした。これまで経営学を学んだことのない私にとって、基礎から体系的に学ぶことのできる講義と充実したワークショップは決め手になりました。さらに、少人数で質の高い講義を受けられることは非常に大きな魅力で、2年後を想像したときに最も成長できる環境だと確信できたため、HUBを選びました。

■「なぜMBAを目指すのか」を可能な限り突き詰めて考える

　私が研究計画書を作成し始めたのは8月に入ってからでした。そもそもビジネススクールへの受験を決めた時期が7月半ばと遅く、9月下旬の出願書類の提出に間に合わせるためには、非常にタイトなスケジュールで進めていくしかないという状況でした。それでも自分で納得できるレベルの研究計画書を作成できた要因として、2つのことが挙げられます。

　1つ目は、事前にビジネススクール受験の動機を明確にできていたことです。私の場合、すでに大きな課題が目の前にあり、それを解決するための手段のひとつとして経営学を学ぶことを決めていました。自分が抱えている課題が何か、その課題をMBAを取得することでどう解決したいのかを、筋道を立てて説明できる状態にまで掘り下げることができていたため、研究計画書の作成は比較的スムーズに進められたと思います。今振り返ると、HUBの受験において、志望動機が明確で筋が通っていることは非常に大きな判断材料になっていたように思います。研究計画書作成で指示されている内容や面接の場を思い返しても、非常に興味を持たれていた部分であったと感じます。MBA取得の軸にもなる部分ですので、可能な限り「なぜMBAを目指すのか」を突き詰めて考えていくことをお勧めします。

　2つ目は、作成した研究計画書を誰かに批評してもらう機会を得られたことです。研究計画書を読むのは自分のことを知らない教授陣です。限ら

れた文字数で自分の経歴や動機を正確に伝える必要があると考えると、文章が読みにくくないか、非論理的な部分がないか、といった点を他人から忖度なく評価してもらう作業は必ず必要です。欲を言えば、批評してもらう相手は、小説や詩歌のような文学的な文章よりも、論文や新聞記事のような事実的な文章に慣れている人がよいと思います。私の場合は、受験対策のために利用した予備校の講師やチューターに繰り返し批評してもらいました。自分の属する業界特有の用語や言い回しなど、自分では気づけない箇所まで指摘していただけたことで、異業種の人でも躓くことなく読める文章に仕上げることができました。

その他、しておくとよいこととして2点ご紹介します。

1点目は、受験校を決めるために各校の説明会に参加し、特徴や魅力を自分なりに落とし込むことです。パンフレットやWebサイトだけでなく、説明会に参加することで学校の雰囲気を感じることができますし、個別相談会が設定されている説明会であれば、より具体的で事実に即した自分だけの情報を得ることができます。そうして集めた情報で肉づけされた志望理由は説得力が増しますし、他の受験生との差別化につながります。また、志望理由を明確にすることは、自身の目的と動機を掘り下げていくことであり、こうした深度を増す作業は、研究計画書の作成においてのみならず、受験のモチベーション維持や面接での論理的な受け答えといった、他の場面においても大きな効果を発揮します。志望動機と併せて、受験校の志望理由も突き詰めて考えていくとよいと思います。

2点目は、研究テーマに関連のある文献以外に、国立情報学研究所などで掲載されている論文にも時間のある限り目を通すことです。志望校の教授の論文や研究テーマに関連する論文をチェックするとより深みのある研究計画書を作成できると思います。ただ、気をつけた方がよいことは、そうして得た知識をアピールするより、自分の言葉で思いが伝わるように書くことです。私自身、文献や論文で得た知識は研究計画書には直接的に書いていません。あくまで研究テーマの付加的な情報として、自分の知識の一部として蓄えていくことがよいと思います。

■ 経営学の基礎知識は事例を通してインプット

　HUB受験にあたっては、小論文の試験が一番の心配事でした。限られた時間の中で初めて見る課題文を読み取って論文を書き上げるためには、それなりの訓練が必要です。小論文対策として、私が行っていたことが以下の3つです。

　1つ目は、予備校の小論文問題を繰り返し解くことです。2カ月ほどの期間で25回程度は小論文を提出していたと思います。私の場合、通信制で予備校を利用していたため、添削された小論文が返ってくるまでには少し時間がかかりました。本来は添削で指摘された箇所を次の小論文に生かすことが望ましい方法ですが、私は先に提出した小論文が返ってくる前に次の小論文を郵送する方法で数をこなすことを優先させました。とにかく文章は書かなければ慣れず、批評されなければ文章の癖や欠点に気づけないので、ひたすら練習と添削を繰り返すことが重要です。添削で疑問に感じたことは解説動画を見て、それでも分からなければ質問をします。添削で指摘されたことをその時は完全に理解できなかったとしても、ひとまずそういうものだと考えて素直に受け止めるようにしました。添削する人によって受け止め方が異なる可能性があることは実際の試験でも同じです。そこを突き詰めるよりも、小論文に慣れることが重要です。同じ問題を繰り返し解くこともありましたが、同じ主張と根拠で書いても全く異なる小論文に仕上がるので、同じ問題だから意味がないということはありません。とにかく数をこなすことが必要です。

　2つ目は、予備校のテキストで経営学の基礎知識を学ぶことです。HUBの小論文では経営学の知識を直接問う問題はありませんでしたが、経営学の知識の下地があるかないかで課題文の理解度が異なります。限られた時間の中で決して短くはない課題文を読むことを考えると、経営学の知識は持っていて不利になることはありません。経営学で出てくる用語や事象の説明をすべて諳んじられるレベルではなくてもよいと思いますが、基礎的な知識を身につけておくことをお勧めします。

　3つ目は、経営学で出てくる手法や現象について事例を調査すること

です。例えば、破壊的イノベーションが起きた事例やブルーオーシャン戦略で成功した事例などを、実際の企業で該当するケースがなかったかを調査し自分なりにまとめました。日本経済新聞を定期購読するなど経済の動きにアンテナを張る習慣がある人には必要ないと思いますが、私はそれまであまりそうした習慣がなく、経済界の動きについて知識が不足していると感じていました。2点目で挙げた経営学の基礎知識を、事例を踏まえてインプットすることで、知識の定着につなげることができたと感じています。受験までに余裕がある場合は、日本経済新聞などを読む習慣をつけておくとよいと思います。

■ 書く練習を繰り返した結果、試験本番では時間に余裕が…

　HUBの筆記試験はここ数年で少し形式が変わり、小論文以外に簡単な計算問題があります。計算問題に苦手意識があるので、試験前は対策を検討しましたが、あくまで合否判定の大部分を占めるのは小論文であると考え、計算問題の対策はしないことにしました。実際、計算問題は小論文を書き終わってから短時間で解答できたため、大仰に構える必要はないと思います。

　筆記試験で心掛けたことは、とにかく設問にきちんと答える形で小論文を書き上げることです。例えば、設問が「図1から読み取れることを踏まえて」という指示になっていれば、解答は「図1によると」という形で文章を構成します。実際に図1から読み取って論拠を書いたとしても、引用表現が曖昧だと設問に答えているかが読み取りにくくなり、添削する人によっては減点対象になる可能性があります。そうした意図しないミスを防ぐ意味でも、設問に適した形で文章を書くことは常に意識していました。

　よかった点は、時間配分にかなり余裕ができたことです。時間でいうと40分程度余裕がある状態で書き終えました。これは小論文対策で繰り返し練習をしていたため、文章を書くことに慣れていた成果だと思います。その中でも特に影響の大きかった部分は、下書き用紙の活用方法です。HUBの試験では問題用紙は書き込み不可のため、解答用紙とは別に下書き用紙

が配られます。私の場合、下書き用紙に課題文の論点をすべて書き記すとかなり時間がかかり、記述する時間が足りなくなる傾向にあると練習の段階で分かっていました。そのため、課題文には直接書き込まず、かつ下書き用紙にどの程度メモを残せば論文を構成できるのかを意識しながら練習を繰り返しました。試験本番でも同じ要領で取り組めたことが、余裕のある時間配分につながったのだと思います。

　反省点は、時間が余ったために余計な修正を入れようとしてしまったことです。小論文試験ではありがちかもしれませんが、解答となる主張と根拠が適切なものであるか、自分ではなかなか判断できません。読み返せば読み返すほどこうした方がいいかも、という考えが出てきてしまい、一度書いた部分を消して書き直し始めてしまいました。しかし、小論文試験で途中の文章を書き直すというのは、次に続く文章との関連を壊すことなく、納得のいく文章を決められた文字数で書き上げる必要があるため、難易度が高いです。なんとか時間内に書き上げることはできましたが、試験が終わった後も書き直さなければよかったと思うことがありました。結果として不安の種になってしまったことを考えると、蛇足だったと思います。納得のいかない部分の修正は必要ですが、確信もなく不安だからという理由で修正することは避けるべきだったと感じています。

■ 志望動機と志望理由の深堀りで回答の軸ができあがる

　小論文対策と比較すると、面接対策はほとんど何もしませんでした。予備校で講師とチューターにそれぞれ1回ずつ面接の練習をしていただきましたが、それ以外に対策らしいことはしていません。それでも試験に臨めたのは、研究計画書を作成する段階で、MBA取得の動機と志望理由を論理立てて説明できるようになっていたからだと思います。どんな角度から突っ込まれても答えられるように、志望動機と志望理由を可能な限り深堀りしていたおかげで、自分の中で回答の軸ができあがっており、それが自信につながっていました。

　ビジネススクールの受験に限らず、面接対策として重要だと感じてい

ることは、面接の練習を繰り返すことではなく、自分の考えや動機をとことんまで掘り下げる作業をすることです。面接官も人間ですので、緊張で言葉が詰まったり上手な言い回しではなかったりすることは理解してくれます。それよりも、動機が浅いものでないか・言葉に矛盾がないか・どこかで見聞きしたような考えではなく自分なりに考えられているか・問いに対して求めた回答が返ってくるかといった部分が重要です。そこが不十分だと、どんなに淀みなく答えられたところで印象はよくないと思います。面接はコミュニケーションの場です。相手に不安や疑心を抱かせないためにも、自身の軸を明確にしておくことは重要です。何より、実際の面接では、どんなに練習を重ねたとしても大なり小なり緊張します。であれば、面接の練習を優先するよりも、言葉に矛盾や嘘が生じないように考えを整理する方が有意義な対策になると思います。

■ 面接では志望動機についてさまざまな角度から切り込まれた

　私が受験した時は、机を挟んで面接官2人と向き合うような形式でした。受験生側にも机が用意されていますが、特に使用しません。20分程度の時間が設けられていますが、受験生の入れ替わりの時間も含まれていますので、実質15分程度だったと思います。

　質問内容は、8割程度が志望動機についてでした。経歴や自己紹介の時間は全くなく、なぜMBAを取得したいと思ったのか、から始まり、志望動機についてさまざまな角度から切り込まれました。なぜ課題を感じているのか・転職すれば解決するのではないか・その課題は経営学を学ぶことで解決できるのか・経営学を学ぶだけなら独学でもできるがビジネススクールで学ぶ必要があるのかといったことを問われました。さらに、なぜHUBで学びたいと思ったのか・MBA関連の書籍を読んだことはあるか・HUBの教授が執筆した本を読んだことはあるかといった質問もありました。とにかく志望動機と志望理由を深く突っ込まれた印象です。こう書くと圧迫面接のような印象を受けるかもしれませんが、実際はそういった雰囲気ではありません。というよりも、それらの質問は事前に自身でも掘り

下げて考えていた部分で、戸惑うことなく回答できたために厳しい面接だったという意識が芽生えなかったのだと思います。

　よかった点は、上述したように事前の対策ができていたためにぶれずに回答できた点です。言葉が不十分で問いかけに的確に回答できたか不安に感じる部分もありましたが、面接が進む中で面接官から「なるほど、だから先程○○と言っていたのですね」と言ってもらえたのは、一貫性のある回答ができていたからだと思います。1つの問いに的確に答えられなくても、全体として筋が通っていれば面接官には伝わりますので、あくまでもコミュニケーションをとることを心掛けて誠実に回答すればよいと思います。

　反省点は、強いて挙げるとすれば端的に答えることを意識しすぎたあまり、言葉が不十分だった場面があったことです。適切な単語が出てこなかったり言い回しが不適切だったり、細かい点を列挙すれば限りがありません。しかし、それらはあくまで70点を75点にしていくレベルの話で、致命的なミスにはならないと思っています。それを踏まえると、決してお手本になるような受け答えではありませんでしたが、その時のベストを尽くしたという意味で及第点をつけられる出来だったと思います。

〈 受験のための推薦図書 〉

・沼上幹、一橋MBA戦略ワークショップ (2015)『一橋MBA戦略ケースブック』東洋経済新報社
・苅谷剛彦 (2002)『知的複眼思考法―誰でも持っている創造力のスイッチ』(講談社+α文庫) 講談社
・本多勝一 (2015)『日本語の作文技術』(新版) (朝日文庫) 朝日新聞出版

一橋大学大学院 経営管理研究科

合格体験記⑤

上海対外経貿大学国際経済貿易学部を卒業後、邦銀メガバンクの上海支店に入行。その後、欧米系銀行、リース会社を経て2017年来日し、中国系都市銀行の東京支店に入行。2020年度一橋大学大学院経営管理研究科経営管理専攻経営分析プログラムに合格。

■ 経営学の再習得と全局的な視野を身につけるために

　私は大学を卒業後は奇しくも一貫して現地における外資系の金融機関で営業職としてのキャリアを積み重ねてきました。多くの制限を課されながらも成果を残してきましたが、年数を重ねるにつれ、これらの職場が抱えている経営上の課題に気づきはじめました。しかし、営業職の視点からだけでは、到底課題の全容を把握しきれませんし、それを解決しようにもどうしても力が足りませんでした。そこで私は、経営学に関する知識の再習得と全局的な視野を身につけることを希望し、ビジネススクールに入学したという思いが芽生えました。さらに言うと、この動機の根底には中国の大学受験の失敗を覆す願望、いわゆる学歴コンプレックスもありました。確かに、コンプレックスは強い原動力を提供してくれてはいます。しかしこれに囚われすぎると、本来の目指すべき目標を見失います。これが自分の受験コンディションにも悪影響を与えますので、いかに自分のコンプレックスと向き合うのも重要です。

■ HUB「留学生プログラム」を選んだ理由

　一旦職を辞めて、濃密かつ体系的な教育を受け自分を見つめ直したい―この思いのもとで、受験する候補校はフルタイムコースを開講するビジネススクールに絞りました。さらに同じく上海から東京に赴任してきた妻と離れ離れにならないためにと首都圏のビジネススクールをピックアップし、オープンキャンパスにも積極的に参加していました。その中で、一橋大学大学院営管理研究科経営管理専攻経営分析プログラム（以下、HUB）を選んだ理由は以下の5点です。

・一橋大学は日本商学教育の先駆者、国立大学法人にも指定され、教育の質が極めて高い
・国立大学のため学費面での負担が小さい
・アクセスが比較的良好

・小人数教育を堅持することで生徒が教員からきめ細かい指導を受けられる

（講義時間でより多くの発言を求められ、深いレベルの討議を見込める）

・入学試験は９月に行われ、比較的早い段階で結果が出る

　さらに、HUBには一般選考と並行して外国人特別選考がありました。本選考で入学した学生は専用の「留学生プログラム」を受講することとなり、通常の経営学修士コースの講義に加えて日本語能力を高度な実務に対応できる水準まで高め、日本の社会や産業文化に対する理解を深めるための講義も多数用意されています。どれも今後日本で活躍して行くには大変有意義なものだと認識しました。これを受け私は、同プログラムを自分の第一志望とし準備を進めました。

■ 筆記試験がないからこそ問われる出願書類の質

　留学生プログラムのもう一つの特徴は、筆記試験がないということでした。選考は書類選考と面接による口述試験だけとなり、書類の質がほかのプログラム以上に重要なのが明らかでした。そして書類の質を決定づけるのが研究計画書でした。

　今まで日系企業で多くの文書作成に携わってきた私ですが、小論文という文体を取り扱う経験がほぼありませんでした。研究計画書の重要さを認識していた私はビジネススクール受験のための予備校に通い始め、経営学の知識と論理思考を習得するよう努めました。与えられた課題に対し、当初はあまりにも小論文に不慣れで雑感、コラムみたいなものを提出してしまいました。すると先生から小論文の基本を何回も説かれました。努力が実りました。ようやく小論文の形に沿って自分の意見と見解をまとめられるようになり、提出課題の採点も目に見えてよくなりました。

　出願期間が早いこともあり、すぐに研究計画書の作成に取り掛かりました。HUBの研究計画書は、「職務・学習の経歴書」と「将来計画書」に分かれています。「職務・学習の経歴書」は、履歴書テンプレートを活用して作るよう先生から勧められました。時系列で職歴を理路整然と整理し、達成

した成果を数字に落とし可視化に徹しました。

　一方「将来計画書」では挫折を味わいました。自分のコンプレックスを前に出しすぎていました。現職における問題を提起するつもりでしたが、過去を述懐するに留まり、未来志向を感じさせない自分の不平不満をこぼすような内容になってしまっていたのです。そして最も恐ろしいのが、面談指導で予備校の先生にこれらの問題を指摘されるまで、全く認識できていなかったことです。そして私は軌道を修正し、自分の今までの歩みに振り返り、自分の未来図を描き、それを実現するための道筋がビジネススクール進学にあることを説明するように努めました。これができてようやく納得がいく将来計画書を書き上げることができました。

■ 口述試験では流暢な日本語で好印象を与えよう

　外国人特別選考は、一般選考と同じく口述を最終選考としています。しかし、両者の内容には確かな相違点もありました。一般選考の募集要項では、口述の内容を「専門に関する事項、その他」としていることに対し、留学生選考の口述試験は「日本語及び思考力に関する口述試験、将来計画に関する事項、その他に関する質疑」を内容として挙げています。予備校の課題文を解く以外にも、日本語および思考力を鍛える手段は多くあります。たとえば、私は『日経ビジネス』や『週刊東洋経済』などの経済誌を愛読しています。経済誌の文章の内容を要約することでも、筆者の論点と論拠を見つける練習を日頃から手軽に行えます。

　もちろん、外国人特別選考に参加している受験者は全員外国人です。受験者の日本語能力にはばらつきがあり、日本語能力に対する面接官の期待値はあまり高くありません。しかし逆に言うと、面接の場で流暢な日本語を使いこなせると好印象を与えます。日本語を鍛えるには模擬面接が非常に効果的であると考えます。募集要項に記載されている通り「将来計画に関する事項」を質疑されるため、自分が作成した将来計画に関する準備を入念に整えることも非常に重要です。

■ 口述試験前に経営に関する日本語の文章が配られた！

　口述試験本試験開始の10分前、控え室に集まった受験生たちに、経営に関する日本語の文章（Ａ４二枚程度）が配られました。内容は労働における男女格差に関するものでした。また、以下の三つの設問が出題されました。

・本試験で面接官が指定する段落を朗読すること
・文章の作者の観点を要約すること
・文章で自分が最も共感を覚えた部分を説明すること

　そして、10分間文章を熟読する時間を与えられました。私は日頃から新聞と経済誌に目を通していることもあり、かなり手応えを感じられました。また、配られた文章にメモをとることも許されますので漢字にふり仮名を付け加えておくと、後の朗読で役に立ちます。また、自分のある程度まとまった考えも用紙に書き留めました。本面接はまずこの日本語文章に関わる内容から始まりました。文章を読み上げる際、特に文章の抑揚を心掛けました。好感触を得て、面接官からさらに自分の日本語勉強に関する経歴を問われました。

　文章に関する設問に答え終えると、自己紹介や志望動機などの伝統的な面接となりました。私の勤務した社数が多かったので、職歴に関する質問もなされました。印象に残ったのが、面接官から「今まであなたが学んだ経営学という範疇以外の、あなたが関心を持つ理論を一つ挙げなさい」という質問です。私は自分が外国人であることから、ダイバーシティを念頭に比較文化論に関する内容で答えました。この理論に対する面接官の造詣も非常に深く、さらなる議論がなされました。しかし内容的には圧迫面接ではなく、どちらというと私を導くような印象でした。専門の知識がなくてもロジカルシンキングで正解へ近づけるのがある意味経営学という学問の醍醐味だと感じました。

　一点追記させていただくと、英語試験がなく、面接でも英語について質問されることはありませんでした。英語成績の証明書は任意提出ではありますが留学生プログラムの性質上、多くの受験者が英語に長けている

と予想されます。書類選考時に差をつけられないためにも余裕を持って
TOEFL/TOEICなどの英語民間試験の受験をすることをお勧めします。

> **受験のための推薦図書**
>
> ・網倉久永、新宅純二郎(2011)『経営戦略入門―マネジメント・テキスト』日本経済新聞出版社
> ・日本経営協会 監修、経営能力開発センター編(2015)『経営学検定試験公式テキスト1―経営学の基本』(第5版)中央経済社
> ・早稲田大学ビジネススクール(2012)『ビジネスマンの基礎知識としてのMBA入門』日経BP社

一橋大学大学院 経営管理研究科

合格体験記⑥

法学部を卒業後、総合商社に入社。2020年度一橋大学大学院経営管理研究科経営管理専攻経営管理プログラムに合格。

■ 知識と経験×経営学理論で昇華する！

　私のビジネススクールへの進学動機は、経営に関わるアカデミックな知見を身につけることによって、実務を通じて得た経験や知識をとらえ直すこと、そして両者の掛け合わせによる昇華を図りたいと考え始めたからです。私は新卒以来現在の会社に勤務しており、業界固有の経験や知識は蓄積できていると思います。しかし、既存実務の延長線上に留まらず、変化の激しい時代に対峙し成果を上げていくには、企業経営に関する普遍的・体系的理解を通して自らの視野を広げる必要があるのではないか、という危機感をここ数年抱いていました。そこで会社の外で広く学習、また研究を行うことによって、今まで培ったものをとらえ直しつつも、知の掛け合わせによる昇華につなげられれば、と思い進学を検討し始めました。

　数あるビジネススクールの中で一橋大学大学院経営管理研究科経営管理専攻経営管理プログラム（以下、HUB）を志望した理由としては、勤務先が近い場所での夜間開講で、休職や退職といったキャリア上のリスクを抱えることなく通学ができる、という点がまずは挙げられます。その上で、経営学の古典を数冊取り上げるゼミ形式の導入ワークショップの存在など、他のビジネススクールと比較し、よりアカデミックなアプローチを取っていることを説明会等を通じて知り、非常に魅力を感じたというのがありました。核となる知識・理論の普遍的・体系的な習得を行いつつ、実務上の具体的な課題に向き合うという形が自分に合っているのではないかと思いました。

■ 試験4カ月前に出願書類の準備を開始

　例年のスケジュールを踏まえると大学への出願時期が10月上旬・一次試験が10月下旬となるだろうと推測されたため、研究計画書は9月上旬までには目途を立てたいと考えていました。9月中旬以降は、一次試験である小論文対策、または研究計画書の内容を踏まえた二次試験の面接対策に

重きを置きたいと思っていたからです。私は今回の受験にあたってビジネススクール受験のための予備校に通っており、そちらで研究計画書への個別指導がカリキュラムとして設定されていたため、夏休み前の7月上旬にはまず初版を作成し、指導を受けました。以降、そこで明らかになった改善を要する点を一つ一つ潰し、整理した上で、再度の個別指導を経て、予定通り9月上旬には内容をほぼ固めるところまでに至りました。社会人としての日々の業務がある中での受験準備ですので、締め切りが迫ってバタバタと作成するという事態を避けられたのは、非常によかったと思っています。

　研究計画書は現在の仕事における問題意識を主題としましたので、自身の知識・経験をもとにした記述が中心になりましたが、業界を取り上げた経営史に関する専門書を一冊と、関連論文を数本読んだ上で作成にあたりました。直接的に研究計画書のこの部分に生きた、とまでは言い辛いのですが、二次試験の面接で受験にあたって読んだ書籍を聞かれ、しっかり自信を持って答えることができたので、そういう意味で先行研究に触れておいてよかったと感じています。

■ 小論文は背伸びをせず「等身大」で書く

　HUBの説明会に参加した際に登壇していた教授からは、一次試験の小論文に臨むにあたって経営学の知識は必要ではなく、入学後経営学を学んでいく上で必要になる素養を図る試験としている旨の説明がありました。実際に私が受験した際の課題文・設問を見ても、確かに経営学の知識を問うようなものではありませんでした。

　とはいえ何も対策せずでよいのか、と言えばもちろんそんなことはなく、限られた試験時間の中で課題文を適切に読み、設問に的確に答えるという小論文という試験形式を十分理解し、それに慣れておくということが必要になります。私は先述した通り予備校に通っていましたので、HUBでかつて出題されたものも含め、各ビジネススクール入試の過去問に十数題取り組みました。自身として大学(学部)受験で小論文を経験しており、正

直なところ多少の得意意識があったのですが、初めて過去問に取り組んだ際には、箸にも棒にも掛からない答案ができ上がりましたし、ある程度数をこなして理解・慣れを醸成した上で臨まないと、ビジネススクール入試の小論文は厳しいのではと思います。実際に私も、併願校の小論文試験において時間配分を誤り、最後の設問について考える時間、解答を書く時間が足りなくなってしまうという事態に陥りました。本番さながら厳しく時間を切る形であと何題か過去問に取り組んでおけば、より良い対策となっていたのではないかと今更ながら反省しています。

　あと実際の解答においては、理解の浅い経営学の専門用語を無理に使わず、「等身大」の文章を書くことを心掛けました。研究計画書を書くにあたって読んだ専門書や論文、または予備校の授業を通じて、さまざまな用語に触れる機会はあったのですが、小論文を採点する教授・講師陣はその道の専門家であり、浅薄な理解をもとに背伸びして用語を使うと、かえって逆効果になると考えたからです。

■ 面接対策は出願書類の内容を固めること

　何よりの面接対策は、研究計画書を始めとした出願書類の内容をしっかり固めることだと考えていました。結局面接で聞かれるのは、これまでの経歴・実績に加え、HUBの研究計画書の項目とされている「志望動機」「入学後の計画」「修了後の計画」に関する内容が主になるはずで、これらが定まっていないと各種質問への回答もブレてしまうだろうと感じていたためです。その意味では、9月上旬の時点で研究計画書の内容をほぼ固められており、以降それをどう伝えるかに集中できたのは非常によかったと思っています。

　最後に実践的なアドバイスです。私は普段話が長いと言われる方で、普段の仕事を通じて自分を理解している同僚や上司であればまだそれは大目に見てもらえるものの、面接官にそういった印象を持たれると一発勝負の場において相当不利になるだろうと思っていました。そこで、質問に対してまず端的に答え、それから背景や理由などの説明に移っていくという流

れを強く意識して面接に臨みました。実際の面接においては、研究計画書の項目に関するものに加え、時事関連等前もっての準備が難しい質問もいくつか投げかけられましたが、冗長になることなく適切に回答できたと思います。そのせいか、終始和やかな雰囲気のまま面接を終えることができました。

　以上が私のビジネススクール受験体験になります。受験準備自体が文章の読み書きやスケジュールの立て方等について改めて学び直す機会になったととらえており、それらも生かしながら進学後の学習・研究に取り組み、理論と実務の掛け合わせを図っていきたいと思います。

〈 受験のための推薦図書 〉
・（2018）『文藝春秋オピニオン2019年の論点100』（文春MOOK）文藝春秋

一橋大学大学院 経営管理研究科

溝渕 光太郎 (24歳)

早稲田大学基幹理工学部を卒業後、大手IT企業に入社。2020年度一橋大学大学院経営管理研究科経営管理専攻経営分析プログラムに合格。

合格体験記⑦

■ 経営学を基礎から体系的に学び組織コンサルタントに

　私が一橋大学大学院経営管理研究科の経営管理専攻経営分析プログラム（以下、HUB）を志望したのは、将来的に組織コンサルタントなどの職業を通じて、働く人々の業務満足度と生産性を両立できる職場環境を実現する役割を担える人材になりたいと思い、そのためには経営学全般に渡る理解と深い思考力が必要だと考えたからです。もちろん、そのビジョンが実現できるような企業に直接転職することや、組織論を独学で学ぶことも手段として視野に入れていました。しかし、多くの経営課題は組織・戦略・財務・マーケティングなど複数分野が複雑に絡み合っているものだと考え、まずは腰を据えてしっかりと経営学を学んでいこうと考えました。学ぶ意欲が非常に高かったことも転職よりも進学を優先した理由のひとつです。

　ただ、私はもともと理系で、ビジネススクール進学を考え始めたくらいの段階では経営学の基礎知識すら持ち合わせていなかったため、経営学初学者でも学びやすい環境が必要でした。その点でHUBは、基礎理論の体系学習を重視したカリキュラムを組んでいたため自分に適していました。加えて、募集要項に「理工系の学部出身者を歓迎します」という旨の文言があり、これも私のHUBに対する志望度を高めました。また、2名ほどHUBの在学生・卒業生にお話を伺ったのですが、2名とも非常に聡明な方だと感じ、こうした優秀な生徒が集まる環境でならば刺激を受けながら成長できると考えました。直接的な志望動機ではありませんが、国立キャンパスの緑豊かで落ち着いた雰囲気も気に入りました。

■ 合格する提出書類を書くための4つのポイント

　受験対策ですが、まずは提出書類についてお話していきたいと思います。HUBの出願では主に、「将来計画書」「職務・学習に関する経歴書」、そして任意で「推薦書」を提出します。「将来計画書」は合計2000字で「志望動機」「入学後の計画」「修了後の計画」の3点について書くというもの

です。その際意識してよかったなと思うポイントを4点ほど紹介します。

　第一に、冒頭で志望動機を簡潔に言い切ることです。おもむろに時系列順に昔のことから書くというよりも、まず「私が貴院を志望する理由は○○です」と言い切ってからスタートし、それからそう思うに至った背景ストーリーを書くイメージです。第二に、奇抜な構成や文学的な表現にこだわらず、読み手が読みやすい文章作りを心掛けることです。自分の専攻や業務内容を全く知らない読み手に自分のことを伝えるためには、分かりやすい表現や読みやすい構成が欠かせないからです。第三に、数あるビジネススクールの中でなぜHUBなのかということに触れることです。その際には、ただ単にHUBのカリキュラムの特色を褒めるのではなく、その特色がなぜ自分に合っているかまで踏み込むとよいと思います。特に、HUBが掲げる「古典講読」「理論と現実の往復運動」などの文言を取り入れる際には、それらが具体的にどういうことなのか、なぜ重要なのかを突き詰めることが重要だと思いました。そして最後に、研究計画よりも志望動機やキャリアビジョンに重点を置いて書くことです。多くのビジネススクールの入試では通常「研究計画書」の提出が求められますが、HUBでは「将来計画書」という少し違う名前になっています。これは、HUBからの「先行研究や参考文献をたくさん引用してアカデミック風に書くよりも、あなたの今までとこれからを教えてほしい」というメッセージだと私はとらえました。

　「職務・学習に関する経歴書」は、いわゆる通常の職務経歴書を想像して書いていただければ大丈夫かと思います。ただ、2点ほど意識したいことがあります。ひとつは、「学習」とある通り、必要に応じて学生時代のゼミや研究の話も書いて問題ないということです。たとえば、私のように社会人経験の浅い受験生であれば、無理に職務の話で字数を稼ぐよりも、学生時代の専攻を書いた方が内容が充実する可能性もあると思います。実際、私は2000字中350字程度は卒業研究の内容を書きました。そしてもうひとつは、ただ普段の業務を書くのではなく、成果を含めて、できれば定量的に書くのが望ましいだろうということです。自分の業務が、客観的にどの

程度難易度が高いものなのかを伝えるためには、定性的な文章だけではイメージしづらいからです。

　最後に「推薦書」に関してですが、これはゼミの教授や職場の上司に書いてもらうものです。任意提出なので「推薦書」の有無が直接合否に響くことはないと思いますが、将来計画書などでは触れられなかった自分の長所や普段の人柄などを大学院側に伝えることができるので、可能であれば提出したいところです。私は学生時代の研究室の教授と、職場の部長の2名に書いていただき、2通提出しました。

■ 小論文は同じ問題に何度も取り組もう

　小論文に関しては、ビジネススクール受験専門の予備校に通うことで対策をしました。授業で小論文の型や書き方のノウハウを教わり、自分が書いた小論文を何度も予備校の先生に添削してもらいました。その際意識したことが2つあります。第一に、初見の問題を数多くこなすことよりも、少ない問題数でも同じ問題に何度も取り組むことです。その方が、1回目の解答と比べることで自分の成長も実感できますし、解答に至るまでのメモや思考の道筋を定着させることができます。第二に、よく添削で指摘される自分の悪い癖や授業で教わった小論文のノウハウを一枚の紙にまとめて列挙し、毎回小論文を書き終えた直後に、自分の解答とその紙を照らし合わせ1項目ずつチェックしたことです。ここまで徹底したのは、なんとなく頭で『小論文はこうやって書けばいいんだ』と意識しているだけでは絶対にアウトプットに反映できないと考えたからです。そのほかに行った小論文対策としては、経営学の入門書を購入し、基本的な経営学の知識を広く浅くインプットしたことです。HUBの入試では、直接的に経営学の知識を問われることはありませんが、予備知識として持っておいて損はないと考えたためです。特に私の場合は、バックグラウンドが理系ということもあり、経営知識に疎かったため、サラッと経営学について一通り学んだだけでもだいぶ小論文の課題文が読みやすくなりました。

　余談ですが、予備校のメリットは学力向上だけでなく、励まし合える

受験仲間を得られることや、院試に関する有益な情報を得られることもあると思います。社会人で大学院入試に挑む人や国内ビジネススクールの受験者数は決して多くはありません。完全に独学で受験勉強をすると、同じ志を持つ仲間に出会えず、孤独を感じたりモチベーションを保つのが難しかったりするかもしれません。また、学部の入試に比べ、大学院入試の受験対策に関する有益な情報はインターネット上ではほとんど見受けられません。その点でも、情報を多く有する予備校は非常に役立ちました。そして、予備校に通わないにせよ、文章作成に長けた人に添削してもらうのは非常に有効だと思います。

　本番の小論文の試験では、出題形式が例年と変わっていました。2019年度までは300〜700字の小問が3題あったのが、2020年度は100〜300字の小問が5題出されるといった風に変化しました。急に出題傾向が変わっても慌てずに、むしろ「他の受験生は焦ってるだろうな、ラッキー」くらいの心意気でいると精神衛生上よいかと思います。

■ 英語試験対策は大学受験時の英単語帳で語彙力アップ

　次に英語の対策について書きたいと思います。HUBの英語の試験は、英語の長文を読み、下線部の和訳を行ったり、本文の内容に関する問いに日本語で解答したり、日本語で本文の内容を要約するなどといった問題が出題されます。題材となる領域は、社会科学、経済学、経営学などで、出典は『Harvard Business Review』など海外の経済誌や書籍からが多いです。

　私が英語の試験対策として強くお勧めしたいのが、以下の3点です。第一に、大学受験の時の英単語帳を再度覚えなおすことです。HUBの英語では、経営学に特化した専門的な語彙力は要求されませんが、大学受験程度の幅広い語彙力は必須となります。それに、イチから新しい英単語帳を覚えるより、遥か昔のことだとしても一度は覚えたことのある英単語帳を覚えなおす方が負担は少ないかと思います。第二に、関係詞を中心とした英文法の総復習です。HUBの英語では必ず2〜3題、下線部の和訳問題が出題されます。そして、下線部が引かれている場所に限って関係詞がたくさ

ん入り混じった複雑な構文になっています。婉曲的な仮定法や慣用的な比較級を見抜くこともポイントになってきます。第三に、週2〜3回、『The Japan Times』の記事をひとつ選んで和訳することです。『The Japan Times』とは、日本の時事問題が英語で書かれている新聞で、インターネットで閲覧可能です。和訳する記事は、タイトルを見て読めそうだなと思ったものを選べばよいと思います。HUBで必ず出題される和訳の練習にもなりますし、ビジネス領域の英文に慣れることもできます。ちなみに、HUBのホームページなどを見ても、過去問は著作権の関係で課題文を閲覧することができず、直接国立キャンパスに足を運ぶことでしか見ることができません。加えて、過去問は持ち出し禁止かつ撮影禁止なので、過去問演習で英語の試験対策をするというのは、あまり現実的ではないと思います。

■ 模擬面接と問答集の作成で面接に備える

　次は面接についてです。面接対策として私が行ったことは、主に以下の3点です。まず、受験仲間や人事の友人などに面接官役をやってもらい模擬面接を行ったことです。その際、遠慮せずに欠点を指摘してほしいと面接官役に頼むことを徹底しました。知り合い同士で模擬面接を行っても、関係悪化を恐れてどうしても褒めてばかりで厳しいことを言いづらくなってしまうためです。友人たちには心を鬼にしてもらいました。その模擬面接では、話す内容のほかにも、姿勢や視線が安定しないことも指摘されたので、これは自分では気づけなかっただろうなと思います。

　第二に、想定問答集を作成したことです。飛んでくると予想される質問をピックアップし、それに対する回答を用意しました。ポイントは、受け答えの文章を丸暗記するのではなく、要点のキーワードだけをまとめることです。たとえば、「数あるビジネススクールの中でも一橋を選んだ理由は？」→「①初学者向けカリキュラム②理系にも門戸③OB訪問で感銘」といった具合です。面接当日は、雑談以外はほぼ問答集からしか質問が来なかったのでやっておいてよかったです。質問内容は、就職活動などと似ていて「自己紹介」「志望動機」あたりが最初に聞かれました。研究テー

マやキャリアプランの深掘り、自分の今までの人生についての質問なども
されました。これらにきちんと答えられる問答集を作成するには、提出し
た書類（「将来計画書」「職務・学習に関する経歴書」）を読み直し、自分でセ
ルフツッコミを入れていったり、友人に読んでもらい素直に疑問に思った
点を挙げてもらうことなどが非常に有効でした。そのほか想定問答集には
「あなたはどのようにビジネススクールの講義に貢献できるか？」「社会人
2年目のこのタイミングであえて大学院に入りなおす理由は？」などの質
問に対する回答を用意しました。

　第三に、自分の声を録音したことです。すると、ひとつの質問に対し
て驚くほど長々と喋り続けていることに気づきました。端的な回答ができ
るようになるために、録音と時間計測を繰り返しました。そして、何度も
自分の声を聴きなおすうちに、不要な単語をたくさん使っていることに気
づき、最終的には無理に早口にしなくてもひとつの質問に20〜30秒ほど
で回答することができるようになりました。いろいろ端折って説明をする
と、説明不足になるのではないかと不安になるかもしれませんが、説明不
足であれば面接官から質問してくれます。それに対し適宜答えていけばい
いと思いますし、それがコミュニケーションなのかなと思います。

　以上をまとめると、想定問答集を片手に、各質問に端的に回答できるよ
うになるまで何度も録音と時間計測を繰り返し、適宜他人との模擬面接を
行ったということになります。

　本番の面接はやや広い教室で行われ、形式は面接官は2人で、面接官と
の距離は5メートルほどとやや遠かったです。雰囲気は和やかでした。た
だ、それはあくまで私の場合であって、隣の部屋からは厳しい雰囲気の会
話が聞こえてきました。7つの教室で面接が同時進行していたので、面接
の雰囲気は教授次第だと思います。また、企業の採用面接であれば「自分
がどう会社の利益に貢献できるか」という観点でアピールしていく必要が
あると思いますが、相手は大学の教授ですので、「勉強する意欲」や「一緒
の教室で学びたいと思える人柄」をアピールすることを心掛けました。

〈 受験のための推薦図書 〉

・榊原清則(2013)『経営学入門〈上〉〈下〉』(第 2 版)(日経文庫)日本経済新聞出版社
・青島矢一・加藤俊彦(2012)『競争戦略論』(第 2 版)(一橋ビジネスレビューブックス)東洋経済新報社
・照屋華子・岡田恵子(2001)『ロジカル・シンキング―論理的な思考と構成のスキル』東洋経済新報社
・中澤幸夫(2009)『テーマ別英単語 ACADEMIC [中級] 01人文・社会科学編』Z 会

Appendix

主要ビジネススクールの
概要と特色

青山学院大学大学院 国際マネジメント研究科

体験的学習プロジェクトの「青山アクション・ラーニング」を通して、地球市民として活動する、創造的リーダーの養成と未来に貢献

　青山学院大学大学院国際マネジメント研究科国際マネジメント専攻（以下、ABS）の源流は、1990年に設立された夜間大学院国際政治経済学研究科国際ビジネス専攻修士課程です。これは、日本の私立大学では初めて夜間に社会人を対象にビジネスを教える大学院として設立されたものです。その後、2003年にABSへと改組し、現在ではフレックス・タイムとフル・タイムの2つのプログラムを設けています。両プログラムは、要求される実務経験年数の違いを別にすれば、授業の時間帯が異なるだけで、カリキュラムの構成は同じです。フル・タイムは平日の昼間が中心ですが、平日の夜間と土曜日にも履修できる授業があります。ABSのミッションは、「社会的責任を果たし、地球市民として活動する創造的リーダーの養成と、時代をリードする研究活動を通して、豊かな未来を切り拓くことに貢献する」ことです。このミッションに則って課題の発見・解決に向け、主体性を持って多様な人々と協働して学ぶ力を持つ人材の育成を目指しています。

■ 経営理論とビジネスの実践を結びつける体験的学習プロジェクト

　ABSの科目群は、グローバルスタンダードに沿った、欧米の一流ビジネススクールのカリキュラムを参考にして構成され、「創造的リーダー」を数多く輩出するために、さまざまな教育プログラムを開発し、絶え間ない改善を続けています。1年目から2年目にかけては、経営各分野の基礎知識と専門知識を身につける必修科目と専門科目、方法論、国際的視野、コミュニケーションスキルなどを身につける基本科目などを履修します。

　2年目に行うのが、それまでに身につけた知識の総まとめとなる「青山アクション・ラーニング」です。この体験的学習プロジェクトでは、マネジメント・ゲーム、企業分析とファンド・マネジメント・シミュレーション、アドバンスト・コーポレート・コミュニケーション、ビジネス・プラン

ニング、マーケティング・プランニング・プロジェクト、ファイナンス＆テクノロジー、インターネット・ビジネス・プロジェクト、プロジェクト・レポートの8科目を設置しています（2019年度）。いずれも体験から学ぶように設計されています。例えばマネジメント・ゲームは、学生4〜5名1組で仮想の消費財会社を経営し、米国・カーネギーメロン大学など海外のMBAスクールの学生との合同のビジネスシミュレーションゲームを行い、グローバルな競争を体験します。その目的は、マネジメント、マーケティング、財務、会計、オペレーションといった会社機能の全体を把握するとともに、経営者が直面する諸問題を実際に経験することにより、問題解決能力を向上させることです。他のビジネススクールでは、2年間の総まとめとして論文を書くことが求められますが、ABSでは実践的なプロジェクトで知識を定着させます。

■ キリスト教精神に基づき、企業の社会性を重視した科目も充実

　ABSではグローバル人材を育成するため、このように海外のMBAと共同で行う授業や「異文化マネジメント」「グローバル・コミュニケーション」といった科目に加え、英語でビジネスを学ぶ科目も用意されています。また、ミッションに「社会的責任」「地球市民」というワードがあるように、ABSは企業の社会性を重視しています。「企業倫理とコンプライアンス」を必修科目に配置するだけでなく、「文化と宗教から見るビジネスと倫理」「ビジネスとフィロソフィー」など基本科目も充実しています。これは、現代のビジネススクールの世界的な倫理志向の潮流に棹さすと同時に、自由と自律を重んじた青山学院のキリスト教教育の精神に基づく特徴なのです。

基本データ
● プログラム開始年 1990年
● 学位 経営管理修士（専門職）
● 開講時間 平日昼間、平日夜間・土曜
● 住所 東京都渋谷区渋谷4-4-25
● 交通 JR山手線、東急線ほか「渋谷」より徒歩10分、東京メトロ各線「表参道」より徒歩5分

入試データ
● 出願期間 ①9月上旬〜9月中旬　②11月上旬〜11月中旬　③1月中旬〜1月下旬
● 試験日程 ①面接：10月上旬　②面接：12月上旬　③面接：2月中旬

慶應義塾大学大学院 経営管理研究科

日本のビジネス環境に適応した「慶應型ケースメソッド」による実践的な教育を基盤に、グローバル社会のビジネスリーダーを育成

　慶應義塾大学大学院経営管理研究科経営管理専攻(以下、KBS)は、「慶應義塾大学ビジネス・スクール」として1962年に創立された、日本で最も歴史のあるビジネススクールです。1978年には、1年制教育課程を発展的に解消し、わが国初の2年制MBAコース(大学院修士課程)を開設しました。以来、リーダーとなるための幅広いマネジメントスキルと深い専門性、それらを統合し発展させるための方法論を提供し、ケースメソッドによる実践的な教育を基盤に、時代の変化に追随しながら経営の本質を見極めるビジネスリーダーを育成してきました。KBSでは国際水準の教育の質と圧倒的な学習量によって、ビジネスリーダーに不可欠な情報分析能力と判断能力、自らの分析と判断に基づき、社会と組織を先導することのできる使命感や情熱、リーダーシップを身につけることができます。

■ 総合的経営管理能力の基本となる主要8部門を徹底的に学習

　KBSが重視するのは、単なる経営技術の専門的教育ではありません。企業の進むべき方向を確立し、その目標の合理的実現に向かって各職務・部門の活動を最高度に発揮させる「総合的管理能力」を育成するための教育・訓練です。そのため、授業の多くはケースメソッドで行われます。ケースメソッドとは、学生がケース(実際の企業が直面した経営課題を記述した教材)を事前に読み込んだ上、各人の分析結果や意思決定の内容、その理由を教員のリードのもとで発表し、議論する授業形式をいいます。50年以上の歴史に育まれた「慶應型ケースメソッド」は、企業との強いネットワークを持つ教員が独自に年間50本の新作ケースを開発し、常に新鮮な課題を提供するとともに、日本企業に適した人材教育法の確立を目指します。

　2年間フルタイムの教育課程では、総合的経営管理能力の基本となる主要8領域(会計管理、マーケティング、財務管理、総合経営、組織マネ

ジメント、経済・社会・企業、生産政策、経営科学）を1年次に、ケースメソッドで徹底的に学びます。2年次の学びの中核に位置づけられるのがゼミナールです。1年次に学んだ基礎知識を応用する授業から、国内外でのフィールドワークを伴う授業、外資系企業の現役コンサルタントが小グループにアドバイザーとしてグループワークを行う授業まで、座学だけでなく実践的な専門科目の授業が約80あり、専門性を深く究めたいプロフェッショナル志向、経営に関する幅広い知識を得たいゼネラルマネジメント志向のどちらにも応える、豊富な科目群が用意されています。

■ 2大国際認証機関が認める世界基準の教育と国際ネットワーク

KBSは、常に"世界トップクラスのビジネススクール"を目標に掲げ、高度な教育の質を確保し、教育品質の保証のため、2大国際認証機関（AACSB InternationalとEFMD）によるグローバル基準での客観的評価による認証を継続して得ています。また、世界規模の研究と教育に関する交流を推進するため、国際的なビジネススクールのネットワークに加盟。共同研究・教員交流、学生の交換留学などを積極的に行っています。国際単位交換プログラムでは、世界各国トップレベルのビジネススクール51校と協定を結び（2019年2月現在）、自分自身のキャリアプランや興味のある学問分野に応じて最適な留学先を選択することができます。世界基準のケースメソッドを中心とした実践的教育、世界各国のビジネススクールとの連携――これからの日本、世界のために、KBSが目指すのは、グローバル・ビジネスの最前線で活躍するビジネスリーダーの育成なのです。

基本データ

- プログラム開始年 1978年
- 学位 修士（経営学）
- 開講時間 平日昼間
- 住所 神奈川県横浜市港北区日吉4-4-1
- 交通 東急東横線・目黒線ほか「日吉」より徒歩1分

入試データ

- 出願期間 ［秋期］9月中旬〜10月上旬　［春期］12月下旬〜1月中旬
- 試験日程 ［秋期］筆記試験・面接：10月中旬　［春期］筆記試験・面接：2月上旬
- 出願者合格倍率（2019年度実績）2.7倍

中央大学大学院 戦略経営研究科

強固な「MBAスタンダード」プログラムと先進的な「CBSオリジナル」プログラムの開講によって、「CBSクオリティ」を創造

　中央大学大学院戦略経営研究科戦略経営専攻（以下、CBS）は、戦略経営の理論と企業の実務の橋渡しを旨とする「行動する知性＝Knowledge into Action」を理念に掲げ、「戦略経営リーダー」を育成することを目的として2008年に設立されました。「戦略経営」とは、経営戦略を中心としながら、それに各職能分野の戦略を密接に関連させて、企業経営を総合的に展開することを意味します。つまり、CBSが育成する戦略経営リーダーとは、「戦略」「マーケティング」「人的資源管理」「ファイナンス」「経営法務」という5つの分野を有機的に結びつけられる、戦略思考力と戦略実践力を兼ね備えたチェンジ・リーダーのことです。そのため、入学資格に就業経験を設けることで、少人数で、きめ細やかな質の高いビジネスパーソンに特化した教育を行っています。

■ 次の10年を見据え、チェンジ・リーダーの育成をさらに加速

　CBSでは、常に価値あるプログラムとは何かを考え続け、新しい学びを提供しています。MBAスタンダードなプログラムとしては、MBAホルダーとして知っておくべき5つの分野―戦略、マーケティング、人的資源管理、ファイナンス、そして中央大学の強みである法曹人材を生かした経営法務に関する理論と実践を、講義とディスカッションの形式で学びます。

　さらに、CBSでは2017年の設立10周年を機に、チェンジ・リーダーの育成をさらに加速するため、3つのCBSオリジナル・プログラムがデザインされました。

　「アクション＆リフレクション」では、入学から半年ごとにリフレクション（キックオフセミナー、リフレクションセミナー、ラップアップセミナー）することで、実務と学びを関連づける相乗効果を生み出します。実践体験型の学習「フィールドラーニング」は、具体的な企業の現場に深く

入り込み、問題発見・解決に取り組むことで、教員と受講生がインタラクティブな意見交換をしながら、吸収したデータから当該企業のアクション（実践）につなげることを試みています。2年間の集大成となるのが「プロジェクト研究」です。在学生全員がプロジェクトに所属し、専任教員から指導を受けることができます。活動のアウトプットは、アカデミックな論文や実務的な事業計画書としてまとめあげることで、従来にない新しいビジネス知識を創造し、CBSクオリティが作り上げられていきます。

■ 遠隔講義システムで出張先からでも講義への参加が可能

プロジェクト研究の多くは、教員1名に対して約5名程度の人数で行われるため、同期間で密なつながりが生まれます。また、在校生と修了生が共に所属する「CBS倶楽部」があり、修了年度を超えた学年間の交流が行われています。この2つがCBSコミュニティを形作る大きな基礎となっています。また、ビジネスパーソンが働きながら学位を取得できるよう強力なサポート体制を整えています。CBSでは2019年から平日は夜6時50分から講義をスタートしています。土日にも開講し、週末だけの通学でも学位が取得できます。さらに、急な仕事が入ってしまい、講義に出席できなくても、VOD（ビデオオン・デマンド）によりビデオで講義を視聴できるので、補習や復習のよるキャッチアップが可能です。出張の場合には、遠隔講義システムを用いて、出張先から講義に参加できます。

基本データ
- プログラム開始年 2008年
- 学位 経営修士（専門職）
- 開講時間 平日夜間、土曜・日曜
- 住所 東京都文京区春日1-13-27
- 交通 東京メトロ丸の内線・南北線「後楽園」より徒歩5分、都営地下鉄大江戸線・三田線「春日」より徒歩5分、JR総武線「水道橋」より徒歩13分

入試データ
- 出願期間 [7月選考（9月入学）]6月上旬〜7月中旬　[11月選考]10月中旬〜10月下旬　[1月選考]12月中旬〜1月上旬　[2月選考]1月下旬〜2月中旬
- 試験日程 [7月選考（9月入学）]面接：7月下旬　[11月選考]面接：11月中旬　[1月選考]面接：1月中旬　[2月選考]面接：2月下旬
- 志願者合格倍率（2019年度実績）[4月入学]1.1倍

筑波大学大学院 人文社会ビジネス科学学術院

経営学、数理科学、情報科学の「プラクティスとリサーチ能力」を身につけた、新たな経営課題に対応できる高度専門職業人を養成

　夜間開講社会人大学院のパイオニアとして1989年に開設された筑波大学大学院ビジネス科学研究科経営システム科学専攻は、2020年度より、筑波大学大学院人文社会ビジネス科学学術院ビジネス科学研究群経営学学位プログラム（以下、筑波MBA）へと移行しました。その目的は、ビジネスの変革や技術の複雑化に伴う新たな経営課題に対応可能な高度専門職業人を養成することです。現代のビジネスリーダーには、ビジネス遂行上の課題を発見し、その本質を分析・理解し、最新の理論や手法によって解決策を確立し、しかもそれを実践できる「プラクティスとリサーチ能力」が求められています。筑波MBAでは、そのような能力を備えたビジネスパーソンこそ、今日のビジネス組織をリードし、将来のトップマネジメントとなり得る人材と考え、経営学上の中心的な領域に加え、統計などの数理領域や、人工知能、データマイニングなどの情報領域、といったビジネスのマネジメントに関連する幅広い研究領域をカバーした教育を行っています。

■ 経営学とアナリティスクの融合を目指す新たな教育プログラム

　筑波MBAでは、「経営」「マーケティング」「会計」「ファイナンス」といった経営学のコア領域だけでなく、コア領域を支える分析基盤として「数理科学」「統計科学」「情報科学」といった今日的科学技術に基づくアプローチも教育の柱として掲げ、経営学とアナリティスクの融合を目指しています。研究指導を行うのは筑波大学ビジネスサイエンス系（教員組織）に属する各領域において先端の研究を行っている教員です。学生が有する実務知識と教員が有する学術的知識を融合することで、ビジネスに内在する課題を見つけ、それを解決する能力を身につけることができます。

　また、「データサイエンス教育プロジェクト」の一環として、経営学・データサイエンス・数理科学・情報科学・人工知能の各分野の組み合わせからな

る「イノベーション創出型データサイエンス育成教育プログラム」を提案しています。データサイエンス・人工知能の波は経営の最前線に到達し、ビジネスの現場に蓄積したデータは、その有効活用が強く求められています。このプログラムでは、グローバルなビジネス環境で戦える先進的なデータサイエンティストを育成するため、「先進的なデータ分析技術を身につけたデータサイエンティストの育成」「データを活用したグローバルなマーケティングや経営戦略策定を行える人材育成」を目的とした教育プログラムを構築。データ処理の技術に加え、社会的価値のある課題を発見する能力、それを解決するためのデータ活用能力の習得を目指します。

■ 学生1人に3名の指導教員が、きめ細かなケアで修了をサポート

　教育・研究指導体制としては、1学年30名に対して15名以上の指導可能教員を確保するなど、少人数教育を徹底しています。オーダーメイドの履修計画作成をサポートする主たる指導教員のほか、2名の副指導教員が、修士論文研究の指導にあたるなど、少人数のクラスとゼミできめ細かな教育・研究指導を実践しています。また、概要発表（研究計画）、中間発表、最終発表などからなるステージ制を導入し、ステージ毎に達成すべき目標が設定されているので、修士論文研究の進捗を能動的に管理することができます。さらに、筑波MBAでは経営学学位プログラム（博士）も設置しています。大半の教員が博士課程と兼任のため、一貫した教育・研究プログラムで運営されています。これにより、博士課程に進学した場合には実質的に5年一貫教育と同じ効果を得ることができます。努力次第では5年間を大幅に短縮し、最短3年で修士号と博士号の学位が取得できます。

> **基本データ**
> ● プログラム開始年 1989年　　　● 住所 東京都文京区大塚3-29-1
> ● 学位 修士（経営学）　　　　　　● 交通 東京メトロ丸ノ内線「茗荷谷」より徒歩3分
> ● 開講時間 平日夜間・土曜

> **入試データ**
> ● 出願期間 9月下旬〜10月上旬　　● 試験日程 小論文・口述試験：11月中旬
> ● 志願者合格倍率（2019年度実績） 3.5倍

東京都立大学大学院 経営学研究科

公立大学ならではの多彩な教育研究プロジェクトと教育プログラムを提供し、首都東京と日本に活力を与えるビジネスパーソンを養成

　東京都立大学大学院経営学研究科経営学専攻は、2018年度に社会科学研究科経営学専攻から再編。従来の高度専門職業人養成プログラムと高度金融専門人材養成プログラムを引き継ぐ経営学プログラム（MBA）とファイナンスプログラム（MEc）のほかに、新たに経済学プログラム（MF）を開設し、経営学・経済学・ファイナンスの最先端の研究と教育がダイナミックに融合する環境を提供しています。経営学プログラムでは、産業の活性化を通じて首都東京とわが国に活力を与えていくことをミッションに、ビジネス環境を緻密に分析し経営戦略を立案する能力、組織や制度を設計し変革する能力、ビジョンと高い志を兼ね備えて果断に意思決定できるマインドを持つ多くのビジネスパーソンを養成。ファイナンスプログラムは、ファンド・マネージャーやクォンツ・アナリスト、リスク管理者の養成、および財務分野でのキャリアアップの教育に重点を置くプログラムです（ファイナンスプログラム志望者は別途研究科HPをご参照ください）。

■ マネジメントの本質に迫ることができる授業を数多く提供

　経営学プログラムでは、「経営戦略」「マーケティング」「経営組織・HRM・意思決定」「会計学」「マネジメント・サイエンス」の5つの教育研究プロジェクトを用意し、最先端の研究成果を踏まえたマネジメントの本質に迫る授業が数多く提供されています。

　「経営戦略」では、企業の経営資源や組織能力と持続的競争優位の関係性、あるいは市場との関係性に焦点を当てて、企業ケースやこれまでの学問的研究を広く展望して、企業の戦略行動についての実証的分析や理論的考察を行うことで、プロジェクトメンバーの論理性を養成します。「マーケティング」では、マーケティング論を中心とした研究業績を基礎にしながら、同時に最先端のマーケティング・サイエンスやリサーチメソッドを

学ぶことを通じて、顧客との長期的な関係を構築し、新たな価値を創造していく論理の理解を深めます。「経営組織・HRM・意思決定」では、組織と人に関わる諸問題への学術的なアプローチを体系的に学びます。組織における行動を分析対象とする組織行動論、人材の活用・育成・評価などを検討する人的資源管理論（HRM）、人間の意思決定のありようを心理実験などから明らかにする行動意思決定論が主たるバックボーンになります。「会計学」では、企業外部の関係者を情報提供のターゲットとした財務会計領域と、経営者などの内部者をターゲットとした管理会計領域、双方の研究プロジェクトを推進しています。「マネジメント・サイエンス」では、種々の制約のもとで最適化を行う数理計画問題、不確実性を含むシステムの扱い、特に確率モデルの解析やシミュレーションによる解析、生産・物流・情報システムを核とした経営システムの革新、経営活動の効率化などの研究を行っています。

■ 公立大学の強みを生かしたユニークな科目も開講

　「公共経営アクションリサーチ」は、経営学プログラムにおける公立大学ならではの科目のひとつです。その目的は、企業経営の知見を公共セクターのマネジメントに応用することにあります。年ごとにテーマが設定され、複数の担当教員や学外の専門家によるレクチャーなどで知識を深めて問題意識を醸成します。また、経営学プログラムとファイナンスプログラム、経済学プログラムのほとんどすべての科目で相互に授業を履修することができます。東京駅至近のキャンパスで学ぶ授業、東京都民の学生は入学金が半額となることなども、公立大学MBAとしての強みです。

基本データ
- プログラム開始年 2003年
- 学位 修士（経営学）
- 開講時間 平日夜間・土曜
- 住所 東京都千代田区丸の内1-4-1 丸の内永楽ビルディング18階
- 交通 JR各線「東京」より徒歩5分、東京メトロ・都営地下鉄各線「大手町」駅地下直結

入試データ
- 出願期間［9月入試］7月下旬　［2月入試］1月上旬
- 試験日程［9月入試］口頭試問・筆記試問：9月上旬　［2月入試］口頭試問・筆記試問：2月上旬

一橋大学大学院 経営管理研究科

日本語プログラムと英語プログラムの2つのスクールで構成された、一橋大学の総力を結集した"新時代のビジネススクール"が誕生

　1996年、一橋大学・国立キャンパスで開始した商学研究科修士専修コースにおいて、後のMBAコースにつながる社会人向け教育が始まりました。2001年からは経営学修士コースに拡充され、2018年4月には、これまでの商学研究科（国立キャンパス）と国際企業戦略研究科（千代田キャンパス）に分かれていた2つの研究科を再編・統合し、一橋大学大学院経営管理研究科が誕生しました。その通称を「一橋ビジネススクール（以下、HUB）」と定め、経営管理専攻（以下、SBA）と国際企業戦略専攻（以下、ICS）を設置しました。SBAでは、「洞察ある知識と効果的なコミュニケーション・スキルを併せ持つリーダーの育成」「創造性と高度な専門的スキルを併せ持つプロフェッショナルの育成」「他者を思いやりグローバルな視野を持つコミュニティ志向の市民の育成」というミッションを実現するために、「経営分析」「経営管理」「金融戦略・経営財務」の3つのMBAプログラムを提供しています。また、ICSでは1年制と2年制のプログラムを用意しています。

■ 幅広い学びの機会を提供し、将来を担う高度経営人材を育成

　SBAの経営分析プログラムは、一般選考、企業派遣特別選考（原則3年以上の実務経験者）、外国人特別選考で募集し、平日昼間に、商学・経営学をはじめとする社会科学の歴史を刻んできた国立キャンパスで開講されます。2年間にわたるフルタイムのプログラムを通じて、マネジメントに関する幅広い領域を体系的に学び、マネジメントに関する分析手法の修得を目指します。さらにビジネスに必要な英語コミュニケーション能力を磨きます。東京都心の神田一ツ橋に位置し、就業時間後や休日に通いやすい千代田キャンパスで平日夜間・土曜日に開講するのが、経営管理と金融戦略・経営財務の2つのプログラムです。経営管理プログラムは3年以上の実務経験者を対象として、先端的なマネジメント研究に取り組む常勤教員に

よる講義と、ビジネスで豊富な経験を有する実務家教員による講義を効果的に組み合わせ、将来を担う高度経営人材を育成します。2年以上の実務経験者を対象とする金融戦略・経営財務プログラムは、ファイナンスに軸足を置き、さまざまなビジネスの場で活用できる金融・財務の知識とスキルを有した金融プロフェッショナルの育成に取り組んでいます。

なお、経営管理プログラムにはサブプログラムとして、ホスピタリティ・マネジメント・プログラムが開設されています。ホスピタリティ産業固有の問題やトピックを掘り下げていきます。

■ カスタマイズできる"オールイングリッシュ"のプログラムも用意

平日昼間に千代田キャンパスで開講しているICSのプログラムは、すべて英語で授業を開講しています。そのため、留学生が占める割合も高く、日本にいながら海外のMBA同様の指導が受けられます。特に2年制のプログラムでは、インターンシップや海外のビジネススクールとのダブルディグリーなどの選択肢を用意。国際的に活躍することを志向している学生のさまざまなニーズに合わせて、カスタマイズできるプログラムとなっています。HUBでは、教育内容のより一層の高度化、国際化を図りカリキュラムの国際的な通用性を高め、国際認証の獲得ならびにビジネススクールのグローバル・ネットワークの形成を目指しているのです。

基本データ
- プログラム開始年 1996年
- 学位 修士(経営)
- 開講時間 [国立C]平日昼間
  [千代田C]平日夜間・土曜(SBA)、平日昼間(ICS)
- 住所 [国立C]東京都国立市中2-1
  [千代田C]東京都千代田区一ツ橋2-1-2 学術総合センター内
- 交通 [国立C]JR中央線「国立」より徒歩10分など
  [千代田C]東京メトロ東西線「竹橋」より徒歩4分など

入試データ
- 出願期間 [経営分析]7月中旬 [経営管理]9月下旬～10月上旬
  [金融戦略・経営財務](秋期)9月下旬～10月上旬 (冬期)1月中旬
- 試験日程 [経営分析](第1次試験)英語または数学・小論文:8月中旬 (第2次試験)口述:9月上旬
  [経営管理](第1次試験)小論文:10月中旬 (第2次試験)口述:11月上旬
  [金融戦略・経営財務](秋期)11月上旬 (冬期)2月上旬
- 出願者合格倍率(2019年度実績)[経営分析]2.5倍 [経営管理]3.3倍(ホスピタリティ・マネジメント・プログラム含む)
  [金融戦略・経営財務](秋期)3.6倍 (春期)3.7倍

法政大学大学院 イノベーション・マネジメント研究科

日本初の1年制および1.5年制・2年制ビジネススクールを併設し、ビジネスの変革を推進する「自立型ビジネス・イノベータ」を育成

　法政大学大学院イノベーション・マネジメント研究科イノベーション・マネジメント専攻（以下、HBS・IM）は、大胆な発想と行動力によって、ビジネスにイノベーションを起こす「自立型ビジネス・イノベータ」を育成することを目標に、日本初の1年制ビジネススクールとして2004年4月に開校しました。1年制にしたのは、情報化とグローバル化が進み、ビジネスのスピードが求められる現在、短期化したビジネスの変革に対応するためです。その後2007年度に、1年目にじっくりとビジネスの基本と専門性を身につけ、2年目に新規ビジネスや経営管理のイノベーション・プランを練り上げ、ビジネスのプロフェッショナルとしての実践力をつける2年制を設置しました。2015年9月には、1.5年制のグローバルMBAプログラムを開設しました。主にアジアの留学生を対象として、日本企業の現地法人の中核を担う人材を養成しています。英語で日本の経営を学びますが、日本語の授業も受講できるバイリンガルプログラムとなっています。

■ プロジェクトにより、イノベーティブなビジネス・モデルを構築

　高度情報化が進む中で、成功している伝統的企業、新規ビジネス部門、ベンチャー企業は、どこを見てもCEOとCIOがうまくコラボレーションし、的確に顧客・取引先・社員へのバリュープロポジションができているところです。いま決定的に不足しているのは、ビジネスとITの両方が分かっている人材です。そのため、HBS・IMでは、「マネジメント」と「ITの戦略的活用」の習得を図るためのカリキュラムを導入しています。さらに、必修科目として「プロジェクト」科目を配置しています。「プロジェクト」科目は、一般の大学院における修士論文に相当するプロジェクト報告書の完成に向けて、基礎・専門・応用に分かれた講義科目を設け、複数の担当教授の指導のもと、机上の空論ではなく、現実のビジネス課題を解決

するイノベーティブなビジネス・モデルの構築を行います。この「Project-based learning」を通じて、ビジネスにおける具体的な問題を複合的な視点で検討し、それを解決する革新的な事業の概念を構想し、それを実現する計画を立案・構築する能力が養われるのです。

このほか、教員や学生が白熱した議論を行うワークショップ型の講義も数多く取り入れ、「気づき」の機会やこれまで出会ったことがない視点による物の見方に触発される機会を設けています。また、通常の１年制、２年制の学生も、グローバルMBAプログラムの科目を受講できるので、グローバルビジネスの担い手としての力を身につけることもできます。

■ ビジネスに役立つ新たなヒューマン・ネットワークを構築する

１年もしくは２年という短い期間で成果を上げるためには、「自分に足りないものは何か」を知り、「だから今、これを学ぶ」という明確な目的意識を持つことが重要です。そこでHBS・IMでは、入学後まずキャリアマネジメントのプログラムを受けてもらい、自らのキャリア開発の中で、HBS・IMをどう位置づけるかをカウンセリングするサービスを提供しています。

ビジネススクールは、自分とは異なる業界で活躍する人や企業経営者が学生として集まり、ビジネスに役立つ新たなヒューマン・ネットワークを構築できる場所です。さらに学術分野、実務分野で実績を上げる教員との出会いも大きな財産になります。知識・スキルを習得するだけでなく、人脈づくりができるのもHBS・IMの大きな魅力です。

基本データ

- プログラム開始年 2004年
- 学位 経営管理修士（専門職）または経営情報修士（専門職）
- 開講時間 平日昼間・夜間、土曜
- 住所 東京都千代田区九段北3-3-9 新一口坂校舎
- 交通 JR総武線、東京メトロ有楽町線・東西線・南北線、都営地下鉄新宿線・大江戸線「市ケ谷」または「飯田橋」より徒歩10分

入試データ

- 出願期間 ［第１回］９月中旬～９月下旬　［第２回］11月上旬～11月中旬　［第３回］１月上旬～１月中旬　［第４回］２月上旬～２月中旬
- 試験日程 ［第１回］小論文・口述試験：10月上旬　［第２回］小論文・口述試験：11月下旬　［第３回］小論文・口述試験：１月下旬　［第４回］小論文・口述試験：２月下旬

法政大学大学院 経営学研究科

設立以来継続しているワークショップなどの多様な授業を提供し、1,000名を超える修了生を輩出する社会人向け夜間大学院の先駆け

法政大学大学院経営学研究科経営学専攻夜間コース（以下、HBS）は、日本におけるビジネススクールの先駆けとして1992年に設置され、1,000名を超える修了生を輩出しています。HBSでは、理論と実証に必要な知識を基礎から応用まで、少人数・双方向型の講義で習得します。設立以来、継続して開講されているワークショップでは、企業の第一線で活躍しているゲストスピーカーを招き、その講演をもとにディスカッションを行うことで、企業経営の最先端の動向と実践的な知識やスキルを身につけます。修士論文の作成が必修であることも大きな特徴です。学生は、指導教員のきめ細かい指導のもとで、問題意識に沿ったテーマについて学術成果を学び、フィールド研究、データ収集、データ解析などを行って論考を深めます。

■ 5コースからなるコース制を導入し、特色ある授業を実施

HBSでは、企業家養成、国際経営、人材・組織マネジメント、マーケティング、アカウンティング・ファイナンスの5コースからなるコース制を導入し、それぞれ特色ある授業を行っています。さらに、コース共通科目として、経営学、会計学、経済学、統計学、情報科学に関する基礎科目や、産業、日本経済などに関する科目も学べるように工夫されています。

「企業家養成コース」は、創業を志す人、社内企業家、後継経営者、企業家の支援に携わる人の養成を目的としたコースです。多彩な科目のほか、実際の企業家を招いてのワークショップを開講します。「国際経営コース」は、国際的な観点から経営の理解を深めたいビジネスパーソンを対象としたコースです。国際経営論・国際金融論・国際物流論・国際人事・国際マーケティング・国際会計論などの科目や、アジア・アメリカ・EUといった地域研究の科目を開講しています。「人材・組織マネジメントコース」では、人事と組織に関わるトピックスを幅広く学べます。また、実証研究を重視

し、組織のデータの発掘や職場の事例研究、面接調査、企業・従業員など
への聴取、アンケート調査や統計データの解析など研究目的に応じた研究
手法を指導します。「マーケティングコース」では、講義と討議を中心と
したマーケティング理論の学習と、実習を併用した定量的・定性的なデー
タ分析手法の習得を目指します。「アカウンティング・ファイナンスコー
ス」では財務会計論、管理会計論、税務会計論、経営分析、基礎ファイナ
ンス、財務戦略論、企業評価論といった多様な専門科目を幅広く設置して
います。

■ 修了生がワークショップゲストスピーカーとして登壇

　HBSでは5つのコースごとの修了生間のつながり、コース横断的なネッ
トワークづくりも行われつつあります。在学生と修了生間の循環も表れて
います。修了生がワークショップゲストスピーカーとして登壇して、生の
情報や経験談を後輩たちと共有するケースもあります。また、HBSでは修
士課程に続いて、その上位に位置する博士後期課程を設置しています。さ
らに高度な研究を進めたい学生は、仕事を続けながら博士号の取得を目指
すことができます。HBSの修士課程で優秀な修士論文を提出した学生は、
博士後期課程進学のための論文審査を免除しています。博士号を取得した
修了生の中には、非常勤講師として、あるいは専任教員として教壇に立
ち、在学生に知的な還元を行う例もあります。

基本データ
- プログラム開始年 1992年
- 学位 修士（経営学）
- 開講時間 平日夜間・土曜
- 住所 東京都新宿区市谷田町2-15-2
- 交通 東京メトロ有楽町線・南北線「市ケ谷」より徒歩2分、
  JR総武線、東京メトロ東西線、都営地下鉄新宿線・
  大江戸線「市ケ谷」または「飯田橋」より徒歩10分

入試データ
- 出願期間 [社会人（第1回）] 9月上旬　[社会人（第2回）] 10月下旬
  [社会人（第3回）] 1月下旬〜2月上旬
- 試験日程 [社会人（第1回）] 口述試験:10月上旬　[社会人（第2回）] 口述試験:11月下旬
  [社会人（第3回）] 口述試験: 2月下旬
- 志願者合格倍率（2019年度実績）1.5倍

明治大学専門職大学院 グローバル・ビジネス研究科

個人の目的に応じたフレキシブルな専門学習で実践スキルを醸成し、総合マネジメント力を持つビジネス・プロフェッショナルを育成

　2004年に設置された明治大学専門職大学院グローバル・ビジネス研究科グローバル・ビジネス専攻（以下、MBS）では、日本経済・社会の活力とダイナミズムの高揚のため、その担い手たる総合マネジメント力を備えたビジネス・プロフェッショナルの育成を目指し、先進的、実践的な教育体制を組んでいます。具体的には、次の3つの分野における人材の育成を目指しています。最初のターゲットは、ファミリービジネス（中堅企業）経営者のための後継者育成および関連コンサルタント人材の育成です。2つ目は、日本経済活性化のひとつの鍵となる意欲と潜在力を持った人材に対するキャリアアップ・チェンジの場の提供です。3つ目は、新規事業の立ち上げを実際に担う人材の育成です。そのため、理論や事例（ケース・スタディ）などをバランスよく学び、ディスカッションや発表などの双方向性授業といった、演習形式の授業を通じ、実践スキルを醸成します。

■ 5つの専門領域に加え、分野横断的な履修モデルも導入

　MBSのカリキュラムは、マネジメント、マーケティング、アカウンティング、ファイナンス・リアルエステート、ビジネス・ローの5つの専門領域に属する多様な科目の中から、必修5科目（ファイナンス基礎論、マネジメント基礎論、アカウンティング基礎論、マーケティング基礎論、Global Business Studies）と2年次の論文演習Ⅰ・Ⅱ（ゼミ）以外は、自身の目的に合わせて自由に履修することができます。「マネジメント領域」では、企業家精神・企業倫理や、異文化関係を視野に置いた人的資源管理、組織変革・経営管理といったマネジメントに関する課題に対応できるマネージャーの育成を目指します。「マーケティング領域」では、消費者の反応過程や態度変容の予測対応、流通過程の全体像の把握能力、企業成長のための戦略マーケティング策定など実務に即した理論とスキルを学びます。

「アカウンティング領域」では、会計基準の国際化や金融・資本市場のグローバル化に対応した科目を設置しています。2020年度より、従来のファイナンス領域とリアルエステート（不動産）領域を統合して誕生した「ファイナンス・リアルエステート領域」では、金融・不動産に関する多様な専門性を身につけたマネージャーを育成します。「ビジネス・ロー領域」では、ビジネス・ローの基礎や具体的なケース・スタディを通じて法的な思考方法を学ぶことで、企業が直面する法的課題に対する理解を深めます。

また、5つの専門領域という概念に加え、分野横断的な履修モデルとして「クラスター」の概念を導入しています。現在、「ファミリービジネス」と「スタートアップビジネス」の2つのクラスターをスタートさせています。

■ 日本で初めてEPAS認証を獲得するなど国際化を推進

MBSは、経営系大学・大学院の国際認証機関EFMDからEPAS認証を、2018年に日本で初めて獲得しました。専攻の国際性、カリキュラム編成、戦略性、教育・研究の質などが、国際水準に達していると評価されました。さらに、アジアを中心としたグローバルな視点を持ち、リーダーシップを発揮できる人材の育成を目指し、英語科目を充実させるのに加え、年間4科目程度の海外研修科目も提供しています。今後もEFMD加盟の世界各国のビジネススクールとの積極的な交流や情報交換を行い、総合的な実践教育はもちろん、ファミリービジネスおよびスタートアップビジネスの特化分野において、MBSで提供するMBA教育が国際基準に足るものであるという地位を確固たるものにすべく取り組んでいきます。

基本データ
- プログラム開始年 2004年
- 学位 経営管理修士（専門職）
- 開講時間 平日夜間・土曜
- 住所 東京都千代田区神田駿河台1-1
- 交通 JR中央線・総武線「御茶ノ水」より徒歩3分、都営地下鉄三田線・新宿線・東京メトロ半蔵門線「神保町」より徒歩5分ほか

入試データ
- 出願期間 ［Ⅰ期］10月中旬 ［Ⅱ期］1月中旬〜1月下旬 ［秋季入学（9月入学）］6月下旬〜7月上旬
- 試験日程 ［Ⅰ期］面接：11月上旬 ［Ⅱ期］面接：2月中旬 ［秋季入学（9月入学）］面接：7月下旬

立教大学大学院 ビジネスデザイン研究科

混迷の時代に求められるビジネスをデザインする真のゼネラリスト
を育成し、未来の日本を創造する「ビジネスクリエーター」を輩出

　2002年に設置された立教大学大学院ビジネスデザイン研究科ビジネス
デザイン専攻（以下、立教大学MBA）は、意欲あるビジネスパーソンを対
象に、ビジネスの構想力と戦略的思考を育成・開発するビジネススクール
です。21世紀のグローバル化した社会経済にあって、世界は地球規模の構
造転換に直面しています。こうした混迷の時代こそ、社会に新たな可能性
を発見し、それに具体的なかたちを与え、未来を創造する本当のイノベー
ションが求められます。こうしたイノベーションの担い手となる人材こ
そ、立教大学MBAが育成する「ビジネスクリエーター」なのです。立教
大学MBAが重視しているのは、ビジネスの専門知識の修得に止まらず、
多様な専門知識を総合する創造的能力を養成すること。既存の大学院やビ
ジネススクールとは異なり、立教大学MBAは新たな社会環境を創造する
ビジネスを「デザイン」する人材の育成を目的としています。事業構想を
担う創造的な真のゼネラリスト、未来の日本を創造する「ビジネスクリ
エーター」の輩出が立教大学MBAのミッションなのです。

■ 3層から構成されたモジュールで多様な専門知識を修得

　立教大学MBAのカリキュラムでは、入門科目や専門科目は、複数の科
目から編成された「モジュール」の集合として構成されています。各モ
ジュールは、知識修得の目的や課題領域、活動領域の関連性を持つ科目群
によって編成され、大きく「基礎モジュール」「応用／専門モジュール」「修
了研究モジュール」の3層からなっています。

　基礎モジュールは、「ビジネスクリエーター」としての戦略的・創造的思
考を養う「ビジネスシミュレーション」、マネジメントの基本的知識を修
得する「基礎理論」、MBAとしての分析手法や実践的スキルを学ぶ「基礎
スキルと実践的知識」といったモジュールから構成されています。応用／

専門モジュールは学術領域ではなく、例えば、グローバル経営に必要な知識は何か、あるいはブランドマネジメントのために何を学ばなければならないかといった、実際のビジネスや業務活動にとってどのような専門知識が必要かという観点から編成されています。修了研究モジュールは、立教大学MBAの修了要件であるビジネスプランや修士論文などを作成するために要求される知識やスキルを修得するための科目群から編成され、受講生はビジネスプランを外部審査員にプレゼンテーションし、その革新性や実現可能性についての評価を受けます。立教大学MBAでは、こうしたモジュールシステムを通じて、身につけたい知識や修得したい能力に応じた学習計画の組み立てを可能にします。

■ 事業構想に必要なスコープと「ことば」を身につける

世の中には多種多様な専門職があり、問題を発見するために固有のスコープと、問題解決のための特有の「ことば」を持っています。しかし、事業構想には、準備されたスコープも適当なことばもありません。変化する環境と経営資源の最適結合を図るために、内外の知識を束ね、問題を発見し、利用するスコープとことばを選択して、進むべき方向を決定しなければならないのです。立教大学MBAでは、多種多様な知識を得るために、基礎的で入門的な科目も数多く用意しています。苦手意識を克服するチャンスでもあります。立教大学MBAで学ぶ条件は、経営に関する専門知識ではなく、学ぶ意欲や知的好奇心、つまり知欲の大きさです。自らの専門性を離れ、これまで触れることのなかった知識を手に入れることで、自らの価値を再発見し、その役割の重要性や方向転換の必要性が認識できます。

基本データ
● プログラム開始年 2002年　　● 住所 東京都豊島区西池袋3-34-1
● 学位 修士（経営管理学）　　● 交通 JR山手線・埼京線・湘南新宿ライン、東武東上線、西武池袋線、
● 開講時間 平日夜間・土曜　　　　　　 東京メトロ丸の内線・有楽町線・副都心線「池袋」より徒歩7分

入試データ
● 出願期間 [春季] 1月上旬〜1月中旬　[秋季] 9月中旬
● 試験日程 [春季] 口頭試問：2月下旬　[秋季] 口頭試問：10月上旬

早稲田大学大学院 経営管理研究科

> 世界最高水準の学びの質をたゆまず追求し、国際認証EQUISの資格を取得。「アカデミズムと実践の融合」で市場価値ある人材を養成

　1973年にシステム科学研究所が始めたビジネス教育に端を発し、その後、組織変更を重ねながら、MBAプログラムとして発展を重ねました。2016年4月に、商学研究科ビジネス専攻とファイナンス研究科の2つの専門職大学院が発展的に統合し誕生したのが、早稲田大学大学院経営管理研究科経営管理専攻（以下、WBS）です。これにより、ビジネス教育とファイナンス教育が一段高いレベルで相互に強化され、2019年3月にはマネジメント教育に関する国際的な教育品質評価機関であるEFMDによる国際認証EQUISの資格を、2020年2月にはAACSBの国際認証資格を取得しました。このように、WBSの教育研究事業が世界最高水準の品質であることが国際的に評価されています。

■ アカデミズムに裏打ちされた知識と実践力を養う5プログラム

　WBSでは、実践的な知識の創造、グローバルな視点を有したリーダーの養成、ラーニング・コミュニティの形成をミッションに掲げ、ビジネス社会において専門的能力と的確な判断力を備え、世界的視野で活躍できる高度専門職業人を育成することを目標としています。次代のビジネス界で求められるのは、アカデミズムに裏打ちされた確かな知識と実践力です。それらを確実に生かすことで自らの市場価値を高め、ビジネス界で真に活躍する人材となるために、5つのMBAプログラムを用意しています。

　「全日制グローバル」は、グローバルマインドを備えたビジネスリーダーを育成する2年間のフルタイムのプログラムです。各国からの留学生を積極的に受け入れており、履修言語を4月入学は日本語、9月入学は英語としています。WBSとシンガポールのトップビジネススクールで学ぶ英語履修プログラムの「早稲田‐ナンヤン ダブルMBA」は、国際的ビジネスパーソンとしての能力を磨き上げ、両校のMBA学位を取得できます。3年以

上の実務経験者を対象としているのが、「１年制総合（全日制）」と「夜間主総合」、「夜間主プロフェッショナル」の日本語のプログラムです。１年制総合は、平日昼間を中心とした凝縮した１年間の学びで、価値あるジェネラリストを目指す、企業派遣の学生に人気のプログラムです。夜間主総合は働きながら学べる２年制プログラムにより、ジェネラルマネジメント＋αの能力を幅広く修得します。夜間主プロフェッショナルでは、専門別モジュール制により、マネジメントの主要各分野を深く掘り下げて学べるマネジメント専修と、財務・金融のスペシャリストを養成するファイナンス専修を設置し、高度な専門知識を備えたMBAホルダーを目指します。

■ ラーニング・コミュニティを支える日本最大規模のネットワーク

WBSは学生数、教員数の点で、日本最大規模のビジネススクールです。1998年のMBAプログラム開始以来、WBSの修了者数は5,500名を超えています。また、国内外で研究者として多くの実績を持つ教員、海外の著名大学において教育研究に携わった教員、実業界におけるトップリーダーとしての経歴を持つ教員が、多数在籍しています。WBSでは全学生がゼミに所属し、担当教員や他のゼミ生と濃密な交流をし、卒業論文を仕上げます。このラーニング・コミュニティの存在こそが、ディスカッションを通じた実践的な知の創造、リーダーシップの醸成に不可欠なのです。さらに同窓会組織であるWBS稲門会を通した縦の交流も活発で、在学中はもちろん、修了後も、人との出会いやつながりは広がります。人的ネットワークが大きいということは、大きな財産を得られることを意味するのです。

基本データ
- プログラム開始年 1998年
- 学位 経営管理修士（専門職）
- 開講時間 平日昼間、平日夜間・土曜
- 住所 東京都新宿区西早稲田1-6-1
- 交通 東京メトロ東西線「早稲田」より徒歩５分

入試データ
- 出願期間 [秋募集]10月上旬 [冬募集]12月中旬〜１月上旬
- 試験日程 [秋募集]（第一次選考）小論文：10月上旬 （第二次選考）面接：11月下旬
  [冬募集]（第一次選考）小論文：１月下旬 （第二次選考）面接：２月中旬
- 出願者合格倍率（2019年度実績）[全日制]3.0倍 [夜間主総合]2.4倍 [夜間主プロ]2.1倍

京都大学大学院 経営管理教育部

理論と実務をつなぐ実践的な教育プログラムと段階的履修を可能にするカリキュラム体系により、グローバルビジネスリーダーを育成

　京都大学大学院経営管理教育部経営管理専攻（以下、GSM）は、高度経営専門職人材を育成するための大学院として、2006年に開設されました。その理念は、先端的なマネジメント研究と高度に専門的な実務との架け橋となる教育体系を開発し、幅広い分野で指導的な役割を果たす個性ある人材を養成することで、地球社会の多様かつ調和の取れた発展に貢献することです。GSMでは、段階的な履修によって、幅広い経営学の基礎知識から高度な専門知識と実務応用能力を身につけられるようカリキュラムを編成しています。主に1年生前期に基礎科目、1年生後期から2年生前期に専門科目、そして2年生前期からは実務科目と発展科目という体系的な履修を実現する科目構成を採っています。この理論と実務をつなぐ実践的な教育と段階的履修を可能にするカリキュラム体系により、経営学の理論的思考を身につけ、企業、官公庁、NPOなどの実課題の解決を目指します。

■ 多様なバックグラウンドの学生を受け入れる教育プログラム

　国内外の多くの学生に学習の機会を提供するため、GSMでは4つの教育プログラムを設置しています。日本経済の現状において、時代の要請に即した緊要かつ緊急に必要とされる領域に対応している「ビジネス・リーダーシップ（戦略的優位性の実現）」「サービス＆ホスピタリティ（高度サービス社会をリードする人材育成）」「プロジェクト・オペレーションズマネジメント（多様な能力を持つプロジェクトマネージャーの育成）」「ファイナンス・会計（ファイナンスと会計を二軸とした専門的能力の開発）」の4つのプログラムから成る「基幹4プログラム群」です。学生は、入学の際に4つの中から1つのプログラムを選択し、それぞれの履修モデルに従い、授業を行います。
　さらにGSMでは、多様なバックグラウンドの学生を受け入れるために、

経済学や数学など多数の科目から１つの科目を選定して解答させる方式を採用する一般選抜と、社会人としての職業経験を重視して選考を行う特別選抜を実施しています。なお、ファイナンス・会計プログラムには、公認会計士、税理士、アクチュアリーなど既にファイナンス・会計の専門家として活躍中の有資格者を対象とした「１年半コース」も用意されています。

また、「観光経営科学コース」は、観光分野で働く社会人などを対象に、経営の基礎から観光科学の専門知識までを学び、地域と産業を活性化する人材を育成します。

■ 国際プログラムの開設により、グローバル化が発展・拡充

英語のみでMBAの学位を取得できる国際コースを発展させ、2019年度から開設されたのが「国際プログラム群」です。世界に通用するビジネスリーダーの育成を目指す「i-BA (International Business Administration) プログラム」と、大規模国際プロジェクトなどのマネージャーを育成する「i-PM (International Project Management) プログラム」で構成されています。2019年から「京都大学-コーネル大学国際連携コース（国際連携学位プログラム）」もスタートしました。２年間のうち１年間を京都大学で、もう１年間を米国・コーネル大学で学ぶことにより、京都大学よりMBA、コーネル大学よりMMH (Master of Management in Hospitality) の２つの学位が取得できます。さらに、海外著名大学との学生交流協定や学術交流協定も多数締結。国立台湾大学をはじめとした共同学位プロジェクト（ダブルディグリー）の設置や交換留学生の受け入れの拡充も図っています。

基本データ
- プログラム開始年 2006年
- 学位 経営学修士（専門職）
- 開講時間 平日昼間・土曜
- 住所 京都府京都市左京区吉田本町
- 交通 京阪「出町柳」より徒歩20分、JR東海道線「京都」よりバス30分

入試データ
- 出願期間 [一般]10月中旬～10月下旬 [特別]11月中旬～11月下旬
- 試験日程 [一般]筆記試験・小論文:11月下旬 [特別]面接:12月下旬
- 出願者合格倍率(2019年度実績) [一般]5.1倍 [特別]2.5倍(+MBA生対象特別選抜含む)

同志社大学大学院 ビジネス研究科

国内外のビジネスパーソンを対象とした2専攻の併設によって相互に刺激を与えあい、学習効果を高め、多くの修了生が第一線で活躍

　2004年に設立された同志社大学大学院ビジネス研究科（以下、DBS）は、国内外のビジネスパーソンを対象とするMBAプログラムです。さまざまな問題、課題にあふれ、複雑さを増す現代社会において、旧来のビジネスモデルに固執することなく長期的な視点を持ちながら問題を直視し、解決に向けたプロセスを実行できる人材の育成を目指しており、すでに多数の修了生が第一線で活躍しています。現在DBSには、主に社会人を対象とした「ビジネス専攻」と、すべての授業が英語で行われ、世界各国からの留学生と共に学ぶことができる「グローバル経営研究専攻」を設置しています。これら2つの専攻が併設されていることによって、日本および世界約30カ国の学生が、ビジネスの多様な分野における大手から小規模に至る企業・組織における、あるいは起業家としての経験や興味を背景として、相互に刺激を与えあって学習効果を高めています。

■ 実践的応用力を磨くソリューションレポートを作成

　ビジネス専攻では、社会人が学びやすいように、平日の夜間は今出川校地と大阪サテライト・キャンパスで、土曜日は午前から今出川校地で講義を行っています。その人材養成の目的は、同志社大学の建学の精神である良心教育に立脚し、常に企業と社会に開かれた教育と研究を通して、グローバルな視野のもと、伝統を踏まえ、そこから不断のイノベーションを生み出すことを通じて経済、社会の変化に的確に対応し、企業や組織の持続的発展を推進できる次世代ビジネスリーダーを育成することです。本専攻における教育は次のステップで展開されます。まず、コアとなるビジネスの基本的な専門知識と必要な能力を修得します。次に、それぞれの人材が活躍するさまざまな分野、業種、職種に対応した高度専門性を身につけ、最終段階では、自らが設定した課題について、これまでに蓄積された先人

たちの叡智を確認した上で、未解決の問題にどのようにアプローチすれば
よいかを長いストーリーとして記述するソリューションレポートの作成に
取り組み、MBAとしての実践的応用力を磨きます。

　また、グローバル経営研究専攻の科目を履修して修了単位に含めること
も可能です。標準的な修了年限は２年ですが、３年の長期修了コースも選
択できます。さらに、理工学研究科と連携することにより、３年間でビジ
ネス修士（専門職）と修士（工学または理学）の２つの学位が取得できる「同
志社MOTコース（ダブル・ディグリー）」も用意されています。

■ 日本と母国を支える国際ビジネスリーダーを養成

　DBSでは、2009年に設置された英語で学位を取得することができるグ
ローバルMBAコースをさらに発展・充実させ、2014年に、新たにグローバ
ル経営研究専攻を設置しました。主たる分野として、サステナビリティと
グリーンビジネス、文化と創造性ビジネス、アジアビジネスの３本柱を掲
げ、これらの領域が複雑に交錯する現代社会において、リーダーシップを
発揮するために不可欠な知識と能力を養うカリキュラムを編成していま
す。社会的使命を持つ国際ビジネスリーダーとして必要な視点や能力を身
につけ、日本と母国の経済発展を支える人材の養成を目的に、性別、人種、
国籍、宗教などを問わず、意欲的かつ創造的な学生を募集し、現在までに
74カ国から300名以上を受け入れるなど、まさに「グローバル」の名にふ
さわしいプログラムとなっています。

基本データ
- プログラム開始年 2004年
- 学位 ビジネス修士（専門職）、修士（経営学）
- 開講時間 平日夜間、土曜（ビジネス専攻）
　　　　　平日昼間（グローバル経営研究専攻）
- 住所 [今出川校地]京都府京都市上京区今出川烏丸東入
　　　 [大阪サテライトC]大阪府大阪市北区梅田1-12-17
　　　　　　　　　　　梅田スクエアビルディング17階
- 交通 [今出川校地]地下鉄烏丸線「今出川」より徒歩1分、
　　　　　京阪鴨東線「出町柳」より徒歩15分
　　　 [大阪サテライトC]JR各線「大阪」より徒歩3分ほか

入試データ
- 出願期間 [ビジネス専攻]（秋期）8月中旬〜8月下旬　（春期）1月上旬〜1月中旬
- 試験日程 [ビジネス専攻]（秋期）口述試験：9月中旬　（春期）口述試験：2月中旬

立命館大学大学院 経営管理研究科

社会人学生とストレートマスターが融合した段階的な学修で、世界と日本の持続的発展に貢献するビジネスを創造するリーダーを養成

　立命館大学大学院経営管理研究科経営管理専攻（以下、RBS）は、2006年4月に設置されました。「ビジネスを創る、キャリアを描く」を旗印に、ビジネスを創造するリーダーとして、世界と日本の持続的発展に貢献する人材の養成に努めることを目的としています。多くのビジネススクールでは、即戦力としての総合的な能力を修得するため、実際に存在する企業や事例を用います。実務家教員比率の高さと経験の豊富さに対して、在校生や修了生からの高い満足を得ているRBSでは、まさに生きた知識・スキルを得ることができます。また、授業の進め方はインタラクティブであり、ディスカッションやプレゼンテーションの機会も多く、チームプロジェクトによる団結と達成感を味わうことになります。それらを通じて、論理性やプレゼンテーション能力の向上が期待できます。

■ 実務経験で分けられた2プログラムで実践力を養う授業を展開

　RBSのカリキュラムは、実務界の英知と学術を基盤とした論理によって、ビジネスを創造する力の養成を意図しています。実務経験に応じて分けられた「マネジメント」と「キャリア形成」の2つのプログラムでは、入学から修了まで、履修アドバイザーやゼミ指導教員が一人ひとりの成長を支援するとともに、それぞれ段階的な学修ができるようになっています。

　「マネジメントプログラム」は、大学卒業後、勤続2年以上の者を対象とした、ビジネスを創造するリーダーに必要な能力を身につけるためのプログラムです。実務上の課題に対するソリューションの策定や起業・新規事業計画など、実践的なテーマを深く掘り下げていきます。授業は大阪梅田キャンパスで行われますが、クォーター制で平日夜間と土曜日・日曜日に開講しているので、仕事のスケジュールに応じて柔軟に履修することが可能です。一部科目については、朱雀キャンパス（京都、平日夜間）でも開

講しています。主にストレートマスター(学部卒進学者)や勤続２年未満の者を受け入れる「キャリア形成プログラム」は、将来、ビジネスを創造するリーダーとなるための力量を向上させるプログラムです。就職や起業、事業継承を意識した実践的なテーマを深く掘り下げていきます。授業は大阪いばらきキャンパスで平日昼間に開講。課題研究(ゼミ)や特殊講義科目では、マネジメントプログラムの社会人学生と交流することができるため、多くの刺激が得られ、ビジネス観・キャリア観が身につきます。

■ RBSでのMBA取得で得られるメリットとは

　RBSでは、各科目で修得した個々の知識や能力を演習科目において活用し、課題研究に取り組むことを学修の集大成と位置づけています。演習科目である課題研究では、学生のビジネス上やキャリア上における実践的な問題関心と課題を具体的に解決することを研究課題とし、課題研究レポートを作成し、MBAを取得します。そのメリットとしては、高度な知識・スキル、体系的な学び、論理的な思考、コミュニケーションスキルと人脈、人間的成長の可能性が挙げられます。これに加えてRBSでは、修了生の交流組織によるイベントやゼミ同窓会の活動も盛んに企画されるなど、ネットワークも緊密です。実務上の課題を解決したい。今の状況が飽き足りない。一層の飛躍を目指したい。一生続く信頼のネットワークを築きたい。そう考えている受験者は、RBSを選択肢に入れてみてください。

基本データ

- プログラム開始年 2006年
- 学位 経営修士(専門職)
- 開講時間 [大阪梅田C]平日夜間、土曜・日曜
　　　　　[大阪いばらきC]平日昼間
- 住所 [大阪梅田C]大阪府大阪市北区小松原町2-4
　　　　大阪富国生命ビル５階
　　　　[大阪いばらきC]大阪府茨木市岩倉町2-150
- 交通 [大阪梅田C]JR各線「大阪」より徒歩5分、阪急「梅田」より徒歩5分、阪神「梅田」より徒歩3分ほか
　　　　[大阪いばらきC]JR東海道本線「茨木」より徒歩5分ほか

入試データ

- 出願期間 [10月実施]9月中旬〜9月下旬　[1月実施]12月上旬〜12月下旬　[2月実施]1月中旬〜1月下旬
- 試験日程 [10月実施]10月下旬　[1月実施]1月下旬　[2月実施]2月下旬
　　※試験科目は社会人(筆記試験型)および一般(筆記試験型)は筆記試験と面接試験、社会人(企業等推薦型・自己推薦型)は面接
- 志願者合格倍率(2019年度実績) [社会人]1.2倍　[一般]1.8倍

関西学院大学専門職大学院 経営戦略研究科

スクールモットー"Mastery for Service"に基づき、高い倫理観を備え、真に社会に貢献する21世紀型プロフェッショナル人材を養成

　関西学院大学専門職大学院経営戦略研究科経営戦略専攻（以下、IBA）は、1993年に開設された商学研究科のマネジメント・コースを継承する形で、2005年に開設されました。IBAは単に実務的な知識や、新しいスキルを身につけることを目指しているわけではありません。関西学院大学が考える「専門職」とは、高い倫理観に支えられて、社会のために専門的な技能を提供する人々のことです。IBAが倫理科目の「企業倫理」を必修としているのは、「世の中で役立つために、そして将来背負う責任を果たせるようになるために、自らの能力を精一杯高めよう」という意味の"Mastery for Service"というスクールモットーを体現したものです。IBAではこのスクールモットーに基づき、社会を構成する多くの要素が複雑化・高度化するとともに、グローバル化が進む中、これからの企業経営や日本社会に求められる高度な専門知識、グローバルな視点、国際社会で通用するスキルと高い倫理観を備えた、21世紀型の経営のプロフェッショナルの養成を目指します。

■ 小規模な専門職大学院のカリキュラムに匹敵するリカレント教育

　世界という広範なフィールドで活躍するためには、高度なコミュニケーション能力、グローバル化する経済活動に適切に対応できる多様な知識と分析能力が必要です。IBAでは、企業経営戦略と国際経営の2コースを設置。科学的視点で専門的知識を駆使して経営戦略を考察・実践できる人材を養成します。「企業経営戦略コース」は、3年以上の実務経験のある職業人を対象とした、主に週末と平日夜間のコースワークと課題研究などを通して、グローバル化した日本社会の経済環境に合致した高度専門職業人の養成を目指す社会人向けのコースです。交通至便な大阪梅田キャンパスで、仕事と両立しながら、国際社会で通用するMBA教育を受けることが

できます。本コースでは、経営、マーケティング、ファイナンス、テクノロジー・マネジメント、アントレプレナーシップ、自治体・医療・大学経営の6つのプログラムを提供。どのプログラムも、それだけで小規模な専門職大学院のカリキュラムに匹敵します。ビジネスの現場での課題や経営の各職能領域にわたる最先端の理論研究をベースにした実践的な授業で、自らの業務に結びついた問題の発見、課題解決能力を高めることを目標とし、プロフェッショナルのための徹底したリカレント教育を行います。

■ 国際的な人的ネットワークを広げるプログラムを提供

　20カ国を超える世界中の国々からの留学生と共に、西宮上ケ原キャンパスと大阪梅田キャンパスの両キャンパスで学ぶ「国際経営コース」は、主に大学新卒者、外国人留学生を対象に、英語によるMBA教育を提供する昼間中心のコースです。Management、Marketing、Financeの3プログラムに加え、2017年4月からは、国連、国際NGO、外交機関などの国際公共組織で活躍するプロフェッショナルの育成に重点を置いたGlobal Public Management Programを開設しました。講義、グループワーク、レポート、試験などをすべて英語で行うことで、英語でビジネスを遂行できる高いコミュニケーション能力と国際感覚を養い、ビジネスのフィールドを国外にも求めることができるグローバルなビジネスパーソンを養成します。

基本データ
- プログラム開始年 2005年
- 学位 経営管理修士（専門職）
- 開講時間 [大阪梅田C]平日夜間、土曜・日曜　[西宮上ケ原C]平日昼間
- 住所 [大阪梅田C]大阪府大阪市北区茶屋町19-19 アプローズタワー14階・10階　[西宮上ケ原C]兵庫県西宮市上ケ原一番町1-155
- 交通 [大阪梅田C]JR各線「大阪」より徒歩10分、阪急「梅田」より徒歩5分ほか　[西宮上ケ原C]阪急今津線「甲東園」「仁川」より徒歩12分、JR神戸線「西宮」よりバス15分

入試データ
- 出願期間 [春学期(第1次)]11月中旬　[春学期(第2次)]1月下旬　[秋学期]6月中旬
- 試験日程 [春学期(第1次)]小論文・面接：12月上旬　[春学期(第2次)]面接：2月中旬　[秋学期]筆記試験・面接：7月上旬
- 志願者合格倍率(2019年度実績) [企業経営](春)1.2倍　(秋)1.2倍　[国際経営](春)1.1倍　(秋)1.0倍

神戸大学大学院 経営学研究科

**「プロジェクト方式」「働きながら学ぶ」「研究に基礎をおく教育」を
3本柱に、経営教育における独自の体験型の教育メソッドを確立**

　神戸大学は、日本で最初の経営学部を設置した大学として、国内外の経営学の教育と研究の先端を切り拓いてきました。1989年には、日本のビジネス社会の中核になる人材の育成を目的に、神戸大学大学院経営学研究科専門職学位課程現代経営学専攻（以下、神戸大学MBA）を開設しました。これは、わが国の国立大学では初、国内では慶應義塾大学に次いで古い本格的なMBAプログラムとなります。当初は実験的なプログラムでしたが、30年を越える歩みの中で教育の内容とメソッドを時代に合わせて改革を積み重ね、現在では、関西圏のみならず、全国各地からビジネスの第一線で活躍する社会人学生が集まるプログラムに成長しています。

■ 学生相互間、教授陣・学生間で討議を重ね、課題の解決策を探る

　先端的な研究業績を持つ教授陣を通じて、経営学の専門知識を体系的に修得することに加えて、フィールド（経営の現場）の課題を真摯に見つめる姿勢を養うことを重視した神戸大学MBAの独自のプログラムは、特徴のある次の3つのコンセプトで構成されています。

　大きな柱となっているのは、「プロジェクト方式」です。プロジェクト方式とは、産業界からの要望の高い問題に含まれる解決すべき複数の課題について、それぞれ5〜6名の社会人学生からなるプロジェクトチームを編成し、学生相互間および教授陣・学生間でお互いに知恵を出し合いながら、共同研究により解決策を探る体験型の教育メソッドです。神戸大学MBAでは、1プロジェクトチームごとに、指導教授陣を中心とするきめの細かい教育研究体制を作り上げ、全国に例を見ないユニークなものとして、高く評価されています。

　2つ目は「働きながら学ぶ」ことです。そのメリットは、学生の自覚を高め、具体的な問題をより深く考えることにあります。学んだ理論につい

て常に内省し、すぐに実践することができること、さらには、現場の現象に理論的な理解を持ち込むことによって、かつての常識であっても今はすでに陳腐化している知識を捨て去ること(学習棄却)もできます。

3つ目は「研究に基礎をおく教育」です。常に最新の理論を踏まえ、現場が実際に直面する問題について、これまでにどのような知識(理論)が蓄積されているのか、また、問題を考える場合にどのような方法が使えるのか、さらに、これらの知識や方法で解決しえない新たな問題を解決するための理論や方法があるのか、といった形の教育を行います。

■ 土曜日のみの週末集中講義で、最短1年半でMBAを取得

この3つのコンセプトを補完するため、2017年度から、コア科目群(マーケティング系、技術経営系、組織・人材系、会計系、戦略系)の体系化を進め、プログラムの強化を図っています。コア科目では、講義とケーススタディを繰り返すことで、ビジネス知識(理論)の実践志向の修得を進めるとともに、ケーススタディからグローバルな経営事例に通じることができるように、授業設計を行っています。神戸大学MBAでは、土曜日のみの週末集中講義で、最短1年半で修了することが可能なプログラムを提供しています。また、金曜日の夜間に利便性のよい大阪教室で提供される科目を選択履修することにより、専門分野に特化したカリキュラムになります。土曜中心の集中講義や最短1年半で修了できることは、働きながら学びたい社会人から支持され、神戸大学MBAを目指す受験者たちの重要な動機のひとつになっています。

基本データ
- プログラム開始年 1989年
- 学位 経営学修士(専門職)
- 開講時間 金曜夜間・土曜
- 住所 兵庫県神戸市灘区六甲台町2-1
- 交通 阪急神戸線「六甲」より徒歩20分またはバス10分

入試データ
- 出願期間 11月中旬～11月下旬
- 試験日程 (第1次選考)英語・小論文:1月上旬　(第2次選考)口述試験:1月下旬
- 受験者合格倍率(2019年度実績) 1.9倍

小樽商科大学大学院 商学研究科アントレプレナーシップ専攻

特色 北海道で唯一のビジネススクールとして、インタラクティブなスタイルでの授業運営をモットーに、教員と学生、また学生同士が自由な気風の中で創発的に議論する場を提供しています。カリキュラムは経営管理に関する知識・スキルを積み上げ式に習得できるよう設計されており、実践科目のケーススタディとビジネスプランニングを通して多角的かつ総合的な分析力・構想力を磨き、総仕上げとして、リサーチ・ペーパーを作成します。

■ 基本データ

- プログラム開始年 2004年 ● 学位 経営管理修士（専門職）
- 開講時間 平日夜間（札幌サテライト）・土曜日（小樽本校）
- 住所 [札幌サテライト]北海道札幌市中央区北5条西5丁目7 sapporo55ビル 3階
  [小樽本校]北海道小樽市緑3-5-21
- 交通 [札幌サテライト]札幌市営地下鉄「さっぽろ」より徒歩4分
  [小樽本校]JR函館本線「小樽」より徒歩20分またはバス10分

■ 入試データ

- 出願期間 [前期] 8月中旬～8月下旬 [後期] 12月下旬～1月上旬
- 試験日程 [前期]（社会人）小論文・口述試験:9月下旬 （一般）筆記試験・面接:9月下旬
  [後期]（社会人）小論文・口述試験:2月上旬 （一般）筆記試験・面接:2月上旬
- 受験者合格倍率（2019年度実績）[前期]（社会人）1.3倍 （一般）1.3倍 [後期]（社会人）2.0倍 （一般）2.0倍

東京工業大学環境・社会理工学院 技術経営専門職学位課程

特色 イノベーション創出のリーダーとして科学・技術を活用し、自ら理論を構築して産業や社会の発展に貢献する実務家の養成を目指します。技術経営のリテラシー・スキルを習得する体系的なカリキュラムを提供するとともに、研究活動をプロジェクトレポートにまとめる実践的演習やゼミ（技術経営講究）での議論から、イノベーション実現のための実践力や行動力を身につけます。大学で実施されている先端技術開発に触れられるのも魅力です。

■ 基本データ

- プログラム開始年 2005年 ● 学位 技術経営修士（専門職）
- 開講時間 平日夜間・土曜
- 住所 [大岡山C]東京都目黒区大岡山2-12-1
  [田町C]東京都港区芝浦3-3-6
- 交通 [大岡山C]東急大井町線・目黒線「大岡山」より徒歩1分
  [田町C]JR山手線・京浜東北線「田町」より徒歩1分

■ 入試データ

- 出願期間 [一般] 6月中旬 [社会人] 11月中旬
- 試験日程 [一般]（A日程）口頭試問:7月下旬 （B日程）筆答試験:8月中旬 口頭試問:8月下旬
  [社会人]筆答試験・口頭試問:12月上旬
- 志願者合格倍率（2019年度実績） 1.8倍

横浜国立大学大学院 国際社会科学府経営学専攻 社会人専修コース

特色 毎年度設定する企業ニーズを踏まえた2種類の演習テーマごとに入試を実施します。カリキュラムは演習テーマを中心に、高度な専門知識に裏打ちされた戦略的な意思決定ができるようになるための講義科目群と演習から構成されます。各演習の入学定員を6名に絞り、徹底した少人数教育の環境のもとで、2年間を通じて教員やクラスメンバーとインタラクティブなコミュニケーションを図りながら演習テーマを研究します。

■ 基本データ
- ● プログラム開始年 2004年　● 学位 経営学修士
- ● 開講時間 平日夜間(みなとみらいC)・土曜(常盤台C)
- ● 住所 [みなとならいC]神奈川県横浜市西区みなとみらい2-2-1 横浜ランドマークタワー18階
  [常盤台C]神奈川県横浜市保土ヶ谷区常盤台79-1
- ● 交通 [みなとみらいC]JR京浜東北線・横浜市営地下鉄「桜木町」より徒歩5分、みなとみらい線
  「みなとみらい」より徒歩3分
  [常盤台C]横浜市営地下鉄「三ッ沢上町」より徒歩16分、相鉄線「羽沢横浜国大」より徒歩15分、
  JR・私鉄・地下鉄各線「横浜」よりバス15〜25分(キャンパス乗り入れバス有)

■ 入試データ
- ● 出願期間 10月中旬〜10月下旬
- ● 試験日程 (第1次選抜)小論文:11月中旬　(第2次選抜)口述試験:11月下旬

名古屋商科大学大学院 マネジメント研究科マネジメント専攻

特色 MBA(東京・名古屋)とEMBA(東京・名古屋・大阪)のプログラムを提供しています。MBAは独創的な視点で新規事業を生み出す人材の育成に主眼を置き、「課題発見力」を磨きます。EMBAは企業におけるリーダーや幹部の育成を目指したプログラムで、組織全体を俯瞰した課題解決や意思決定の能力を培います。ケースメソッド型の講義を週末に開講し、1科目を2週末、4日間で完結させることで、週末のみの受講で学位を取得できます。

■ 基本データ
- ● プログラム開始年 1990年　● 学位 修士(経営学)　● 開講時間 土曜・日曜
- ● 住所 [名古屋丸の内C]愛知県名古屋市中区錦1-3-1
  [東京丸の内C]東京都千代田区丸の内2-4-1 丸の内ビルディング9階・10階
  [大阪うめきたC]大阪府大阪市北区大深町3-1 グランフロント大阪 ナレッジキャピタル7階
- ● 交通 [名古屋C]名古屋市営地下鉄「丸の内」より徒歩3分　[東京丸の内C]JR各線「東京」より徒歩1分
  [大阪うめきたC]JR東海道本線「大阪」より徒歩1分

■ 入試データ
- ● 出願期間 [4月入学] (給費生)10月中旬〜10月下旬　(A日程)12月上旬〜12月中旬　(B日程)1月下旬〜2月上旬　(C日程)2月下旬〜3月上旬
  [9月入学] (給費生)5月中旬〜5月下旬　(E日程)6月上旬〜6月下旬　(F日程)7月中旬〜7月下旬
- ● 試験日程 [4月入学] (給費生)インタビュー・小論文:11月上旬　(A日程)インタビュー:12月下旬　(B日程)インタビュー:2月中旬　(C日程)インタビュー:3月上旬
  [9月入学] (給費生)インタビュー・小論文:5月下旬　(E日程)インタビュー:6月下旬　(F日程)インタビュー:8月上旬

県立広島大学大学院 経営管理研究科ビジネス・リーダーシップ専攻

特色 ビジネスリーダーの基盤となる能力――「起業する」「イノベーションを起こす」「マネジメント力を高める」「事業を承継・発展する」の育成に加え、社会の大きな変化をとらえた先端分野におけるマネジメント力の開発が特徴です。「地域資源マネジメント」「ヘルスケアマネジメント」「コモンズマネジメント」の3つの先端分野に加え、「IoT社会のビジネス創造」といった時代をとらえたテーマを取り上げる「特別テーマ」も設定されています。

■ 基本データ
- プログラム開始年 2016年　● 学位 経営修士（専門職）
- 開講時間 平日夜間・土曜
- 住所 広島県広島市南区宇品東1-1-71
- 交通 広島電鉄「県病院前」より徒歩7分

■ 入試データ
- 出願期間 1月上旬～1月中旬
- 試験日程 [小論文型]小論文・口述試験：2月上旬　[プロジェクト提案型]口述試験：2月上旬

九州大学大学院 経済学府産業マネジメント専攻

特色 ビジネス・プロフェッショナル育成のためのマネジメント関連科目を土台にして、九州に立地するビジネススクールにふさわしいアジア関連科目と九州大学の得意とするMOTを配置した独自性の高い教育を展開し、新たな事業価値を創造し、アジアをリードする経営のプロフェッショナルを育成しています。e-learningの提供や中央大学ビジネススクールとの協定など、仕事と学びの両立を実現するさまざまな角度からのサポートも特長です。

■ 基本データ
- プログラム開始年 2003年　● 学位 経営修士（専門職）
- 開講時間 平日夜間（博多駅教室）・土曜（伊都C）
- 住所 [伊都C]福岡県福岡市西区元岡744
　　　[博多駅教室]福岡県福岡市博多区博多駅中央街1-1　JR博多シティ9階・10階
- 交通 [伊都C]JR筑肥線「九大学研都市」よりバス14分
　　　[博多駅教室]JR「博多」駅ビル

■ 入試データ
- 出願期間 [一般]9月下旬～10月上旬　[特別]12月下旬～1月上旬
- 試験日程 [一般]口頭試問：11月上旬　[特別]口頭試問：1月下旬

※基本データの「C」は「キャンパス」の略です。

ていりゅうけん
鄭 龍権

河合塾KALS講師　公認会計士
2001年、関西学院大学法学部卒業後、監査法人トーマツ（現・有限責任監査法人トーマツ）入社。株式会社ファーストリテイリングを経て、2008年に公認会計士鄭龍権事務所開所。2015年、早稲田大学商学研究科ビジネス専攻（現・経営管理研究科）修了、MBA取得。会計事務所代表として企業の経営改善や再生実現に向けた支援や、政府系競争的資金（グラント）に係る検査等に携わっている。河合塾KALSでは、国内MBA・MOT入試に向けた筆記試験対策や研究計画書指導などに取り組んでいる。

しんばんこくない　　　　　　じゅけん　　　　　　　　けんきゅうけいかくしょ　か　かた
新版 国内MBA受験のための研究計画書の書き方

2020年7月5日　初版
2023年6月5日　3刷

著　　者　鄭 龍権
編 集 協 力　河合塾KALS
発 行 者　株式会社 晶文社
　　　　　〒101-0051 東京都千代田区神田神保町1-11
　　　　　電話（03）3518-4940（代表）・4943（編集）
　　　　　URL　https://www.shobunsha.co.jp
装　　丁　grab 等々力嘉彦
印刷・製本　ベクトル印刷株式会社
ⓒRyuken Tei 2020
ISBN978-4-7949-9535-3　Printed in Japan